Weltuntergangsgeschichten

von Edgar Poe bis Arno Schmidt

Mit Weltuntergangszeichnungen von

Albrecht Dürer bis Roland Topor

Kompiliert vom

Diogenes-Katastrophen-Kollektiv

Eine Diogenes Anthologie

Umschlag- und Titelvignette
von Grandville
Schlußvignetten von Gabriel Rollenhagen

Nachweis der Erzählungen und Illustrationen
am Schluß des Bandes

100/75/U/1
ISBN 3 257 00945 3

»Nicht ist also die Pforte des Todes dem Himmel verschlossen,
nicht auch der Sonne und Erde und den Tiefen des Meeres,
stets ist sie offen und gähnt sie fürchterlich an mit dem Rachen.« *Lukrez*

»Wahrlich, ich sage euch: Es wird nicht ein Stein auf dem anderen bleiben, der nicht zerbrochen werde. Ihr werdet hören von Krieg und Kriegsgeschrei; sehet zu und erschrecket nicht. Denn das muß so geschehen; aber es ist noch nicht das Ende. Denn es wird sich empören ein Volk wider das andere, und es werden geschehen große Erdbeben und hin und her Pestilenz und teure Zeit. Das alles ist der Anfang.«
Jesus von Nazareth

»... denn alles, was entsteht, / Ist wert, daß es zugrunde geht.« *Goethe*

»Will man wissen, was die Menschen, moralisch betrachtet, im Ganzen und Allgemeinen wert sind, so betrachte man ihr Schicksal, im Ganzen und Allgemeinen. Dieses ist Mangel, Elend, Jammer, Qual und Tod. Die ewige Gerechtigkeit waltet: wären sie nicht, im Ganzen genommen, so nichtswürdig, so würde ihr Schicksal, im Ganzen genommen, nicht so traurig sein. In diesem Sinne können wir sagen: die Welt selbst ist das Weltgericht.« *Arthur Schopenhauer*

»Ich erwarte alles nur erdenklich Schlechte.« *Gustave Flaubert*

»Die Welt geht ihrem Untergang entgegen. Die Mechanisierung wird uns derart amerikanisiert haben, der Fortschritt die Verkümmerung unseres geistigen Teils vollkommen gemacht haben, daß auch der blutrünstigste, ruchloseste und perverseste aller Träume der Utopisten harmlos erscheinen wird im Vergleich zu solchen positiven Ergebnissen.«
Charles Baudelaire

»Das Leben, das aus den Schlünden stammt, sich eine Weile organisiert, um im Inferno zu verschwinden, das Leben wird seinen Rachen aufreißen gegen diese Zivilisationshorden, die das Meer als Nährklistier achten um ihre Austernbänke und das Feuer als Bierwärmer unter ihren Asbestplatten. Weil es diese Früchtchen zur Vermehrung läßt, weil es diese Wasserfarben sich mit ihren Samenflecken hochpinseln läßt an seinen Basaltwänden, ist es noch lange nicht auf die Postille gebückt. Der Tag wird kommen, wo die Monts Pelées diese fruchtbaren Siedlungen mit ihrer Lava ersticken und die Ozeane diesen Meliorationsmodder ohne Gebrüll überfluten werden – o schöner Tag der Reue der Natur.«
Gottfried Benn

Inhalt

Edgar Allan Poe

Die Unterredung zwischen Eiros und Charmion

Πῦρ σοι προσοίσω.
Feuer werd ich dir bringen.
Euripides, Andromache

Eiros: Was heißt du mich Eiros?
Charmion: So wirst du fortan stets geheißen werden. Auch *meinen* irdischen Namen mußt du vergessen und zu mir sprechen als zu Charmion.
Eiros: Dies, wahrlich, ist kein Traum!
Charmion: Es gibt nicht Träume mehr bei uns; doch von diesen Mysterien ein andermal. Mich freut's, auf deinem Antlitz Lebensfrische und wachen Geist zu sehen. Der Schattenschleier wich bereits von deinen Augen. Sei nur getrost und fürchte nichts. Die Tage der Betäubung, die dir bestimmt waren, sie sind vorüber; und morgen will ich selbst dich in die Fülle der Freuden und Wunder deines neuen Seins geleiten.
Eiros: Wahr ist's, ich spüre keine Betäubung mehr, nicht im geringsten. Die wilde Benommenheit und das entsetzliche Dunkel, sie haben mich verlassen, und nicht mehr hör ich den rasenden, rauschenden Schauderlaut, ›wie die Stimme von vielen Wassern‹. Doch sind meine Sinne verwirrt noch, Charmion, ob des begierigen Eifers, mit dem sie *das Neue* in sich aufnehmen.
Charmion: Das alles wird in wenigen Tagen vorüber sein; – doch versteh ich dich nur zu wohl und fühle mit dir. Es ist zehn irdische Jahre nun her, seit mir geschah, was dir zur Stunde geschieht, und doch hängt die Erinnerung mir noch an. Gleichwohl hast du jetzt allen Schmerz erlitten, den du in Eden hier zu leiden haben wirst.
Eiros: In Eden?

Charmion: Ja, in Eden.

Eiros: Oh, mein Gott! – habe Mitleid mit mir, Charmion! – schier überschwer lastet die Majestät all dieser Dinge auf mir – des nun bekannten Unbekannten – der nun in der erhabnen und gewissen Gegenwart aufgegangenen spekulativen Zukunft.

Charmion: Klammre dich jetzt nicht mehr an solche Gedanken. Morgen wollen wir auch davon sprechen. Noch schwanket dein Geist; seine Erregtheit wird Linderung finden, wenn du dich schlichtem Erinnern widmest. Blicke nicht um dich, noch vorwärts – sondern blicke zurück. Ich brenne vor Begierde, die Einzelheiten jenes ungeheuern Ereignisses zu vernehmen, welches dich unter uns schleuderte. Sprich mir davon. Laß uns von altvertrauten Dingen reden, in der altvertrauten Sprache der Welt, die da so gräßlich zugrunde ging.

Eiros: Ja, gräßlich, furchtbar gräßlich! – dies, wahrlich, ist kein Traum.

Charmion: Es gibt nicht Träume mehr. Wurde ich sehr betrauert, mein Eiros?

Eiros: Betrauert, Charmion? – oh, wie so tief! Bis hin zu jener letzten Stunde aller Dinge hing eine Wolke düsterer Bekümmernis und inbrünstigen Schmerzes über dem Hause der Deinen.

Charmion: Und jene letzte Stunde – sprich von ihr. Bedenke, daß ja ich, bis auf das nackte Faktum der Katastrophe selbst, nichts weiß. Als ich aus der Mitte der Menschheit schied und ging durchs Grab in die Nacht ein – damals, da ahnte man, wenn ich mich recht entsinne, rein nichts noch von dem großen, dem gräßlichen Verderben, welches nun über euch kam. Doch freilich, ich wußte nicht viel von der spekulativen Philosophie des Tages.

Eiros: Von dieser einen, bestimmten Katastrophe ahnte man, wie du es sagst, rein nichts; doch analoges Mißglück war bei den Astronomen schon lange Zeit ein Gegenstand der Erörterung gewesen. Ich brauche dir wohl schwerlich zu erzählen, mein Freund, daß zu der Zeit noch, da du von uns gingst, sich die Menschen darauf geeinigt hatten, diejenigen

Stellen in den meisten heiligen Schriften, welche von der endlichen Zerstörung aller Dinge durch Feuer reden, dahin zu verstehen, daß sie sich auf den Erdball allein bezögen. Doch in Beziehung auf den unmittelbaren Anlaß des Verderbens war die Spekulation seit jenem Wendepunkt im astronomischen Wissen, da die Kometen der Flammenschrecken entkleidet wurden, im Irrtume gewesen. Allgemein hatte sich die Auffassung durchgesetzt, daß diese Körper von sehr mäßiger Dichtigkeit seien. Man hatte beobachtet, wie sie die Satelliten des Jupiter passierten, ohne die mindeste merkliche Veränderung für Masse oder Bahn dieser Trabanten mit sich zu bringen. Längst schon betrachteten wir diese Wanderer als neblichte Schöpfungen von unvorstellbarer Dünnigkeit und hielten es für gänzlich ausgeschlossen, daß sie unserem massiven Globus, selbst im Falle der Berührung, irgend Schaden tun könnten. Doch solche Berührung stand nicht im mindesten Grade zu befürchten; denn die Elemente sämtlicher Kometen waren ja genau bekannt. Daß wir unter *ihnen* die Ursache für die angedrohte feuerliche Vernichtung würden zu suchen haben, hatte viele Jahre lang als eine unzulässige Idee gegolten. Doch Wunderglaube und wilde Phantasien waren in jüngster Zeit unter den Menschen in befremdlich starkem Maße aufgekommen; und obschon nur ganz wenige aus der Schar der Unwissenden von wirklicher Furcht befallen wurden, als die Astronomen einen *neuen* Kometen ankündigten, ward doch diese Ankündigung allgemein mit ich weiß nicht welcher Erregung und mit Mißtrauen aufgenommen.

Die Elemente des fremden Himmelskörpers wurden unmittelbar errechnet, und sämtliche Beobachter räumten alsbald ein, daß sein Pfad ihn, am Perihel, in allernächste Nähe der Erde bringen würde. Es gab gar zwei oder drei Astronomen, von freilich minderem Ruf und Namen, welche mit Nachdruck behaupteten, daß eine Berührung unvermeidlich wäre. Die Wirkung dieser Kunde auf das Volk vermag ich überhaupt nicht zu beschreiben. Ein paar kurze Tage lang wollte es einer Versicherung, welche sein Intellekt, nachdem er so lange nur mit selbstischen Betrachtungen beschäftigt gewesen, nicht zu fassen vermochte, einfach keinen Glauben schenken. Doch die Wahrheit einer lebenswichtigen Tatsache findet bald ihren Weg zur Einsicht selbst der Allertörichsten. So erkannten denn schließlich alle Menschen, daß die astronomische Wissenschaft nicht log, und erwarteten den Kometen. Seine Annäherung vollzog sich zuerst mit scheinbar gar nicht so großer Schnelle; auch war seine Erscheinung mitnichten von außergewöhnlichem Charakter. Seine Färbung bestand in einem trüb-matten Rot, und er hatte, soweit erkennbar, nur einen kleinen Schweif. Sieben oder acht Tage lang sahen wir seinen scheinbaren Durchmesser nicht wesentlich anwachsen, und nur eine teilweise Farbverschiebung ließ sich bemerken. Mittlerweile kamen alle gewöhnlichen Beschäftigungen der Menschen zum Erliegen, und das gesamte Interesse ging in einer immer mehr um sich greifenden, von den Philosophen angesetzten Diskussion über die Natur des Kometen auf. Selbst völlig vernagelte Ignoranten nötigten ihr träges Hirn zu diesbezüglichen Betrachtungen. Die Gelehrten aber weihten ihren Intellekt – ihre Seele – nun keineswegs etwa so bloß bedingten Zwecken wie der Beschwichtigung der Furcht oder der Stützung einer geliebten Theorie. Sie suchten – sie lechzten nach der rechten Einsicht. Sehnlich verlangte es sie nach dem Besseren Wissen. Die *Wahrheit* stand auf in ihrer ganzen reinen Kraft und überwältigenden Majestät, und die Weisen beugten das Knie und beteten an.

Daß unserem Globus oder seinen Bewohnern aus der gefürchteten Berührung ein namhafter Schaden erwachsen würde, war eine Meinung, welche bei den Weisen stündlich an Boden verlor; und die Weisen erhielten nun freie Erlaubnis, Vernunft und Phantasie der Menge zu lenken. Es wurde demonstriert, daß die Dichtigkeit des *Kometenkerns* noch weit geringer war, denn die unseres dünnsten Gases; und die Tatsache, daß der Durchgang eines ähnlichen Gases durch die Monde des Jupiter seinerzeit völlig schadlos verlaufen, war ein Punkt, auf den immer wieder mit Nachdruck hingewiesen wurde und der in großem Maße dazu diente, den allgemeinen Schrecken zu beschwichtigen. Theologen stürzten sich, mit einem Eifer,

Albrecht Dürer
Die vier apokalyptischen Reiter

welcher sich an ihrer Furcht entzündete, auf die biblischen Prophezeiungen und legten sie dem Volke mit einer Unmittelbarkeit und Schlichtheit aus, die man an ihnen überhaupt nicht mehr kannte. Daß die endliche Vernichtung der Erde durch Feuersmacht geschehen müsse, ward aller Welt mit einer *verve* eingehämmert, daß man bald allenthalben davon überzeugt war; und daß die Kometen nicht aus feuriger Masse bestünden (was mittlerweile jedermann wußte), war eine Wahrheit, die alle doch in starkem Maße von der Befürchtung befreite, das geweissagte Große Unheil werde jetzt über sie kommen. Bemerkenswert ist, daß die populären Vorurteile und Wahnvorstellungen in bezug auf Pestilenzen und Kriege – Wahnvorstellungen, wie sie sich bislang bei jedem Erscheinen eines Kometen unweigerlich einstellten – jetzt ganz unbekannt waren. Wie mit einer plötzlichen konvulsivischen Anstrengung hatte die Vernunft auf einmal den Aberglauben von seinem Throne gestoßen. Der schwächlichste Verstand noch hatte sich aus der gewaltigen Wichtigkeit, welche der Fall für jeden einzelnen besaß, Kraft geholt.

Was für mindere Übel aus der Berührung erwachsen könnten, ward zum Thema ausführlicher Diskussion. Die Gelehrten sprachen von leichten geologischen Störungen, von vermutlichen Veränderungen in Klima und folglich Vegetation; von möglichen magnetischen und elektrischen Einflüssen. Viele andererseits hielten dafür, daß sich in gar keiner Weise irgend nur eine sicht- oder spürbare Wirkung zeigen werde. Derweil nun solche Diskussionen noch weitergingen, kam ihr Gegenstand schrittweis' immer näher heran; sein scheinbarer Durchmesser wurde größer, und sein dumpfer Schimmer gewann an Glanz. Die Menschheit aber ward bleicher, da er kam. Alle irdischen Geschäfte ruhten.

Ein Umschwung in der allgemeinen Stimmung trat ein, als der Komet schließlich eine Größe gewonnen hatte, wie sie noch keine der bislang überlieferten Heimsuchungen aufgewiesen. Nun ließen die Leute alle noch zögernd gehegte Hoffnung fahren, die Astronomen könnten sich doch geirrt haben, und blickten der ganzen Gewißheit des Übels ins

Auge. Was bisher noch chimärisch an ihrem Schrecken gewesen, ward nun zur vollen, handgreiflichen Wirklichkeit. Auch den Wackersten unserer Rasse schlug heftig das Herz im Busen. Ganz wenige Tage reichten jedoch hin, um selbst solche Empfindungen schier noch unerträglicher zu machen. Nicht länger mehr vermochten wir irgend *gewohnte* Gedanken mit dem fremden Himmelskörper zu beschäftigen. Seine *historischen* Attribute waren geschwunden. Sein Anblick lastete auf unserm Gemüt mit gräßlich *neuen* Erregungen. Wir sahen in ihm nicht mehr ein astronomisches Phänomen am Himmel, sondern einen Inkubus, der auf unsern Herzen, und einen Schatten, der auf unsern Hirnen drückend hockte. Mit schier unfaßbarer Geschwindigkeit hatte er den Charakter eines gigantischen, dünn flammenden Feuermantels angenommen, welcher sich von Horizont zu Horizont erstreckte.

Doch ein Tag, und die Menschen atmeten wieder mit größerer Freiheit. Es war klar, daß wir uns bereits mitten im Einfluß des Kometen befanden; doch wir lebten noch. Wir spürten sogar eine ungewöhnliche körperliche Elastizität und geistige Lebhaftigkeit. Die ausnehmende Dünnigkeit des Gegenstands unserer Furcht war offenbar; denn alle Himmelskörper ließen sich noch klar durch ihn hindurch erkennen. Mittlerweile hatte sich unsere Vegetation ersichtlich verändert; und aus diesem vorhergesagten Umstande gewannen wir neues Vertrauen zur Voraussicht der Weisen. Ein wildüppiger Blätterwuchs, zuvor noch nie bekannt, brach aus allen Vegetabilien hervor.

Ein weiterer Tag noch – und das Übel war immer nur mehr im Kommen. Es lag auf der Hand, daß sein Kern uns zuerst erreichen würde. Eine schlimme Veränderung war mit allen Menschen vorgegangen; und das erste Empfinden von *Schmerz* ward zum wilden Signal für allgemeines Wehklagen und Grauen. Dieses erste Schmerzgefühl bestand in einer heftigen Beklemmung der Lunge und der Brust sowie einer unerträglichen Hauttrockenheit. Es ließ sich nicht leugnen, daß unsere Atmosphäre von Grund aus in Mitleidenschaft gezogen war, die Konformation dieser Atmosphäre und die möglichen Modifikationen, denen sie vielleicht unterworfen war, wurden nun zum zentralen Thema der Diskussion. Man forschte, und das Ergebnis dieses Forschens fuhr in der Menschheit Herz wie ein elektrischer Schock des äußersten Grauens.

Es war schon lange bekannt, daß die Luft, welche uns umhüllte, in einem Gemisch aus Sauerstoff- und Stickstoffgas bestand, und zwar im Verhältnis von einundzwanzig Teilen Sauerstoff zu neunundsiebzig Teilen Stickstoff bei jedem Hundert Atmosphäre. Sauerstoff, Grundelement der Verbrennung und Mittler der Wärme, war absolut notwendig zur Erhaltung des animalischen Lebens und war das machtvollste und tatkräftigste Agens in der Natur. Stickstoff dagegen war außerstande, animalisches Leben oder Flamme zu unterhalten. Ein unnatürliches Überhandnehmen von Sauerstoff würde, das hatte man ermittelt, in just einer solchen Erhöhung des animalischen Lebensgefühls resultieren, wie wir sie jüngst an uns erfahren hatten. Und was aus dieser Idee folgte, das war's, was solch heilige Scheu hervorgerufen hatte. Was würde das Ergebnis einer *totalen Extraktion des Stickstoffs* sein? Ein gigantischer Brand würde sich entzünden, unwiderstehlich, alles verschlingend, allverbreitet, unmittelbar; – in allen ihren kleinsten und schrecklichen Einzelheiten die genaue Erfüllung der feuerlichen und Grauen einflößenden Drohung, welche die Prophezeiungen des Heiligen Buches enthalten.

Was soll ich dir, Charmion, noch das nun entfesselte Rasen der Menschheit malen? Jene Dünnigkeit der Kometenmaterie, welche uns vormals mit Hoffnung erfüllt hatte, ward nun zur Quelle bitterer Verzweiflung. In ihrem unfaßbar feinen Gascharakter erkannten wir nun klar Besiegelung und Ende unsres Schicksals. Derweil verging erneut ein Tag, und mit ihm schwand uns der letzte Hoffnungsschimmer. Wir rangen keuchend nach Atem, während die Luft sich mit reißender Schnelle zersetzte. Ungestüm brauste das rote Blut durch seine engen Kanäle. Ein wildes Fieberrasen ergriff von allen Menschen Besitz; und starr die Arme gegen den drohenden Himmel ausgestreckt, erzitterten sie und schrien laut. Doch nun hatte der Kern des Vernichters uns erreicht: noch hier in Eden schaudere ich, derweil ich davon spreche. Laß mich es kurz machen – kurz, wie der Untergang es war, der uns ereilte. Für einen Augenblick war alles ein einzig wildes Geisterlicht allein, das alle Dinge heimsuchte und durchdrang. Dann – laß die Knie uns beugen, Charmion, vor der unendlichen Majestät des großen Gottes! – dann kam ein dröhnender, allübertönender Laut, als wie aus SEINEM Munde selbst; derweil die ganze hangende Masse des Äthers, in welchem wir lebten, in einer riesigen Stichflamme aufbarst, zu einem Feuergebild, für dessen unendlichen Glanz und allversengende Hitze die Engel selbst im hohen Himmel der reinen Erkenntnis nicht Wort noch Name mehr haben. So endete alles.

Jules Verne

Der ewige Adam

Der Zartog Sofr-Aï-Sr – will heißen: Doktor, dritter männlicher Vertreter der hundertsten Generation des Geschlechts der Sofr – ging mit langsamen Schritten die Hauptstraße von Basidra, der Hauptstadt des Hars-Iten-Schu, entlang, früher *Reich der vier Meere* genannt. Und tatsächlich wurde dieses riesige Land von vier Meeren begrenzt: durch die Tubelone oder auch das Nordmeer, die Ehone oder das Südmeer, die Spone oder Ostmeer und die Merone oder Westmeer. Das Land selber wies recht unregelmäßige Umrisse auf, und seine äußersten Punkte reichten vom vierten östlichen Längengrad zum zweiundsechzigsten westlichen, vom vierundfünfzigsten nördlichen Breitengrad bis zum fünfundfünfzigsten südlichen. Was nun die Ausdehnung seiner Meere angeht, so ließ sich ihre Größe nur annähernd schätzen, da sie alle ineinanderflossen. Ein Seefahrer, der also von irgendeinem Ufer des Landes ausfuhr, immer geradeaus, mußte zwangsweise schließlich am gegenüberliegenden Ufer landen. Denn auf der ganzen Erdkugel gab es kein anderes Land als dieses Hars-Iten-Schu.

Sofr ging – wir sagten es schon – langsamen Schrittes; denn erstens war es sehr heiß: eben begann die brennendheiße Jahreszeit, und auf Basidra – das am Ufer des Spone-Schu oder Ostmeeres lag, weniger als zwanzig Grade nördlich des Äquators – fiel ein Katarakt glühender Sonnenstrahlen von dem im Zenit stehenden Gestirn.

Doch noch mehr als Müdigkeit und Hitze verlangsamte das Gewicht seiner Gedanken die Schritte des weisen Zartog.

Während er sich mit zerstreuter Hand die Schweißtropfen von der Stirne wischte, erinnerte er sich wieder der soeben beendigten Sitzung, bei der so viele blendende Redner – unter die selber zu gehören er sich die Ehre gab – so prächtig das Jubiläum des hundertfünfundneunzigsten Bestehens des Reiches gefeiert hatten.

Die einen hatten einen Überblick über die Geschichte der Menschheit entworfen. Sie hatten das Mahart-Iten-Schu, das Land der vier Meere also, beschrieben, wie es ursprünglich von einer unglaublich großen Zahl von wilden Völkern bewohnt gewesen sei, die aber nichts voneinander wußten. Auf diese Völkerstämme sollen die ältesten Überlieferungen zurückgehen. Was aber vor diesen Völkern war, davon wußte keiner zu berichten; kaum vermochten die Naturwissenschaften hier ein schwaches Licht in das undurchdringliche Dunkel der Urzeit zu werfen. Auf jeden Fall entzogen sich diese fernen Zeiten der historischen Kritik, deren erste Ansätze sich aus den sehr ungenauen Kenntnissen über die weitherum zerstreuten Völker der Vorzeit bildeten.

Während mehr als achttausend Jahren hatte die mit der Zeit immer vollständiger und genauer werdende Geschichte des Mahart-Iten-Schu eigentlich nichts anderes zu melden als von Kampf und Krieg, erst von Mann zu Mann, dann von Familie zu Familie und schließlich von Stamm zu Stamm. Das einzige Ziel, das dabei jedes Lebewesen, jede kleinere oder größere Gemeinschaft zu verfolgen schien, war das des Sieges über den Rivalen, den man hierauf seinen eigenen Gesetzen zu unterwerfen versuchte, was mit unterschiedlichem Erfolg – und oft auch ohne – geschah.

Nach jenen ersten achttausend Jahren wurde dann das Erinnerungsvermögen des Menschen etwas besser. Zu Beginn der zweiten der vier Epochen, in welche man allgemein die Annalen des Mahart-Iten-Schu einzuteilen pflegte, begann dann die eigentliche Geschichte an die Stelle der Legende zu treten. Im übrigen – ob wir's nun Legende oder Geschichte nennen – änderte der Inhalt jener Erzählungen kaum: Massaker und Totschlag, immer noch dasselbe – nun aber nicht mehr zwischen den verschiedenen Stämmen, sondern zwischen ganzen Völkern; sonst aber war diese zweite Epoche, alles in allem genommen, von der ersten nicht sehr verschieden.

Dasselbe läßt sich von der dritten Epoche melden, die vor kaum zweihundert Jahren zu Ende gegangen war, nachdem sie an die sechs Jahrhunderte gedauert hatte. Wenn irgend etwas, so war diese dritte Epoche eher noch entsetzlicher, noch blutiger verlaufen. Die Menschen hatten sich in dieser Zeit zu ungezählten Armeen zusammengetan und mit unstillbarer Wut die Erde mit ihrem Blut getränkt.

Etwas weniger als acht Jahrhunderte vor jenem Tage, als der Zartog Sofr durch die Hauptstraße von Basidra ging, hatte sich die Menschheit in einem gewaltigen Umbruch befunden. Die Waffen, das Feuer und die Gewalt hatten bereits ihr Teil daran geleistet, die Schwachen waren den Starken unterlegen. Und die Menschen, die das Mahart-Iten-Schu damals bevölkerten, bildeten drei gleich starke Nationen, unter denen die Unterschiede zwischen Siegern und Besiegten sich abgeschliffen hatten. Da aber hatte es eine der drei Nationen unternommen, die andern zwei sich zu unterwerfen. In der Mitte des Kontinents wohnten die Andarti-Ha-Sammgor, die *Menschen mit den Bronzegesichtern*, eine kampfesfreudige und fruchtbare Nation. Diese versuchte nun die andern zwei gnadenlos auszurotten und besiegte in jahrhundertelangen Kriegen sowohl die Andarti-Mahart-Horis – die *Menschen des Schneelandes* im Süden – als auch die Andarti-Mitra-Psul, die *Menschen des Fixsternes*, welche im Norden und im Westen des Kontinents wohnten.

An die zweihundert Jahre waren seit der allerletzten Revolte zwischen den beiden übrigbleibenden Völkern verflossen, die in Strömen von Blut ausgegangen war, und die Erde erlebte endlich eine Periode des Friedens. Es war dies die vierte Epoche der Menschheitsgeschichte. Ein einziges Reich war an die Stelle der drei früheren getreten, und alle Menschen gehorchten dem Gesetz von Basidra. Die politische Einheit war dazu angetan, die drei Rassen zu verschmelzen. Keiner redete mehr von den *Menschen mit den Bronzegesichtern*, von den *Menschen des Schneelandes* oder von den *Menschen des Fixsternes*, denn die Erde trug nun bloß noch ein einziges Volk, das der Andart'-Iten-Schu, *Menschen der vier Meere*, die alle andern in sich schlossen.

Doch nun, nach diesen zweihundert Jahren des Friedens, schien sich eine fünfte Epoche anzukünden. Seit einiger Zeit kursierten – unerklärlich woher – üble Gerüchte. Denker waren aufgestanden, die in den Seelen der Menschen Erinnerungen aus alten Zeiten wachzurufen versuchten, Erinnerungen, von denen man angenommen hatte, sie seien längst ausgelöscht. In neuer Form erlebte der Rassengedanke seine Wiederauferstehung, in neuer Terminologie. Es wurde ständig von ›Atavismus‹ geredet, von ›Affinitäten‹, von ›Nationalitäten‹ und dergleichen mehr – alles Wortschöpfungen neuerer Art, die, offenbar aus einem inneren Bedürfnis heraus, im Nu die Stadt eroberten. – Interessengruppen, die sich nach Heimatgemeinden, nach physischen Gesichtspunkten, nach moralischen Tendenzen oder ganz einfach nach Wohngebieten oder klimatischer Zugehörigkeit richteten, bildeten sich und wuchsen zusehends, wurden aktiv. Wie sollte diese Entwicklung ausgehen? Sollte das kaum erstandene Reich wieder auseinanderfallen? Würde das Mahart-Iten-Schu wieder in eine Unzahl von Nationen aufgeteilt, oder würde zumindest – damit die Einheit beibehalten werde – wieder ein Blutbad angerichtet, wie es während Jahrtausenden der Fall gewesen, als die Erde noch ein riesiges Beinhaus war?...

Sofr verwarf diesen Gedanken mit einer unwilligen Bewegung seines Kopfes. Weder er noch sonst einer konnte die Zukunft lesen. Warum also dieser ungewissen Ereignisse wegen, die vielleicht gar nie eintraten, den Kopf hängen lassen? Und übrigens war heute kaum der Tag, diesen finsteren Hypothesen nachzuhängen. Der heutige Tag war der Freude gewidmet, und da durfte man einzig und allein an die Größe des Mogar-Si, des zwölften Kaisers des Hars-Iten-

Schu, denken, unter dessen Zepter die Welt einer glorreichen Bestimmung entgegenging.

Und überdies mangelte es einem Zartog nicht an Gründen zum Fröhlichsein. Außer dem Historiker, der die Jahrbücher des Mahart-Iten-Schu studiert hatte, war von einer Plejade von Wissenschaftlern (aus Anlaß des großartigen Geburtstages) entsprechend ihren Spezialgebieten die Bilanz menschlichen Wissens zusammengetragen worden. Sie hatten dabei die Stufe der Errungenschaften ihres Jahrhunderts festgelegt, die die Menschen ihrer Zeit besonders hochstellte. Nun, wenn der Historiker in einem gewissen Sinne betrübliche Überlegungen angestellt hatte, indem er mitteilte, welch ein langer und gewundener Weg hatte zurückgelegt werden müssen, um die Menschen aus ihrer ursprünglichen Vertiertheit zu lösen, hatten die übrigen Gelehrten dem berechtigten Stolz ihrer Zuhörer Nahrung verliehen.

Wahrlich, der Vergleich zwischen dem, was der Mensch gewesen, als er nackt und unbewaffnet auf diese Welt gekommen, und dem, was er heutzutage war, mußte wohl Bewunderung erregen. Trotz Zwietracht und brudermörderischem Haß hatte er doch nicht einen Augenblick seinen Kampf gegen die Natur unterbrochen und unaufhörlich seinen Sieg über sie erweitert. Sein Triumphmarsch, der erst langsam begonnen, hatte sich in den eben vergangenen zweihundert Jahren beschleunigt, und die Stabilität der politischen Einrichtungen sowie der Weltfriede, der eine direkte Folge davon war, hatten einen wunderbaren Aufschwung der Wissenschaft hervorgebracht. Die Menschheit hatte nicht mehr bloß ihre Arme und Beine gebraucht, sondern auch einmal den Kopf; sie hatte zu denken begonnen, anstatt sich in sinnlosen Kriegen auszugeben – und deshalb war sie in den letzten zwei Jahrhunderten immer rascher vorwärtsgekommen in der Erkenntnis und in der Bezwingung der Materie...

In großen Zügen skizzierte Sofr – während er in der glühenden Sonne auf der langen Hauptstraße von Basidra dahinging – das Bild der menschlichen Eroberungen.

Der Mensch hatte – in dunkler Vorzeit bereits – die Schrift

erfunden, damit er seine Gedanken festzuhalten vermochte; dann – und das war auch schon über fünfhundert Jahre her – hatte er eine Methode erfunden, das geschriebene Wort in einer Unzahl von Exemplaren zu vervielfältigen, wofür er sich einer Gußform bediente, die ein für allemal feststand. Aus dieser Erfindung wurden eigentlich alle anderen entwickelt. Dank ihr war der Geist in Schwung gekommen, hatte sich die Intelligenz des einzelnen um diejenige seines Nächsten vermehrt, hatten sich die Entdeckungen in theoretischer und praktischer Reihenfolge wunderbar vervielfältigt. Heute wurden sie kaum mehr gezählt.

Der Mensch war dann ins Erdinnere vorgedrungen und förderte von dort Kohle zutage, die ihm freigiebig ihre Wärme abgab. Er hatte die latente Kraft im Wasser befreit, und der Dampf zog von da an auf Eisenschienen schwere Lastzüge oder betätigte ungezählte Kraftmaschinen, die fein und genau arbeiteten; dank diesen Maschinen wiederum vermochte der Mensch Pflanzenfasern zu verarbeiten, Metalle, Marmor und Felsen. Auf einem weniger konkreten – oder wenigstens nicht direkt anwendbaren, weniger unmittelbaren – Gebiet drang er nach und nach in das Geheimnis der Zahlen ein und erforschte, immer näher an die Unendlichkeit heranrückend, die mathematischen Wahrheiten. Gestützt auf diese vermochte er die Himmelsräume zu durchfliegen. Er erkannte, daß die Sonne bloß ein Stern auf dem Wege durchs All war, der seine Bahn nach strengen Gesetzen durchmaß und seine sieben Planeten* mit sich zog auf seiner leuchtenden Bahn. Er kannte die Kunst, gewisse chemische Stoffe so zu verbinden, daß neue entstanden, die mit den ersten nichts mehr gemeinsam hatten. Er beherrschte ferner die Kunst, gewisse andere Stoffe in ihre wesentlichen Bestandteile zu zerlegen. Er konnte den Schall, die Hitze, das Licht analysieren und ihre Gesetzmäßigkeit und Beschaffenheit bestimmen. Fünfzig Jahre zuvor hatte er gelernt, jene Kraft selber zu produzieren, die sich im Donner und in den Blitzen äußert, und sie sich sogleich zum Sklaven gemacht. Schon gelang es, mit diesem Mittel den geschriebenen

* Die Andart'-Iten-Schu wußten also noch nichts von Neptun.

Gedanken auf unerrechenbare Distanzen zu übertragen; morgen würde er den Schall übertragen können, übermorgen zweifellos sogar das Licht*... Ja, der Mensch war groß, größer als das gewaltige Universum, über das er eines Tages, in naher Zukunft, vollkommen Herr sein würde...

Es wäre also dieses letzte Problem noch zu lösen, damit man der ganzen Wahrheit habhaft werden konnte: dieser Mensch, der Herr der Welt, wer war er? Wo kam er her? Auf welch unbekannte Ziele richtete er sein unermüdliches Streben?

Über genau dieses weitgespannte Thema hatte der Zartog Sofr soeben im Verlauf der Feier, von der er jetzt kam, gesprochen. Selbstverständlich hatte er den Fragenkomplex nur anschneiden können, da ein derartiges Problem in der Tat unlösbar blieb und es auf lange Sicht bleiben würde. Einige schwache Strahlen begannen zwar das Geheimnis etwas anzuleuchten. Und hatte nicht eben unser Zartog Sofr die lichtstärksten dieser Strahlen ausgesandt, als er die schrittweisen Beobachtungen seiner Vorläufer systematisierte und einordnete und dann seine persönlichen Beobachtungen anfügte: er war bei seinem Gesetz der Entwicklung der lebenden Materie angekommen, einem universell anerkannten Gesetz, das heute keiner mehr zu widerlegen sich erdreistete.

Diese Theorie beruhte auf einer dreifachen Basis.

Erstens einmal beruhte sie auf der geologischen Wissenschaft, die an dem Tage geboren wurde, als der Mensch erstmals ins Erdinnere vorstieß, und sie wurde in dem Maße vervollkommnet, in dem die Entwicklung der Bergwerkindustrie voranschritt. Die Erdrinde kannte man nun so ausgezeichnet, daß man ihr Alter auf vierhunderttausend Jahre festlegen durfte, das Alter des Mahart-Iten-Schu auf zwanzigtausend Jahre, so wie es jetzt war. In früheren Zeiten aber hatte dieser Kontinent unter dem Meer geschlummert, was sich aus der dicken Schicht von alluvialem Lehm beweisen ließ, der über-

* Wir sehen: die Andart'-Iten-Schu kannten zwar den Telegrafen, nicht aber das Telefon oder das elektrische Licht zur Zeit, als der Zartog Sofr-Aï-Sr diese Beobachtung anstellte.

all, ohne den geringsten Unterbruch, die darunterliegenden Gesteinsschichten bedeckte. Durch welchen Mechanismus war der Kontinent aus dem Wasser gehoben worden? Zweifellos durch eine Kontraktion der erkalteten Erdkugel. Wie die Dinge in dieser Beziehung auch liegen mochten, das Auftauchen des Mahart-Iten-Schu aus dem Meer mußte jedenfalls als gegebene Tatsache hingenommen werden.

Die beiden andern Grundlagen waren Sofr aus den Naturwissenschaften gegeben worden. Er konnte die enge Verwandtschaft der Pflanzen untereinander beweisen, die enge gegenseitige Verwandtschaft unter den Tieren. Sofr war aber noch weiter gegangen: er wollte den über jeden Zweifel erhabenen Beweis aufstellen, daß fast sämtliche existierenden Pflanzen von einer Meerpflanze und daß fast alle auf der Erde lebenden Tiere – sogar die Vögel – von Meertieren abstammten. Durch langsame, aber stetige Evolution hatten sich diese Tiere und Pflanzen ihren wechselnden Lebensbedingungen angepaßt – erst an die in der Nähe bestehenden, dann an weiter von ihrem ursprünglichen Leben entfernte – und hatten so von Stadium zu Stadium alle die lebenden Formen geboren, die die Erde und den Himmel bevölkerten.

Leider war diese Theorie nicht hieb- und stichfest. Daß die Lebewesen der animalischen und der vegetabilen Welt von Vorfahren aus dem Meer abstammten, das schien für fast alle diese Lebewesen zuzutreffen, aber eben nicht für alle. Es gab in der Tat ein paar Pflanzen und einige Tiere, bei denen es schlechthin ausgeschlossen schien, ihnen Verwandtschaft mit Meertieren nachzuweisen. Das war der eine der schwachen Punkte in Sofrs Theorie.

Der Mensch – und da konnte auch Sofr sich der Tatsache nicht verschließen –, der Mensch war der andere schwache Punkt. Zwischen Mensch und Tier schien keine Verwandtschaft nachweisbar. Klar, die Funktionen und Ureigenschaften, wie zum Beispiel die Atmung, die Ernährung und die Bewegungsfähigkeit, waren dieselben und geschahen auf dieselbe Weise oder offenbarten sich als einigermaßen ähnlich, doch da bestand die unüberbrückbare Kluft der äußeren Formen, der Anzahl und Aufteilung der inneren Organe. Wenn sich eine Kette mit nur wenigen fehlenden Gliedern für den Fall der Pflanzen und Tiere für Sofrs Theorie nachweisen ließ, so war anderseits eine entsprechende Verwandtschaft für den Menschen nicht nachweisbar, ja unzulässig. Um die Theorie von der Evolution unbeschadet aufrechterhalten zu können, war man deshalb gezwungen, die frei erfundene Hypothese eines gemeinsamen Stammes für alle Wassertiere zu erfinden und für den Menschen einen Stamm, dessen frühere Daseinsform durch nichts, absolut nichts nachzuweisen war.

Eine kurze Zeit hatte Sofr gehofft, im Erdboden gewisse für seine Theorie günstige Argumente zu finden. Auf seine Anregung hin und unter seiner Führung waren während langer Jahre Grabungen durchgeführt worden mit dem Resultat, daß die Funde den Erwartungen des Planers diametral entgegenstanden.

Nachdem die oberste dünne Schicht Humus, bestehend aus zersetzten Pflanzen und Tieren, ähnlich denen, die man alle Tage sehen konnte, durchbrochen war, war man auf die dicke marine Lehmschicht gestoßen, wo die Spuren der Vergangenheit ganz anders aussehen. In diesem Lehm gab es nun nichts, das an die gegenwärtige Flora oder Fauna erinnerte, dafür eine Unzahl ausschließlich mariner Fossile, deren Verwandte noch heute hauptsächlich in den Ozeanen um das Mahart-Iten-Schu leben.

Was war daraus anderes zu schließen, als daß die Geologen recht hatten mit ihrer Behauptung, der Kontinent habe in früheren Zeiten den Boden dieser Ozeane gebildet und daß Sofr auch nicht unrecht hatte mit seiner These vom Ursprung der zeitgenössischen Flora und Fauna? Denn da die Tierordnungen des Meeres und die auf dem Trockenen lebenden Ordnungen – mit Ausnahme von ein paar derart selten auftretenden Arten, daß man sie als Ungeheuerlichkeiten zu klassieren berechtigt war – die einzigen waren, von denen sich Spuren finden ließen, so waren doch bestimmt diese aus jenen hervorgegangen...

Leider wurden – sehr zum Nachteil dieser Theorie – auch

noch andere Funde gemacht. Weit verstreut in der ganzen Dicke des Humus und bis in die oberen Schichten des Lehms fanden sich massenhaft menschliche Knochen. Nichts Außerordentliches konnte aus den Skelettfragmenten abgeleitet werden, und Sofr mußte seine Suche nach den Zwischengliedern aufgeben, die seine Theorie bestätigt hätten: die Knochenreste waren menschlicher Herkunft, nichts mehr, nichts weniger.

Etwas bemerkenswert Eigenartiges ließ sich immerhin recht bald feststellen: von einer bestimmten Epoche an, die sich möglicherweise auf etwa zwei- bis dreitausend Jahre rückwärts schätzen ließ, das heißt entsprechend dem Alter der aufgefundenen Knochenreste, wurden die menschlichen Schädel kleiner. Im Gegensatz dazu war festzustellen, daß *vor* der eben erwähnten Zeitspanne – je weiter man also in die Urzeit vordrang – die Schädel wieder größer waren, folglich auch die Hirnmasse, die sie beherbergt hatten. Die maximale Größe fand sich ausgerechnet unter den im übrigen sehr seltenen Überresten der obersten Lehmschicht. Die gewissenhafte Untersuchung jener ehrwürdigen Überbleibsel gestattete keinen Zweifel daran, daß die Menschen jener fernen Epoche eine ihren Nachkommen weit überlegene Hirnmasse aufzuweisen hatten – nicht ausgenommen die Zeitgenossen des Zartog Sofr. Infolgedessen mußte während hundertsechzig oder hundertsiebenzig Jahrhunderten eine Regression stattgefunden haben, die dann wiederum von einem neuen Aufstieg abgelöst wurde.

Sofr, verwirrt durch diese seltsamen Funde, verfolgte seine Forschungen weiter. Die Lehmschicht wurde immer tiefer erforscht, bis zu einer Dicke, die wenigstens fünfzehn- bis zwanzigtausend Jahre alt sein mußte. Jenseits dieser Schicht fand man dann eine uralte Lage von Humus, und unter dieser Lage kam der nackte Fels von verschiedener Beschaffenheit. Was aber das Erstaunen der Forscher auf den Gipfel brachte, waren einige dort angetroffene, unbestreitbar menschliche Überreste. Es handelte sich um Knochenteilchen, die zu menschlichen Skeletten gehört hatten, ferner um Fragmente von Waffen oder Werkzeugen, um Töpfereiprodukte, um

Fetzchen von Inschriften in einer noch unbekannten Sprache, um Feuersteine, die auf künstlerische Art behauen schienen, teils in Form von fast unversehrten Statuen und zart behauenen Kapitellen und dergleichen mehr. Aus den angetroffenen Funden mußte man logischerweise schließen, daß vor ungefähr vierzigtausend Jahren, also etwa zwanzigtausend Jahre vor der Zeit, in der man die ersten Menschen vermutet hatte, bereits Menschen an derselben Stelle gelebt und wahrscheinlich eine schon sehr hohe zivilisatorische Stufe erreicht haben mußten.

Das jedenfalls war die allgemeine und anerkannte Schlußfolgerung. Doch auch hier gab es wenigstens einen, der damit nicht einverstanden war: dieser eine war kein anderer als Sofr. Zuzugeben, daß andere menschliche Wesen – getrennt von ihren Nachfolgern durch einen Abgrund von mindestens zwanzigtausend Jahren – als erste die Erde bevölkert haben sollten, das war seiner Ansicht nach einfach irrsinnig. Woher sollten in diesem Falle deren Nachkommen, von denen sich nicht die geringste Spur finden ließ, gekommen sein? Da war es schon besser, noch zuzuwarten, als eine derart absurde Hypothese anzunehmen. Daß diese Tatsachen vorderhand unerklärlich waren, bedeutete nicht, daß sie es auch in Zukunft bleiben würden. Eines Tages würde dies alles klarwerden. Bis dahin sollte man sich darüber gar nicht Rechenschaft abzulegen versuchen, sondern sich an die Grundsätze halten, die als einzige die reine Logik befriedigen:

Das planetare Leben läßt sich in zwei Phasen gliedern: vor dem Menschen – seit dem Menschen. Während der ersten Phase ist die Erde in ständiger Umwandlung begriffen und daher unbewohnbar und unbewohnt. Während der zweiten ist die Erdrinde in einen Zustand der Kohäsion getreten und erlaubt eine gewisse Stabilität. Und sofort – da nun eine solide Grundlage vorhanden ist – erscheint das Leben. Es beginnt mit den einfachsten Formen, kompliziert sich dann ständig, um schließlich im Menschen seinen Höhepunkt zu finden, die letzte, höchste Vollkommenheit. Und kaum ist der Mensch auf der Welt, arbeitet er auch schon unermüdlich an seinem

Erfolg, an seinem Aufstieg. Mit langsamem, stetigem Schritt nähert er sich seinem Ziel, der vollkommenen Erkenntnis, der absoluten Beherrschung des Universums.

Mitgerissen von der eigenen brennenden Überzeugungskraft seiner Theorien, war Sofr am eigenen Hause vorbeigestürmt. Nun machte er rechtsumkehrt und schimpfte:

»Was denn! Soll ich denn zugeben, daß der Mensch schon vor vierzigtausend Jahren eine Zivilisation erreicht haben soll, die der unsrigen entspricht oder sie gar noch übertroffen haben soll? Daß seine Erkenntnisse, seine Errungenschaften verschwunden sein sollen, ohne die geringste Spur zu hinterlassen, in einem Maße, daß seine Nachkommen sich gezwungen sehen, das ganze Werk von vorn zu beginnen, als seien sie die Pioniere einer vor ihnen völlig unbewohnten Welt? . . . Das hieße ja die Zukunft verleugnen, hieße, daß unsre Anstrengungen nichtig sind und daß aller Fortschritt so flüchtig und unsicher ist wie die Schaumkrone auf einer Welle!« Sofr blieb vor seinem Hause stehen:

»Upsa nie! . . . Hartschok! . . . (Nein, nein, wahrlich nicht! . . .), Andart mir'hoë spha! . . . (Der Mensch ist Herr über die Dinge! . . .)«, murmelte er und stieß die Haustür auf.

Nachdem sich der Zartog einige Augenblicke ausgeruht hatte, speiste er mit gutem Appetit, dann legte er sich zur täglichen Mittagsrast lang hin. Doch die Probleme, die er gewälzt hatte, als er auf dem Heimweg war, beschäftigten ihn immer noch und verjagten seinen Schlaf.

So groß seine Sehnsucht war, die unwiderlegliche Einheit in den Methoden der Natur festzulegen, hatte er doch einen zu kritischen Geist, als daß er nicht erkannt hätte, auf wie schwachen Füßen seine Theorie stand, wenn man sie vom Standpunkt der Entstehung und Wandlung des Menschen aus betrachtete. Die Tatsachen auf eine vorläufige Hypothese zurechtzubiegen, den andern gegenüber recht zu behalten, heißt eben noch nicht, vor sich selber recht zu haben...

Wäre Sofr kein wirklicher Gelehrter gewesen – und er war ein sehr bedeutender sogar –, wenn er zu den Ungebildeten gehört hätte, dann wäre er nicht in einem derartigen Dilemma gewesen. Denn das breite Volk verlor sich nicht in tiefen Spekulationen, sondern war es zufrieden, mit geschlossenen Augen die alte Legende als wahr zu akzeptieren, daß man sich seit urdenklichen Zeiten vom Vater auf den Sohn fortpflanzte. Und wenn es darum ging, das Geheimnis der Entstehung des Menschen zu erklären, dann nahm das Volk ein anderes Geheimnis zu Hilfe: die überirdische Macht. Eines schönen Tages hatte diese überirdische Macht aus dem Nichts Hedom und Hiva erschaffen, den ersten Mann und die erste Frau, deren Nachkommen dann die Erde zu bevölkern begannen. So reihte sich eines ganz einfach an das nächste.

›Allzu einfach!‹ dachte Sofr. ›Wenn man am Rande des Begreifens ist, dann ist es natürlich etwas sehr Einfaches, die Gottheit zu Hilfe zu holen: so wird es aber auch sinnlos, die Rätsel des Universums zu lösen, denn in dieser Weise sind sie, kaum gestellt, auch schon aus der Welt geschafft.

Wenn doch wenigstens die Volkslegende auch nur den Anschein einer seriösen Grundlage besessen hätte!... Doch sie hing in der Luft. Es war nichts als eine Tradition aus den Zeitaltern der Dummheit, die sich dann von Ära zu Ära weitervererbte. Bis der Name *Hedom*(!) auftauchte... Woher dieses bizarre Wortgebilde mit dem fremden Klang, das gar nicht zu der Sprache der Andart'-Iten-Schu zu gehören schien? An dieser einzigen philologischen Schwierigkeit war eine Unzahl von Wissenschaftlern bleich und sprachlos hängengeblieben, ohne eine befriedigende Antwort darauf zu finden... Quatsch! Hirngespinste sind das, unwürdig, das Interesse eines Zartog zu erwecken!...‹

Gereizt begab sich Sofr in seinen Garten hinunter. Überdies pflegte er das zu dieser Stunde immer zu tun. Die sinkende Sonne brannte nun weniger unbarmherzig herunter, und eine feuchte Brise hatte sich vom Spone-Schu her erhoben. Der Zartog schlenderte durch die Alleen, im Schatten der Bäume, deren Blätter im Meerwinde raschelten, und ganz allmählich beruhigten sich seine Nerven, und er fand sein Gleichgewicht wieder. Es gelang ihm auch, seine quälenden Gedanken abzuschütteln, die Luft im Freien zu genießen, Freude an den reifenden Früchten und dem üppigen Garten mit seinen vielen Blumen in ihrer ganzen Pracht zu empfinden.

Zufälligerweise führte ihn sein Spaziergang in die Nähe seines Hauses, wo eine größere Ausgrabung begonnen war. Viele Geräte lagen am Rande der aufgeworfenen Grube. Hier sollte nächstens sein neues Laboratorium erstehen, das er zweimal so groß wie das frühere bauen lassen wollte. An diesem Feiertage jedoch hatten die Erdarbeiter ihre Arbeit im Stich gelassen, um sich dem Vergnügen zu widmen.

Sofr schätzte eben die bereits geleistete und noch zu besorgende Arbeit in Gedanken ab – als ihm aus dem Halbdunkel der Grube ein glänzendes Etwas entgegenleuchtete. Das packte ihn, und er stieg auf den Boden der ausgehobenen Grube, wo er ein ganz eigenartiges Ding von der es zur Hälfte bedeckenden Erde befreite.

Sofr stieg mit seinem Fund wieder an die Oberfläche und besah sich das Ding aus der Nähe. Es war eine Art Behälter aus einem ihm unbekannten Metall, grau, körnig, das vom langen Ruhen in der Erde stumpf geworden war. Ungefähr in einem Drittel seiner Gesamtlänge befand sich eine Kerbe, die andeutete, daß der Behälter aus zwei ineinandergefügten Teilen bestand. Sofr versuchte, ihn dort zu öffnen.

Schon beim ersten Versuch löste sich das vom Zahn der Zeit zermürbte Metall in Staub auf und enthüllte den zweiten darin enthaltenen Gegenstand.

Die Substanz dieses zweiten Gegenstandes war dem Zartog so unbekannt wie das Metall der Hülle, das ihn bis jetzt beschützt hatte. Es kam eine Rolle von übereinanderliegenden Blättern zum Vorschein, die mit eigenartigen Zeichen beschriftet schienen. Doch nach der Regelmäßigkeit der Zeichen mußte es sich wohl um eine Schrift handeln. Eine allerdings unbekannte Schrift, wie Sofr sie nie zuvor gesehen hatte. Auch annähernd nicht.

Der Zartog begann vor Erregung zu zittern und rannte mit

seinem Fund ins Laboratorium, wo er sich einschloß und sich nun ganz dem kostbaren Dokument zu widmen begann.

Doch! das waren eindeutig Schriftzeichen! Anderseits war er ebenso sicher, daß diese Schrift keiner der ihm bekannten glich, die seit der Menschheitsgeschichte irgendwo auf Erden praktiziert worden war.

Wo kam dieses Dokument her? Was bedeutete es? Das waren die zwei Fragen, die sich Sofrs Gehirn aufdrängten.

Konnte er die erste beantworten, dann war die Antwort auf die zweite einfach. Er mußte also erst einmal lesen können – dann übersetzen. Denn es war *a priori* anzunehmen, daß die Sprache des Dokumentes ebenso fremd sein würde wie dessen Schrift.

Das sollte doch nicht unmöglich sein? Der Zartog Sofr machte sich sogleich an die Arbeit, denn er war sicher, daß die Schrift entziffert werden konnte.

Lange Jahre dauerte diese Arbeit. Sofr gab nicht nach. Ohne sich je entmutigen zu lassen, verfolgte er methodisch das Studium des geheimnisvollen Dokuments, und Schritt für Schritt begann er klarzusehen. Endlich kam der Tag, an dem er unter großem Zögern und vielen Schwierigkeiten das Dokument in die Sprache der *Menschen der vier Meere* zu übersetzen vermochte.

Nun, als dieser Tag endlich da war, las der Zartog Sofr-Aï-Sr das Folgende:

Rosario, den 24. Mai 2...

Ich setze diese Art Datum vor den Beginn meiner Erzählung, obgleich sie in Tat und Wahrheit viel neueren Datums ist und auch anderswo spielt. Doch wenn es sich um dergleichen Dinge handelt, ist die Reihenfolge imperativ gegeben, und deshalb habe ich mich auch für die Form des *journal* entschlossen, das einen Tag-für-Tag-Bericht erstattet.

Am 24. Mai also beginnt die Wiedergabe der schrecklichen Ereignisse, die ich hier für die nach mir Kommenden niederzuschreiben gedenke, falls die Menschheit noch das Recht hat, auf irgendeine Zukunft zu zählen.

In welcher Sprache soll ich schreiben? Englisch, Spanisch, die ich beide fließend spreche? Nein! Ich schreibe in der Sprache meiner Heimat: Französisch.

An jenem 24. Mai hatte ich ein paar Freunde in meine Villa nach Rosario eingeladen.

Rosario ist – oder, vielmehr, war – eine mexikanische Stadt am Ufer des Pazifischen Ozeans, ein wenig südlich des Golfs von Kalifornien. Zehn Jahre vorher hatte ich mich dort niedergelassen, um die Leitung einer Silbermine, die ich erworben hatte, persönlich zu übernehmen. Meine Geschäfte hatten ganz plötzlich einen unerhörten Aufschwung genommen. Ich war zum reichen, zum sehr reichen Mann geworden – wie lächerlich mich das heute dünkt! –, und ich hatte schon Pläne für meine baldige Rückkehr nach Frankreich, in mein Heimatland, geschmiedet.

Mein Landhaus – eines der luxuriösesten in dieser Gegend – stand auf dem höchsten Punkt eines großen Parks, der sanft gegen das Meer abfiel, dann aber in einem jähen Felsabsturz von über hundert Metern sein Ende fand; hinter dem Landhaus stieg das Terrain wieder an, und man konnte auf gewundenen Pfaden den Berggrat, der über fünfzehnhundert Meter Höhe aufwies, erreichen. Das war für mich oft ein angenehmer Spaziergang – zwar hatte ich den Aufstieg auch etwa mit meinem Wagen bewältigt – ein ausgezeichneter und starker Phaeton war's, mit einem 35-Pferdestärken-Motor, eine der allerbesten französischen Marken.

Ich wohnte in Rosario mit meinem Sohn zusammen, einem hübschen Kerl von zwanzig Jahren, als weit entfernte Blutsverwandte von uns starben und ich deren Tochter Helene – die ich sehr gerne hatte – zu uns ins Haus nahm. Sie war eine mittellose Waise. Seit jenem Todesfall waren nun fünf Jahre verstrichen. Mein Sohn Jean war jetzt fünfundzwanzig, mein Mündel Helene zwanzig. In meinem Herzen hatte ich die beiden füreinander bestimmt.

Unser Hauspersonal bestand aus dem Kammerdiener Germain, aus Modeste Simonat, dem in allen Situationen tüchtigen Chauffeur, und aus zwei Stubenmädchen namens Edith und Mary. Sie waren die Töchter meines Gärtners, George Raleigh, und dessen Ehefrau Anna.

An jenem 24. Mai saßen wir zu acht um meinen Eßtisch herum, im Scheine von elektrischen Lampen, die ihren Strom aus Elementen in meinem Garten bezogen. Außer dem Hausherrn waren zugegen: sein Sohn und sein Mündel, dann fünf andere Tischgenossen, von denen drei zur angelsächsischen Rasse und zwei zur mexikanischen gehörten.

Dr. Bathurst war unter jenen, Dr. Moreno unter diesen. Sie waren beide Gelehrte im wahrsten Sinne des Wortes, was sie aber nicht hinderte, des öfteren verschiedener Meinung zu sein. Und übrigens gute Kerle und die besten Freunde der Welt.

Die beiden andern Angelsachsen hießen Williamson, Besitzer eines großen Fischereiunternehmens von Rosario, und Rowling, ein kühner Bursche, der außerhalb der Stadt eine Früchte- und Gemüsezucht betrieb, womit er sich ein großes Vermögen zu erwerben im Begriffe war.

Der letzte der geladenen Gäste war Señor Mendoza, der Gerichtspräsident von Rosario, ein geachteter Mann, ein kultivierter Geist und ein unbestechlicher Richter obendrein.

Wir gelangten ohne bemerkenswerte Unterbrechung ans Ende unserer Mahlzeit. Was bis dahin gesprochen wurde – ich habe es vergessen. Ganz im Gegensatz dazu standen hingegen die Worte, die fielen, als wir unsere Zigarren anzündeten.

Nicht etwa, daß jene Äußerungen besonderes Gewicht in sich getragen hätten; doch der Terror, der auf sie folgte, verlieh ihnen eine pikante Bedeutung, und deswegen haben sie sich mir unauslöschlich eingeprägt.

Wir waren – in welchem Zusammenhang, ist ja gleichgültig – auf den wunderbaren Fortschritt der Menschheit zu sprechen gekommen. Und irgendwann sagte Dr. Bathurst:

»Es stimmt schon: wenn Adam (als Engländer sprach er das Wort wie *Aedem* aus) und Eva (er sagte natürlich *Iiv*) wieder auf die Erde zurückkämen, dann wären sie baß erstaunt.«

Das war der Beginn unserer Diskussion. Als feuriger Darwinist und überzeugter Anhänger der natürlichen Selektion verlangte nun Moreno in ironischem Tone von Bathurst zu wissen, ob er denn ernsthaft an die Legende vom irdischen Paradies glaube. Bathurst antwortete, er glaube wenigstens an Gott, und da die Existenz von Adam und Eva durch die Bibel bestätigt werde, werde er es sich versagen, darüber zu streiten. Moreno gab zurück, er selber glaube bestimmt nicht weniger an Gott als sein Gesprächspartner, daß aber der erste Mann und die erste Frau nichts weiter sein könnten als ein Mythos, als ein Symbol, und daß es infolgedessen bestimmt nicht unfromm sei, anzunehmen, die Bibel habe auf diese Weise den Lebensatem versinnbildlichen wollen, den die schöpferische Macht in die erste Zelle eingehaucht, welcher dann alle übrigen entstammt seien. Bathurst erwiderte, diese Erklärung genüge nur scheinbar. Was ihn persönlich betreffe, so finde er, es sei schmeichelhafter, das direkte Werk der Gottheit zu sein, als von ihr über das Zwischenglied von mehr oder weniger affenhaften Prototypen abzustammen...

Ich sah den Moment kommen, da die Diskussion hitzig würde – als sie ebenso jäh endete, wie sie begonnen hatte. Die beiden Gegner hatten zufällig ein anderes Gebiet gefunden, auf dem sie einer Meinung sein konnten. Es ging übrigens meistens so.

Diesmal kamen die zwei Streithähne auf das erste Thema zurück und bewunderten gemeinsam die hohe Kulturstufe, die die Menschheit erreicht hatte – sei jetzt ihr Ursprung, wie er wolle –; und sie zählten stolz alle die Eroberungen auf. Alle wurden durchgesprochen. Bathurst rühmte die Chemie, die so weit vorgerückt sei, daß sie am Verschwinden sei, weil sie sich mit der Physik zu verschmelzen drohte, so daß die beiden Wissenschaften nur noch eine einzige sein würden, die sich als Forschungsziel die immanente Energie gesetzt habe. Moreno lobte seinerseits die Medizin und besonders die Chirurgie, dank denen man heute in die tiefinnersten Lebensvorgänge hineinzusehen vermöge und durch deren wunderbare Entdeckungen man in naher Zukunft auf die Unsterblichkeit der lebenden

Organismen hoffen dürfe. Und hierauf beglückwünschten sich die beiden zu der hohen Stufe, welche die Astronomie erreicht habe. War man denn nicht schon mit den sieben Planeten des Sonnensystems in Verbindung? Und nächstens würden die Sterne drankommen...*

Ermüdet von ihrer Begeisterung, schalteten die beiden Lobesredner eine kurze Pause ein. Das nutzten die andern Tischgenossen, um ihrerseits rasch ein Wort einzuwerfen. Man schnitt das weitläufige Gebiet der praktischen Erfindungen an, die so grundlegend die Lebensbedingungen der Menschheit verändert hatten. Es wurde von Eisenbahnen und Dampfschiffen geschwärmt, die den Transport von schwerer Fracht revolutioniert hatten, von den wirtschaftlichen Flugapparaten, die von den Reisenden mit viel Zeit benutzt werden, von den pneumatischen Untergrundbahnen oder den elektronischen Verkehrsmitteln, die alle Kontinente und alle Meere durchfahren und von den Menschen benutzt werden, die es wirklich eilig haben. Es wurde geschwärmt von all den unzähligen Maschinen, von denen die eine genialer ausgedacht war als die andere und von denen eine einzige in gewissen Industrien die Arbeit von hundert Menschen zu verrichten vermag. Es wurde geschwärmt von der Druckerkunst, von der Photographie in Farben und mit Blitzlicht, von der photographischen Wiedergabe von Tönen, von der Wärme und von allen Vibrationen der Luft. Und vor allem schwärmten sie von der Elektrizität, diesem geschmeidigen, gehorsamen und in seinem Wesen, in seinen Eigenschaften so genau bekannten Hilfsmittel, das uns gestattet, ohne die geringste materielle Verbindung irgendeinen Mechanismus in Gang zu setzen, ein Meerschiff, ein Unterseeboot oder ein Flugzeug anzutreiben; das uns gestattet, einander zu schreiben, miteinander zu sprechen oder uns zu sehen – alles auf allergrößte Entfernungen.

Kurz, es hörte sich an wie eine regelrechte Dithyrambe, in

* Aus diesen Worten können wir schließen, daß, sobald dieses Tagebuch geschrieben sein wird, das Sonnensystem mehr als acht Planeten zählen wird, daß also logischerweise der Mensch einen oder gar mehrere entdeckt haben wird, die noch weiter weg kreisen als Neptun.

welche auch ich einstimmte, ich muß es gestehen. In diesem einem Punkte war man sich jedenfalls einig, daß die Menschheit ein bis dato unvergleichliches intellektuelles Niveau erreicht habe, was uns zu dem Glauben berechtige, daß der Sieg über die Natur ein endgültiger sei.

»Immerhin«, gab Präsident Mendoza mit seiner Fistelstimme zu bedenken, als auf unsere Schlußfolgerung hin eine Stille eingetreten war, »immerhin habe ich mir sagen lassen, daß die heute spurlos verschwundenen Völker eine ebenso hochentwickelte Zivilisation, der unsrigen ebenbürtig, entwickelt hatten.«

»Welche Völker?« wollte die ganze Tafelrunde wie aus einem Munde wissen.

»Ach, die... die Babylonier, zum Beispiel.«

Das hatte einen unbändigen Lacherfolg. Die Babylonier mit uns modernen Menschen vergleichen zu wollen!

»Die Ägypter«, fuhr Don Mendoza unbeirrt fort.

Das Gelächter wurde noch stärker.

»Dann waren da noch die Atlantiden, die nur deshalb zur Legende geworden sind, weil wir keine Kenntnisse darüber haben. Zählt nun noch eine Unzahl anderer Völker hinzu, die sogar noch vor den Atlantiden lebten: sie alle entstanden, gediehen – und löschten wieder aus, ohne daß wir die geringsten Kenntnisse von ihnen haben!«

Da Don Mendoza auf seinem Paradoxon beharrte, taten wir so, als nähmen wir ihn ernst, um ihn nicht zu beleidigen.

»Also jetzt hören Sie mal zu, lieber Präsident«, begann behutsam Moreno, in einem Ton, den man einem Kinde gegenüber anschlägt, dem man Vernunft beizubringen versucht, »Sie wollen doch nicht im Ernst behaupten, daß man diese Völker von ehemals mit uns vergleichen kann?... In moralischer Hinsicht, ja, mag sein, daß sie da vielleicht auf derselben kulturellen Stufe gestanden haben mögen, aber in materieller Hinsicht...«

»Wieso denn nicht?« wehrte sich Don Mendoza.

»Weil der eigentliche Erfolg unserer Erfindungen«, warf nun Bathurst nachdrücklich ein, »darin besteht, daß sie sich augenblicklich über die ganze Erde verbreiten: der Untergang eines einzigen Volkes oder auch der einer ganzen Anzahl von Völkern würde doch die Summe des von ihnen erreichten Fortschrittes nicht tangieren. Denn um den menschlichen Fortschritt auszulöschen, müßte ja die ganze Menschheit auf einen Schlag verschwinden! Ist das vielleicht, frage ich Sie, eine zulässige Hypothese?«

Während wir so diskutierten, entstanden immer neue Wirkungen aus neuen Ursachen in der Unendlichkeit des Universums, und innerhalb von weniger als einer Minute nach der Frage, die Dr. Bathurst soeben gestellt hatte, sollte sich die Skepsis von Mendoza nur allzu deutlich bewahrheiten. Doch wir hatten ja noch keine Ahnung davon, sondern diskutierten friedlich weiter, die einen gemütlich in ihren Stühlen zurückliegend, die andern mit den Ellenbogen auf dem Tisch, doch alle mit mitleidigem Blick Mendoza betrachtend, von dem wir das Gefühl hatten, er sei durch die Replik Bathursts völlig geschlagen.

»Erstens einmal«, nahm der Präsident das Gespräch wieder auf, »ist es glaubhaft, daß die Erde in früheren Zeiten weniger Bewohner aufwies als heute, so daß sehr wohl ein einziges Volk universelles Wissen auf sich vereinigen konnte. Und weiterhin sehe ich *a priori* nichts Absurdes in der Möglichkeit, daß die ganze Erdoberfläche auf einmal in Bewegung geraten könnte.«

»Na, na, na!« riefen wir alle miteinander aus.

Und genau in dem Augenblick geschah's, in dem Moment kam die Sintflut... Eben hatten wir alle noch »Na, na, na!« ausgerufen, als sich ein schreckliches Krachen vernehmen ließ. Der Fußboden bebte und wich von unseren Füßen weg, das ganze Landhaus begann in seinen Grundfesten zu schwanken.

Wir stießen und schlugen einander, um zum Ausgang zu kommen; gepackt von unsagbarem Entsetzen, stürzten wir ins Freie.

Kaum waren wir draußen, stürzte das Haus in sich zusammen und begrub den Gerichtspräsidenten Mendoza und meinen Kammerdiener Germain unter sich. Ein paar Augenblicke waren wir völlig bestürzt, was sicher begreiflich ist, und eben hatten wir den Entschluß gefaßt, den beiden zu Hilfe zu eilen, als wir Raleigh mit seiner Frau vom unteren Garten her auf uns zustürzen sahen.

»Das Meer!… das Meer!…« schrie er aus vollem Halse.

Ich drehte mich zum Ozean um – und blieb erstarrt und wie gelähmt stehen. Ich glaube nicht, daß ich mir dessen, was ich erblickte, völlig bewußt war, hatte aber sicher das deutliche Gefühl, daß die vertraute Aussicht sich verändert hatte. Mußte einem denn nicht das Herz vor Entsetzen stillstehen beim Anblick der Natur, von der wir eben noch festgestellt hatten, daß sie an sich unveränderlich bleibe? Und nun hatte sie sich in wenigen Sekunden seltsam verändert!

Immerhin hatte ich bald einmal meine Kaltblütigkeit wiedergewonnen. Die eigentliche Überlegenheit des Menschen liegt ja nicht darin, die Natur zu beherrschen oder zu besiegen; es geht für den denkenden Menschen darum, sie zu verstehen, das ungeheure Universum im Mikrokosmos des Gehirns festzuhalten; und für den handelnden Menschen geht es darum, bei einer Revolte der Materie ruhig Blut zu bewahren und zu sagen: ›Mich zu zerstören vermagst du meinetwegen, mich aufzuwühlen aber niemals!…‹

Sobald ich meine Beherrschung wiedererlangt hatte, begriff ich auch, inwiefern das Bild vor meinen Augen von dem vertrauten abwich. Der Felsabsturz war verschwunden, ganz einfach weg, und mein Garten begann genau auf Meeresspiegelhöhe. Das Meer hatte bereits das Gärtnerhaus verschlungen, und die Wellen leckten an den tiefstliegenden Blumenbeeten.

Da kaum anzunehmen war, daß das Meer in dieser kurzen Zeit so gestiegen war, mußte man logischerweise schließen, daß das Land sich gesenkt hatte, und zwar über hundert Meter – der Felsabsturz hatte ja diese Höhe gehabt –, doch mußte alles mit einer gewissen Sanftheit geschehen sein, denn wir hatten ja kaum viel davon bemerkt, und das erklärte auch die relative Ruhe des Meeres.

Ein kurzer Blick überzeugte mich, daß meine Hypothese

korrekt war, bewies mir aber auch, daß das Absinken noch weiterging. Das Meer kam uns stetig näher, und das mit einer Geschwindigkeit, die bei zwei Metern in der Sekunde liegen mußte – das heißt also sieben bis acht Kilometer in der Stunde. – Infolgedessen mußten wir bei der Entfernung der am nächsten stehenden Wellen innerhalb von etwa drei Minuten ebenfalls verschlungen sein, sollte das Tempo des Absinkens dasselbe bleiben. Mein Entschluß kam blitzschnell:

»Ins Auto!« schrie ich den andern zu.

Sie hatten sofort verstanden, und wir alle rannten zur Garage, rissen den Wagen heraus und füllten im Nu den Tank bis obenhin mit Benzin. Dann sprangen wir aufs Geratewohl in den Wagen. Mein Chauffeur Simonat setzte den Motor in Gang, sprang hinters Steuerrad, schaltete, und im vierten Gang fuhren wir aufs Tor zu, das Raleigh für uns offenhielt. Dann rannte er hinterher, konnte sich gerade noch anklammern und kauerte auch schon auf den Hinterfedern des Autos.

Es war höchste Zeit! Gerade als das Auto die Straße erreichte, fegte die erste Welle heran und netzte die Räder bis zu den Naben. Bah! Von jetzt an konnten wir uns über die Verfolgung durch das Meer lustig machen. Obgleich mein Wagen schwer überladen war, würde uns meine vorzügliche Maschine aus dem Bereich der Wellen entführen, das heißt falls der Sturz in den Abgrund sich nicht endlos hinausziehen sollte... Nun, wir hatten doch immerhin einigen Spielraum vor uns: mindestens zwei Stunden Aufstieg und eine Höhe von nahezu fünfzehnhundert Metern...

Bald hingegen wurde mir klar, daß es noch zu früh war zum Frohlocken. Nachdem nämlich der erste Anlauf des Wagens uns etwa zwanzig Meter vom Wasser weggetragen hatte, nützte alles Gasgeben unseres guten Simonat nichts: die Distanz zwischen uns und dem Meer blieb stets dieselbe. Ohne Zweifel wurde der Wagen durch die übermäßige Last gebremst. Was wir auch unternahmen, unsere Geschwindigkeit entsprach genau dem Absinken des Landes – das Meer blieb uns auf den Fersen.

Bald wurde uns diese ungemütliche Lage deutlich, und

alle, außer Simonat, der sich mit dem Steuern des Autos befassen mußte, drehten sich um und wollten auf die eben zurückgelegte Strecke blicken. Nichts war mehr zu sehen als Wasser. So rasch wir den Weg hinter uns brachten, so rasch versank er hinter uns im Wasser. Dabei schien das Meer nun völlig ruhig. Kaum daß hie und da eine Welle sich am immer neuen Strand brach. Es sah aus wie ein friedlicher See, der geheimnisvoll ständig anschwoll und wuchs, und es gab wohl nichts Tragischeres als die Verfolgung des Wagens durch das stille Wasser. Umsonst flohen wir vor ihm, das Meer stieg unaufhaltsam mit uns in die Höhe...

Bei einer Wegbiegung meinte Simonat, ohne die Augen von der Straße zu heben: »Hier sind wir auf halber Höhe. Noch eine Stunde geht's aufwärts.«

Uns schauderte: Was nun! In einer Stunde würden wir die Paßhöhe erreicht haben, und dann mußten wir hinunter, gejagt vom Wasser, das uns einholen würde, uns wie eine Lawine unter sich begrabend!...

Die Stunde verstrich, ohne daß unsere Lage sich wesentlich verändert hätte. Schon tauchte über uns der Gipfel des Küstengebirges auf – als der Wagen plötzlich einen heftigen Satz zur Seite machte, der ihn beinahe an der Böschung zerschmettern ließ. Gleichzeitig schwoll hinter uns eine riesige Welle an, überflutete die Straße und brandete um unseren Wagen, der von Gischt eingehüllt wurde... Sollten wir doch noch alle verschlungen werden?...

Nein! Das Wasser ebbte zurück, während der Motor plötzlich rascher zu keuchen begann und sein Tempo beschleunigte.

Was war schuld an der unerwarteten Beschleunigung? Ein Aufschrei von Anna Raleigh verriet es uns: sie hatte eben entdeckt, daß ihr Mann nicht mehr am Wagen hing. Zweifellos hatte die Welle den Unglücklichen weggerissen, und darum auch zog der Wagen wegen der Gewichtsverminderung besser an.

Doch dann blieb er plötzlich stehen.

»Was ist los?« schrie ich Simonat zu, »eine Panne?«

Aber auch unter diesen tragischen Umständen behauptete sich der Berufsstolz des Chauffeurs. Er zuckte bloß mit den Schultern, was soviel heißen sollte wie: für einen Chauffeur wie mich gibt's keine Pannen. Er zeigte nur wortlos auf die Straße vor uns. Da wurde mir klar, warum wir anhielten.

Keine zehn Meter vor uns war die Straße wie abgeschnitten. Abgeschnitten war das richtige Wort: als hätte einer mit einem riesigen Messer den Schnitt gemacht. Jenseits der scharfen Kante, die das Ende der Straße bildete – nichts, Leere, ein dämmeriger Abgrund, auf dessen Grunde man nichts zu unterscheiden vermochte.

Wir wandten uns um, verzweifelt, gewiß, daß unser letztes Stündlein geschlagen habe. Der Ozean, der uns bis hierher verfolgt hatte, mußte uns ja in wenigen Sekunden verschlingen...

Und dann stießen wir alle – außer Anna und ihren Mädchen, die zum Herzzerbrechen schluchzten – einen Freudenschrei aus: nein, das Wasser stieg nicht mehr, oder vielmehr die Erde hatte aufgehört zu versinken. Ohne Zweifel war der Stoß, den wir vor ein paar Augenblicken verspürt hatten, das Ende der Naturerscheinung gewesen. Der Ozean lag still hinter uns, sein Spiegel lag ungefähr hundert Meter unterhalb der Stelle, an der wir zusammengedrängt neben dem immer noch ratternden Wagen standen; er erinnerte uns an ein großes Tier nach einem raschen Lauf.

Sollte es uns doch noch gelingen, uns aus der bösen Lage zu befreien? Das würden wir erst am folgenden Morgen wissen. Bis es soweit war, mußten wir uns gedulden. Einer nach dem anderen legten wir uns auf den Boden, und ich glaube fast – Gott verzeihe mir! –, ich schlief sogleich ein!...

In der Nacht

Ich werde durch ein furchtbares Brausen geweckt. Wieviel Uhr ist es? Ich weiß es nicht. Jedenfalls umgibt uns immer noch finstere Nacht.

Der Lärm steigt aus dem undurchdringlichen Abgrund, in den die Straße gestürzt ist, herauf. Was geht vor?... Ich könnte schwören, der donnernde Lärm komme von großen Wassermassen, die in hohem Falle stürzen, von gewaltigen Wellen, die aneinanderprallen... Ja, das muß es sein, denn ganze Wolken von Gischt steigen auf und durchnässen uns.

Dann wird es langsam stiller... und dann hört man gar nichts mehr... Der Himmel wird heller... dann ist's Tag.

25. Mai

Welche Qual, so langsam über unsere wirkliche Lage aufgeklärt zu werden! Erst können wir nur die unmittelbare Umgebung erkennen, doch der Umkreis wächst, wächst ständig, als würde unsere Hoffnung nach und nach eine Unzahl von Schleiern heben – endlich ist's heller Tag. Er zerstört unsere letzten Illusionen.

Unsere Lage ist äußerst einfach in ein paar Worten zu schildern: wir sind auf einer Insel. Das Meer umgibt uns von allen Seiten. Gestern noch lagen da vor uns unzählige Berggipfel, von denen ein paar sogar den, auf dem wir uns jetzt befinden, überragten. Diese Gipfel sind alle verschwunden, während der unsre – viel bescheidener als die andern – unerklärlicherweise auf seinem Sturz ins Meer aufgehalten wurde. Um uns statt der Berge eine endlose Wasserwüste. Wir stehen auf dem einzigen Fleckchen Erde, das bis zum ungeheuren Horizont noch zu entdecken ist.

Ein einziger Blick genügt, uns das Ausmaß unsres Inselchens erkennen zu lassen, auf dem wir durch einen außerordentlichen Glücksfall Asyl gefunden haben: wirklich, es ist klein genug, tausend Meter höchstens ist es lang und fünfhundert breit. Der Berg fällt nach Norden, Westen und Süden sanft zum Meere ab und ist noch etwa hundert Meter hoch. Im Osten hingegen fällt die kleine Insel in einem Felsabsturz jäh ins Meer ab.

Dorthin wendet sich nun unser Blick. Denn in jener Richtung müßten wir ganze Bergketten hintereinander sehen und jenseits davon ganz Mexiko. Wie hat sich das alles in einer kurzen Frühlingsnacht gewandelt! Die Berge sind verschwun-

Férat/Barbant
Letzte Eruption

den, Mexiko ist verschlungen! An ihrer Stelle die Wasserwüste, die kahle, unendliche.

Wir sehen uns an, entsetzt. Da sind wir nun, gestrandet, ohne Lebensmittel, ohne Süßwasser, auf diesem engen, kahlen Fels – keine Hoffnung bleibt uns mehr. Grausam enttäuscht werfen wir uns auf die Erde und warten auf den Tod.

An Bord der *Virginia*, 4. Juni

Was ist in den folgenden Tagen geschehen? Ich habe keine Erinnerung mehr daran. Vermutlich habe ich schließlich das Bewußtsein verloren: erst an Bord des Schiffes, das uns gerettet hat, bin ich wieder zu mir gekommen. Das einzige, was ich weiß, ist, daß wir ganze zehn Tage auf jener Insel verbracht haben müssen und daß zwei von uns, Williamson und Rowling, vor Durst und Hunger gestorben sind. Von den fünfzehn Menschen, die meine Villa im Zeitpunkt der Sintflut beherbergt hat, bleiben bloß noch neun: mein Sohn Hans, mein Mündel Helene, mein Chauffeur Simonat, der wegen des Verlustes seines Wagens untröstlich ist, Anna Raleigh und ihre beiden Mädchen, die Ärzte Bathurst und Moreno und schließlich ich, der ich mich beeile, diese Zeilen zur Erbauung späterer Geschlechter zu Papier zu bringen – womit ich bereits zugegeben habe, daß es deren wieder geben wird.

Die *Virginia*, die uns trägt, ist ein sozusagen gemischtes Schiff – halb Dampfschiff, halb Segelschiff – von ungefähr zweitausend Tonnen, das dem Warentransport dient. Es ist ein recht betagtes Schiff, und seine Geschwindigkeit ist eher mittelmäßig. Der Kapitän heißt Morris und befehligt zwanzig Matrosen. Kapitän und Mannschaft sind ausnahmslos Engländer.

Die *Virginia* hat Melbourne mit Ballast vor etwas mehr als einem Monat mit dem Bestimmungsort Rosario verlassen. Kein Zwischenfall hat ihre Reise gestört, ausgenommen in der Nacht vom 24. zum 25. Mai, als eine Anzahl von unglaublich hohen Grundwellen – die aber zum Glück ihrer Länge wegen ungefährlich waren – das Schiff packten. So eigenartig diese unerklärlichen Wellen auch waren, konnte der Kapitän doch nicht ahnen, welche Sintflut in demselben Moment in seiner Nähe vor sich ging. Wie erstaunt war er, als er an der Stelle, wo er Rosario hätte finden sollen, nichts als Wasser antraf. Auch von Mexiko fand sich nicht eine Spur. Von der mexikanischen Küste war bloß eine kleine Insel übriggeblieben. Eine Schaluppe der *Virginia* wurde zu dem Inselchen hinübergeschickt, auf dem die Besatzung dann elf leblose Körper entdeckte. Zwei waren offensichtlich tot. Die anderen neun wurden auf die Schaluppe getragen und zur *Virginia* gebracht. Auf diese Weise sind wir gerettet worden.

Ein Zwischenraum von acht Monaten trennt den bisherigen Bericht von diesen nächsten Zeilen. Ich datiere sie mit Januar oder Februar, denn es ist mir völlig unmöglich, genauere Angaben zu machen, da ich kein verläßliches Zeitgefühl mehr besitze.

Diese acht Monate stellen die schlimmste Zeit all unserer Prüfungen dar. Es ist die Zeit, in der wir unterschiedlich immer grausamer behandelt worden sind, die Zeit, in der uns unser ganzes Elend so richtig bewußt geworden ist.

Nachdem sie uns aufgenommen hatte, setzte die *Virginia* ihre Route weiter nach Osten fort, so schnell es ihr möglich war. Als ich auf dem Schiff wieder zu mir kam, war die Insel, auf der wir beinahe alle umgekommen wären, schon längst am Horizont verschwunden. Wie das Besteck besagte, das der Kapitän bei wolkenlosem Himmel nahm, mußten wir uns genau an der Stelle befinden, wo Mexiko hätte sein sollen. Doch von Mexiko war keine Spur mehr zu sehen – nicht mehr, als man von den Bergen im Mittelpunkt sehen konnte, als ich ohnmächtig dalag; nicht mehr auch, als man von irgendeinem Stück Erde entdecken konnte, so weit das Auge reichte; nach allen Seiten hin gab es nichts als die Unendlichkeit des Meeres...

In dieser Feststellung lag etwas wirklich Betäubendes. Wir

hatten einen Moment lang das Gefühl, den Verstand zu verlieren. Wie denn? Ganz Mexiko einfach versunken!... Wir tauschten entsetzte Blicke, während wir uns fragten, wie weit diese fürchterliche Sintflut sich erstreckt haben mochte...

Der Kapitän wollte es genau wissen: er änderte seinen Kurs und drehte nach Norden ab. Wenn es Mexiko nicht mehr gab, so war es doch undenkbar, daß der ganze amerikanische Kontinent ebenfalls versunken sein sollte.

Und dennoch war es so. Umsonst segelten wir volle zehn Tage nach Norden – wir trafen auf kein Land. Und obgleich wir immer wieder die Richtung änderten: von Land nirgendwo eine Spur, auch nicht, als wir fast einen Monat lang nach Süden fuhren. So widersinnig uns die Erkenntnis auch schien, wir waren gezwungen, sie zuzugeben: jawohl, der ganze amerikanische Kontinent war in den Wellen des Ozeans verschwunden!

Waren wir denn bloß gerettet worden, um ein zweites Mal die Schrecken der Todesangst kennenzulernen? Wir hatten wahrlich langsam Grund, es anzunehmen. Ohne an die Vorräte zu denken, die uns eines Tages ausgehen mußten, gab es eine viel größere Gefahr: was sollte aus uns werden, wenn die Kohle ausging und das Schiff nur noch dahintrieb? Ungefähr so mußte das Herz eines verblutenden Tieres zu schlagen aufhören. Deshalb ließ der Kapitän am 14. Juli – wir befanden uns ungefähr da, wo früher Buenos Aires liegen mußte – die Feuer ausgehen und die Segel setzen. Sobald dieser Befehl ausgeführt war, versammelte er die Mannschaft sowie die Passagiere der *Virginia* und erläuterte uns in wenigen Worten die Lage. Dann bat er uns, ernsthaft darüber nachzudenken und unsere Idee am folgenden Tage bei einem Kriegsrat vorzubringen.

Ich weiß nicht, ob einer meiner Unglücksgenossen auf eine mehr oder weniger großartige Idee gekommen wäre. Ich für mein Teil zögerte, ich gestehe es, weil ich gar nicht sicher war, was in unserer Lage der beste Ausweg wäre – als gerade in jener Nacht ein Sturm losbrach und uns die ganze Entscheidung aus der Hand nahm. Wir mußten westwärts fliehen, der Sturm jagte uns vor sich her, und wir mußten befürchten, jeden Augenblick vom entfesselten Meer verschlungen zu werden.

Der Orkan dauerte fünfunddreißig Tage, ohne eine Minute nachzulassen oder gar einzuschlafen. Wir begannen zu fürchten, das Unwetter werde nie mehr aufhören – als am 19. August das schöne Wetter so unmittelbar einsetzte, wie es uns im Stich gelassen hatte. Der Kapitän benutzte die Gelegenheit und nahm sogleich das Besteck: die Berechnung ergab für unsere Position 40° nördlicher Breite und 114° östlicher Länge – die Koordinaten von Peking!

Wir hatten also bereits Polynesien und vielleicht auch Australien passiert, ohne uns dessen bewußt zu sein; und da, wo wir zur Zeit segelten, hatte vorher die Hauptstadt eines Reiches von vierhundert Millionen Seelen gestanden!

Hatte Asien also dasselbe Schicksal ereilt wie Amerika?

Bald waren wir davon überzeugt. Die *Virginia* erreichte auf ihrem Südwestkurs das tibetische Hochland, dann das Gebiet des Himalaja. Hier hätten wir die höchsten Berge des gesamten Erdballs erblicken müssen. Nun: nach allen Richtungen hin ragte nichts über den Meeresspiegel herauf. Es fing beinahe an so auszusehen, als gäbe es auf der ganzen Welt kein anderes Stückchen trockenen Landes mehr als jenes kleine Inselchen, das unsere Rettung gewesen – als seien wir die einzigen Überlebenden der Sintflut, die letzten Bewohner der Erde auf dem bewegten Leichentuch des Meeres!

Wenn dem so war, dann würden auch wir bald einmal zugrunde gehen. Trotz strengster Rationierung gingen die Lebensmittel an Bord schon zur Neige, und es bestand für uns keine Hoffnung mehr, sie wieder zu erneuern...

Ich kürze den Bericht über diese schreckliche Seefahrt ab. Um sie in allen Einzelheiten wiederzugeben, müßte ich im Geiste Tag für Tag noch einmal alles durchmachen, und das triebe mich zum Wahnsinn. So seltsam und furchtbar auch die Ereignisse waren, die dieser Fahrt vorausgingen oder nach ihr kamen, so bejammernswert mir auch die Zukunft – eine Zukunft, die ich nicht mehr erleben würde – erschien, so sollten wir doch noch während dieser verfluchten Fahrt das Maximum an Entsetzen kennenlernen. Ach, diese nicht endenwollende Fahrt auf einem unendlich scheinenden Meere! Jeden Tag darauf gefaßt zu sein, irgendwo anlegen zu können – und jeden Tag das Ende der Reise weiter hinausgeschoben zu sehen! Über Karten gebeugt dahinzuleben – über Karten, auf denen Menschen kurvenreiche Küstenlinien eingezeichnet hatten, und dann immer wieder feststellen zu müssen, daß nichts, aber auch gar nichts übriggeblieben war von all dem, was die Menschen für ewig feststehend angesehen hatten! Sich sagen zu müssen, daß die Erde von unzählbaren Lebewesen wimmelte, daß Millionen von Menschen und Myriaden von Tieren diese Erde nach allen Richtungen durchlaufen oder die Luft bevölkert hatten – und daß nun alle auf einmal tot sind, daß all das Leben ausgeblasen wurde, als wäre es ein winziges Flämmchen im Wind! Überall andere Menschenkinder zu suchen – umsonst zu suchen! Und dann nach und nach zur Überzeugung zu kommen, daß es um einen herum sonst nichts Lebendes mehr gibt, sich nach und nach der fürchterlichen Einsamkeit bewußt zu werden, allein zu sein im erbarmungslosen All!...

Ist es mir wohl gelungen, die passenden Worte für den Ausdruck unserer Todesangst zu finden? Ich weiß es nicht. Denn in keiner Sprache der Welt kann es Worte geben, die dieser nie dagewesenen Situation gerecht würden.

Nachdem wir auch dort das Meer erkundet hatten, wo früher die Halbinsel Indiens gewesen war, nahmen wir für zehn Tage Kurs nach Norden, dann nach Westen. Ohne daß unsere Lage sich im geringsten verändert hätte, fuhren wir über die Kette des Urals, der jetzt zu einem Teil des Meeresbodens geworden war. Und dann fuhren wir über die Stelle, wo früher Europa lag. Wir nahmen Kurs nach Süden, bis zu 20° südlicher Breite, und, müde von unserer zwecklosen Irrfahrt, wieder nach Norden, über die nun versunkenen Pyrenäen sowie über eine riesige Fläche Wasser, die Afrika und Spanien bedeckte. Wir begannen uns tatsächlich an das Entsetzen zu gewöhnen. Wir verfolgten unseren Lauf genau auf den Karten und zeigten dann mit dem Finger: ›Hier war einmal Moskau... Warschau... Berlin... Wien... Rom... Tunis... Timbuktu... St. Louis... Oran... Madrid...‹, alles mit ständig wachsender Gleichgültigkeit, denn die Gewohnheit hatte uns abgestumpft, und wir fühlten beim Aussprechen dieser in Tat und Wahrheit so tragischen Namen nicht mehr das geringste.

Ich aber hatte den Becher meiner Leiden noch nicht bis zur Neige geleert. Am Tage, als Kapitän Morris zu mir sagte – es war so um den 11. Dezember herum –: »Hier stand Paris...«, glaubte ich, man reiße mir das Herz aus der Brust. Meinetwegen mochte das ganze All versinken, aber doch nicht mein Frankreich – mein Paris, das mein Land verkörperte!...

Neben mir konnte ich einen Mann schluchzen hören: ich drehte mich um... es war Simonat, der weinte.

Für vier weitere Tage fuhren wir stetig nordwärts; als wir auf der Höhe von Edinburgh waren, nahmen wir Kurs nach Südwesten und suchten Irland; dann ging's wieder ostwärts... Wir irrten auf gut Glück herum, denn es spielte wirklich keine Rolle mehr: die eine Richtung war so gut wie die andere...

Wir fuhren über London, dessen feuchtes Grab von der ganzen Schiffsbesatzung salutiert wurde. Fünf Tage darauf segelten wir über Danzig, als der Kapitän – wiederum aufs Geratewohl – wenden ließ, so daß wir wieder eine südwestliche Richtung einschlugen. Der Steuermann gehorchte apathisch. Was machte es ihm schon aus? Nach allen Richtungen war es ja dieselbe Geschichte . . . Als wir den neunten Tag diesen Kurs eingehalten hatten, bekamen wir unser letztes Stückchen Schiffszwieback.

Während wir uns noch hohlwangig anstarrten, befahl Kapitän Morris auf einmal, die Kessel zu heizen. Was mochte ihm durch den Kopf gehen? Ich weiß es heute noch nicht. Doch sein Befehl wurde ausgeführt: das Schiff gewann Fahrt...

Zwei Tage darauf nagte der Hunger bereits recht böse an uns. Und am darauffolgenden Tag weigerten sich die meisten, überhaupt aufzustehen; bloß noch der Kapitän, Simonat, einige wenige Matrosen und ich hatten die Kraft, das Schiff auf seinem Kurs zu halten.

Am fünften Fasttage sah man fast keine Steuerleute und Mechaniker mehr. Wenn das noch vierundzwanzig Stunden so weiterging, würde keiner mehr die Kraft haben, auf seinen Beinen zu stehen.

Wir waren nun seit über zwölf Monaten quer durch die Meere gesegelt. Es mußte so um den 8. Januar herum sein. – Ich sage: ›es mußte ...‹, weil ich es einfach nicht genauer sagen kann; denn der Kalender hat bei uns an Wichtigkeit verloren.

Jedenfalls, es war an jenem Tag, als ich das Ruder hielt und mich ganz und gar auf das Beobachten des vor uns liegenden Horizontes konzentrierte – und da schien mir, ich könne im Westen irgend etwas unterscheiden. Ich dachte, ich sei das Opfer einer Halluzination, und rieb mir die Augen. Nein, ich hatte mich nicht getäuscht!

Ich stimmte ein wildes Gebrüll an, klammerte mich am Ruder fest und schrie dann:

»Land auf Steuerbord voraus!«

Welchen Zauber diese Worte wirkten! Alle, die da überall im Sterben gelegen hatten, sprangen erstaunlich lebhaft auf die Füße, und ihre hageren Gesichter zeigten sich an der Steuerbordreling.

»Wirklich, es ist Land!« stellte Kapitän Morris verblüfft fest, nachdem er den am Horizont auftauchenden Schatten beobachtet hatte.

Eine halbe Stunde später war kein Zweifel mehr möglich. Land – mitten im Ozean, Land, das auf keiner Karte zu finden war. Und wir hatten alle Gegenden abgesucht, wo früher Kontinente gewesen waren!

Gegen drei Uhr nachmittags hoben sich die Einzelheiten der Küste, die uns den Weg versperrte, schon klar hervor. Und wieder meldete sich die Verzweiflung. Denn diese Küste glich keiner der Küsten, wie wir sie früher gekannt hatten. Vor uns lag ein absolut kahles, wüstes Eiland.

Die Erde, die wir vor der Sintflut bewohnt hatten, war von sattem Grün gewesen. Und keiner von uns hatte je eine derart verlassene, derart kahle Gegend gesehen, wo nicht doch noch etwa ein paar Sträucher, ein paar Moosbänke oder doch mindestens ein paar Büschel Flechten auf den Steinen zu sehen gewesen wären. Hier nun gab es nicht einmal das. Wir konnten bloß einen schwärzlichen Felsabsturz erkennen, an dessen Fuß ein Chaos von Felsblöcken lag. Keine Pflanze, kein Gräslein, nichts! Es war eine im wahrsten Sinne gottverlassene Insel.

Während zweier Tage fuhren wir dieser Felswand entlang, ohne auch nur die kleinste Spalte darin entdecken zu können. Erst gegen Abend des zweiten Tages entdeckten wir schließlich eine große Bucht, die guten Schutz gegen den Wind vom Meer her bot. Dort fuhren wir hinein und gingen vor Anker.

In Rettungsbooten erreichten wir das feste Land, und dort war unsere erste Beschäftigung das Nahrungsammeln. Denn der Strand wimmelte von Hunderten von Schildkröten, und Millionen Muscheln lagen herum. In den Felsspalten gab es Krabben, Hummer und Langusten in Hülle und Fülle, dazu natürlich Fische in unerhörten Mengen. Offenbar würde das so dichtbevölkerte Meer uns – in Ermangelung anderer Hilfsquellen – auf unbeschränkte Zeit unseren Unterhalt garantieren.

Als wir uns gesättigt hatten, fanden wir einen Einschnitt in der Felswand, der uns ermöglichte, den Fels zu erklimmen. Oben angekommen, erblickten wir ein weites Gebiet. Der Anblick des Strandes hatte uns nicht getäuscht: nach allen Seiten gab es nur kahle Felsen, auf denen etwa getrockneter Tang und Algen zu erkennen waren, aber kein einziges Hälmchen Gras, nichts Lebendes, weder auf dem Lande noch in der Luft. Und überall waren kleine Seen zu erkennen, eher Teiche sogar, die in der Sonne glänzten. Wir wollten uns an einem von ihnen erfrischen – das Wasser war salzig!

Das erstaunte uns zwar nicht. Diese Tatsache bestätigte uns in der Annahme, daß dieses unbekannte Land erst gestern geboren und aus den Meerestiefen in einer einzigen Evolution aufgestiegen war. Das erklärte seine Öde, seine totale Einsamkeit. Es erklärte auch diese sonderbare, überall gleichmäßig verteilte Schlammschicht, die durch die Verdunstung nun langsam zu Staub wurde... Am folgenden Mittag ergab die Messung einen Punkt auf 17° 20' nördlicher Breite und 23° 55' westlicher Länge. Wir trugen ihn auf der Karte ein. Da konnten wir auch erkennen, daß da vorher der offene Atlantik gewesen war; das Land befand sich also in der Nähe des Punktes, wo früher Kap Verde gewesen. Jedenfalls erstreckte sich nun das Land nach Westen und das Meer nach Osten, bis zum Horizont.

So unfreundlich und ungastlich der Kontinent, auf den wir den Fuß gesetzt hatten, auch war, wir waren auf alle Fälle gezwungen, uns damit zufriedenzugeben. Darum löschten wir die ganze Ladung der *Virginia* sogleich. Wir trugen alles, was sie enthielt, wahllos oben auf den Felsen. Vorher hatten wir das Schiff solide mit vier Ankern befestigt, die bei fünfzehn Faden Tiefe den Meerboden erreichten. In dieser ruhigen Bucht lief die *Virginia* so keine Gefahr, und wir konnten sie unbesorgt sich selbst überlassen.

Sobald wir die ganze Ladung an Land gebracht hatten, konnte unser neues Leben beginnen. Vor allem mußten wir...

Als der Zartog Sofr an diesem Punkt seiner Übersetzung war, mußte er die Arbeit unterbrechen. Das Manuskript wies hier die erste Lücke auf, den vielen Seiten nach fehlte wahrscheinlich Wichtiges; dieser Lücke folgten übrigens noch mehr und noch wichtigere, soweit er das beurteilen konnte. Ohne Zweifel war eine große Menge der Manuskriptblätter durch Feuchtigkeit zerstört worden – der Behälter hatte also nicht dicht gehalten. Es gab von dieser Stelle an nur noch mehr oder weniger ausführliche Fragmente, der übrige Text war für immer zerstört. Sie folgten sich in etwa dieser Reihe:

... beginnen uns ans Klima zu gewöhnen.

Wie lange ist es wohl her, seit wir an dieser Küste vor Anker gegangen sind? Ich weiß nichts mehr davon. Ich habe Doktor Moreno gefragt, der einen Kalender über die verflossenen Tage nachführt. Er hat mir gesagt: »Sechs Monate ...«; dann fügte er hinzu: »... auf einige Tage genau«, denn auch er befürchtet, er könnte sich täuschen.

So weit ist es mit uns also gekommen! Es hat bloß sechs Monate gebraucht – und schon können wir uns nicht mehr auf unsere Zeitmessung verlassen. Das ist ja eine schöne Aussicht!

Unsere Nachlässigkeit ist jedoch nicht erstaunlich. Wir brauchen nämlich unsere ganze Kraft hier, um unser Leben zu erhalten. Dem gilt alle unsere Aufmerksamkeit. Die Ernährung ist ein Problem, das den ganzen Tag in Anspruch nimmt. Was essen wir? Nun, Fische, wenn wir welche finden. Das wird nämlich von Tag zu Tag schwieriger, denn unsere unaufhörliche Jagd auf sie macht sie scheu. Wir essen ferner Schildkröteneier und einige genießbare Algen. Abends sind wir zwar satt, aber auch erschöpft und denken nur noch ans Schlafen. Aus den Segeln der *Virginia* haben wir Zelte aufgestellt. Ich stelle mir vor, daß wir in Bälde eine etwas solidere Unterkunft werden bauen müssen.

Hie und da erlegen wir einen Vogel: die Luft ist doch nicht so verwaist, wie wir ursprünglich angenommen haben. Wir kennen bis jetzt etwa zehn verschiedene Arten auf unserem neuen Kontinent. Es sind hauptsächlich Langstreckenflieger: Schwalben, Albatrosse, Kormorane und einige mehr. Es ist anzunehmen, daß sie auf diesem Lande ohne Vegetation zuwenig Nahrung finden, denn sie fliegen ständig im Kreise um unser Lager und hoffen auf die Reste unserer elenden Mahlzeiten. Hie und da finden wir auch etwa einen, der vor Hunger umgekommen ist, was uns wiederum Pulver und Blei spart.

Glücklicherweise besteht eine Möglichkeit, unsere Lage zu bessern: wir haben im Bauch der *Virginia* einen Sack Korn entdeckt, von dem wir die Hälfte ausgesät haben. Es wird uns bedeutend besser gehen, wenn einmal das Korn gewachsen ist. Doch wird es wachsen? Den Boden bedeckt eine dicke Alluvialschicht, ein sandhaltiger Schlamm, der durch zersetzte Algen angereichert ist. So mittelmäßig der Humus auch sein mag, so ist es doch immerhin Humus. Als wir hier landeten, war er noch mit Salz getränkt. Doch seit den diluvialen Regengüssen ist er ziemlich ausgewaschen worden. Alle Vertiefungen weisen jetzt Süßwasser auf.

Immerhin ist die Alluvialdecke noch nicht ganz salzfrei, außer auf der ganz dünnen Oberschicht: die Bäche und Flüsse, die gegenwärtig im Entstehen sind, haben einen stark brackigen Geschmack, was beweist, daß die unteren Alluvialschichten immer noch mit Salz gesättigt sind.

Damit wir das Korn aussäen und die andere Hälfte als Reserve zurückbehalten konnten, mußte es beinahe zu einem heftigen Streit kommen: die eine Gruppe der Schiffsbesatzung wollte sofort Brot daraus backen. Wir waren gezwungen...

... die wir an Bord der *Virginia* hatten. Diese beiden Kaninchen haben sich ins Landinnere geflüchtet, und wir haben sie nicht wiedergesehen. Möglicherweise haben sie sogar für sich Nahrung zu finden vermocht. Wird die Erde also, uns unbewußt, hervorbringen, was...

... zwei Jahre mindestens, seit wir hier sind!... Das Korn ist prächtig gediehen. Wir haben übergenug Brot zu essen, und unsere Äcker werden immer größer. Doch was für einen Kampf wir dabei gegen die Vögel ausfechten! Sie haben sich seltsamerweise unerhört vermehrt, und rings um unsere Kulturen...

Trotz den Todesfällen, die ich oben erwähnt habe, ist unser kleiner Stamm nicht kleiner geworden, ganz im Gegenteil. Mein Sohn und mein Mündel haben drei Kinder, und eine jede der drei übrigen Haushaltungen hat ebenso viele. Diese ganze Schar von Kindern gedeiht vorzüglich und platzt fast vor Gesundheit. Offenbar besitzt die menschliche Rasse mehr Energie, mehr Vitalität, seit sie zahlenmäßig so zusammengeschrumpft ist. Doch wie viele Gründe...

...zehn Jahre hier und wußten immer noch nichts von diesem Kontinent. Wir kannten ihn höchstens in einem Umkreis von wenigen Kilometern von unserem Landungsplatz aus. Dr. Bathurst fand schließlich, unsere Trägheit sei himmelschreiend, und auf seine Anregung hin riggten wir die *Virginia* wieder auf, was fast sechs Monate in Anspruch nahm, und dann haben wir eine Erkundungsreise unternommen. Seit vorgestern sind wir wieder in unserer Siedlung. Die Reise hat viel länger gedauert, als wir eigentlich meinten, doch wir wollten eben, daß wir umfassende Kenntnisse des Kontinents mit nach Hause brächten.

Wir haben also den ganzen Kontinent, der uns trägt, umfahren, und wir glauben, er sei außer unserer kleinen Insel der einzige noch bestehende feste Boden dieser Erde. Die Küstenpartien sind uns überall gleich hart, gleich wild vorgekommen.

Unsere Kreuzfahrt haben wir durch mehrere Exkursionen ins Landesinnere unterbrochen: wir hofften dabei vor allem noch Spuren der Azoren und von Madeira zu entdecken, die ja vor der Sintflut schon vom Atlantischen Ozean umspült wurden und die infolgedessen eigentlich einen Teil des neuen Kontinents bilden müßten. Wir haben aber nicht die kleinste Spur von ihnen entdecken können. Alles, was wir darüber feststellen konnten, war, daß gerade dieses Gebiet von Grund auf durcheinandergeworfen wurde und daß eine dicke Lavaschicht es bedeckte. Die Inseln sind wahrscheinlich Schauplatz der heftigsten vulkanischen Ereignisse gewesen.

Eigenartig ist es ja schon: wir haben zwar nicht entdecken können, was wir suchten, dafür aber haben wir entdeckt, was wir nicht suchten! Auf der Höhe der einstigen Azoren sind wir auf Spuren menschlichen Schaffens gestoßen. Die Funde sind halb von einer Lavaschicht bedeckt. Doch kann diese Spur menschlicher Kultur nicht von den Bewohnern der Azoren stammen, unseren Zeitgenossen von gestern. Die Funde bestehen aus Säulenresten und Töpferscherben, von einer Beschaffenheit, wie wir sie nie zuvor gesehen hatten. Nach eingehender Untersuchung gab Dr. Moreno der Vermutung Ausdruck, es müsse sich um Überreste des antiken Atlantis handeln, die durch vulkanische Eruption zutage gefördert wurden.

Vielleicht hat Dr. Moreno recht. Das legendäre Atlantis müßte – falls es je vorhanden war – ungefähr an der Stelle unseres heutigen Kontinents gelegen haben. Daß an derselben Stelle des Erdballs drei menschliche Kulturen sich befunden haben sollen, ohne daß die eine aus der andern hervorgegangen ist, wäre in diesem Falle ein einzig dastehendes Phänomen.

Wie dem auch sei, ich muß gestehen, daß das Problem mich kalt läßt: wir haben gerade genug an der Gegenwart, ohne uns noch um die Vergangenheit zu kümmern.

Sobald wir unsere Siedlung wieder erreichten, ist uns aufgefallen, daß wir uns in einer – im Vergleich zum übrigen Lande – begünstigten Gegend niedergelassen haben. Das liegt einzig und allein an der grünen Farbe – früher so weitverbreitet –, die hier nicht mehr völlig fehlt, während auf dem ganzen übrigen Kontinent kein Jota davon zu erblicken ist. Das war uns bis dato nie so richtig aufgefallen, ist aber unleugbar so. Gras, das es zur Zeit unserer Landung nicht gab, sprießt nun überall um uns her. Es sind zwar nur die gemeinsten Arten, die hier wachsen. Sehr wahrscheinlich haben die Vögel den Samen hergeschleppt.

Aus dem, was ich eben sagte, darf nun aber nicht geschlossen werden, daß es außer diesen von früher stammenden Sorten keine Vegetation gäbe. Durch irgendeine unerklärliche Anpassung gibt es heute wieder eine rudimentäre, vielversprechende Vegetation überall auf dem Kontinent:

Die Meerpflanzen, die sich auf dem neuen Kontinent befanden, als er aus den Wellen stieg, sind zum größten Teil durch die Sonne vernichtet worden. Einige wenige hingegen haben in den Teichen und Tümpeln, die nicht mit der Zeit ausgetrocknet sind, bestehen können. Doch dann sind Bäche und Flüsse entstanden, die für die Existenz von Tang und Algen nur dann förderlich waren, solange sie Salz enthielten. Sobald jedoch die oberste Erdschicht sowie die darunterliegenden ihren Salzgehalt verloren, wurden sie nach und nach zerstört. Nur eine verschwindend geringe Zahl unter ihnen vermochte sich den neuen Lebensbedingungen anzupassen und gedieh dann auch im Süßwasser. Doch das Phänomen bleibt dort nicht stehen: einige von diesen Pflanzen haben sich auch auf dem Trockenen weiterentwickeln können, erst an den Flußufern, dann nach und nach sogar im Innern des Landes.

Wir haben diese Metamorphose am lebenden Objekt feststellen können und haben uns überzeugt, wie sehr das Aussehen sich mit den physiologischen Lebensbedingungen zugleich zu verändern vermag. Schon wachsen einige Halme scheu zum Himmel auf, und wir sehen voraus, daß eines Tages eine ganze Flora in allen Spielarten neu erstehen wird, daß zwischen den neuen und den überlieferten Arten ein heißer Kampf entstehen wird.

Was ich soeben über die Flora feststellte, trifft auch auf die Fauna zu. In der Nähe der Wasserläufe kann man ehemals ans Meer gebundene Tiere sehen, die sich in der Metamorphose zum Landtier befinden. Die Luft schwirrt von fliegenden Fischen, die schon mehr einem Vogel ähneln als einem Fisch, denn ihre Flügel sind übermäßig gewachsen, und ihr einwärts gekrümmter Schwanz ermöglicht ihnen...

Das letzte Fragment war vollständig und stellte den Schluß des Manuskripts dar:

... uralt. Kapitän Morris ist tot. Dr. Bathurst ist fünfundsechzig. Bald werden wir alle mit dem Leben abgeschlossen haben. Vorher jedoch wollen wir nichtsdestoweniger das ins Auge gefaßte Ziel erreichen und, soweit es in unserer Macht steht, den kommenden Generationen in dem Kampf, der sie erwartet, zu Hilfe kommen.

Doch werden sie überhaupt je diesen Tag erleben, die kommenden Generationen?

Ich bin versucht, mit Ja zu antworten, da ich ja nur die Vermehrung meines Stammes anzusehen brauche: die Kinderzahl hat sich vervielfacht, denn in dem gesunden Klima dieses Landes, das keine wilden Tiere kennt, werden die Menschen alt. Unsere Kolonie ist heute dreimal größer geworden.

Anderseits möchte ich wieder mit Nein antworten, wenn ich an den geistigen Zerfall meiner Leidensgenossen denke.

Unsere kleine Schar von Schiffbrüchigen befand sich immerhin in einer außerordentlich günstigen Lage, so daß sie aus dem menschlichen Wissen Vorteil hätte ziehen können: die kleine Gruppe besaß einen ganz besonders energischen Mann – Kapitän Morris selig –, zwei überdurchschnittlich kultivierte Menschen – mein Sohn und ich – und zwei ausgesprochene Gelehrte – Dr. Bathurst und Dr. Moreno. Aus diesen Elementen hätte sich etwas aufbauen lassen. Wir haben nichts aufgebaut. Der Kampf ums tägliche Leben war von Anfang an – und ist es heute wie je – unsere einzige Sorge. Wie ganz zu Beginn verwenden wir unsere ganze Zeit auf die Nahrungssuche, und abends fallen wir erschöpft in einen tiefen Schlaf.

Es ist leider nur allzu gewiß, daß die Menschheit, deren einzige Vertreter wir sind, auf dem Wege der rapiden Regression ist und sich wieder zum primitiven Urtyp hin entwickelt. Bei den Matrosen der *Virginia*, die ja schon vorher unkultivierte Leute waren, sind die Merkmale des Animalischen schon viel deutlicher feststellbar. Mein Sohn und ich haben beide längst vergessen, was wir einst wußten. Dr. Bathurst und Dr. Moreno haben ihr Gehirn ebenfalls brachliegen lassen. Man darf schon sagen: unser geistiges Leben ist abgeschafft.

Wie gut, daß wir – es ist schon viele Jahre her – den ganzen Kontinent umsegelt haben! Heute hätten wir dazu den Mut nicht mehr... Und übrigens ist Kapitän Morris gestorben, der die Expedition angeführt hat –, und gestorben vor Altersschwäche ist auch die *Virginia*, die uns hierhertrug.

In der ersten Zeit unseres Hierseins hatten einige der Unsrigen es unternommen, Häuser zu bauen. Diese nie fertiggestellten Konstruktionen liegen in Ruinen. Heute schlafen wir alle zu jeder Jahreszeit im Freien.

Seit langer Zeit ist von den Kleidern, die wir einst trugen, nichts übriggeblieben. Einige Jahre lang haben wir kunstvoll gewobene Algenstoffe als Ersatz getragen – und kunstvoll gewoben waren sie bloß zu Beginn; dann wurden sie gröber und gröber. Schließlich sind auch die uns verleidet, da sie bei diesem milden Klima überhaupt unnötig waren. Jetzt leben wir nackt wie jene, die wir einst ›Wilde‹ schimpften...

Essen, essen – das ist unser unaufhörliches Sinnen, unsere ausschließliche Beschäftigung.

Immerhin: wir haben doch noch einige Endchen vergangener Ideen und Gefühle bewahrt. Mein Sohn Hans, jetzt ein gereifter Großvater, hat seine zärtlichen Gefühle noch nicht ganz verloren, und mein Exchauffeur, Modeste Simonat, erinnert sich sogar noch dunkel daran, daß ich einst sein Herr war.

Doch mit diesen Menschen, mit uns, werden diese vagen Andeutungen, daß wir einst Menschen waren – denn wir sind es eigentlich schon nicht mehr –, für immer von der Erde verschwinden. Die Wesen der Zukunft, die hier Geborenen nämlich, haben ja nie eine andere Existenz gekannt. Die Menschheit wird auf diese nun auch schon Erwachsenen beschränkt sein – ich habe einige im Blickfeld, während ich dies schreibe –, die weder lesen noch rechnen, ja kaum reden können, auf die Kinder mit ihren spitzen Zähnchen, die aus nichts zu bestehen scheinen als aus einem unersättlichen Bauch. Und nach diesen werden wieder neue Kinderherden kommen, die wieder Erwachsene sein werden, die wieder Kinder haben – und wieder und wieder – und immer animalischere, die sich von ihren denkfähigen Vorfahren ständig weiter entfernen.

Ich glaube sie zu erkennen, diese Menschen der Zukunft, Wesen ohne artikulierte Sprache, mit verlöschter Intelligenz, mit einem von groben Haaren bedeckten Körper... ich kann sie sehen, wie sie durch diese düstere Wüste irren...

Nun ja, wir wollen uns anstrengen, daß es nicht so herauskommt. Wir wollen alles in unserer Macht Stehende versuchen, daß die Errungenschaften der Menschheit, zu der wir noch gehören, nicht auf ewig verlorengehen. Dr. Bathurst, Dr. Moreno und ich wollen unser eingeschlafenes Gehirn wachrütteln, es zwingen, sich an all das zu erinnern, was es einst beherrschte. Wir wollen uns in die Arbeit teilen und auf diesem Papier, mit dieser Tinte – sie stammen beide noch von der *Virginia* – alles, was wir über die verschiedenen Wissenschaften zusammentragen können, niederzuschreiben, damit später die Menschen, falls sie durchhalten und falls sie, nach einer kürzeren oder längeren Zeit der Primitivität, plötzlich wieder Durst nach Erleuchtung haben sollten, die Zusammenfassung finden und lesen, die ihre Urahnen verfaßten. Und mögen sie dann das Gedächtnis dieser Ahnen segnen, die sich aufs Geratewohl zusammentaten, um den Leidensweg ihrer Menschenbrüder, die sie ja nie kennen werden, etwas zu verkürzen!

Es sind jetzt nahezu fünfzehn Jahre vergangen, seit die obigen Zeilen verfaßt wurden. Dr. Bathurst und Dr. Moreno sind nicht mehr. Von all denen, die einst hier landeten, bin ich, einer der ältesten, allein noch am Leben. Doch der Tod wird mich ereilen, wenn meine Stunde geschlagen hat. Ich spüre, wie er von meinen schon erkalteten Beinen zu meinem Herzen aufsteigt, das sehr bald stehenbleiben wird.

Unsere Aufgabe ist beendet. Ich habe die Manuskripte, die eine Zusammenfassung der menschlichen Wissenschaft bergen, in eine eiserne Kiste gelegt, die noch von der *Virginia* stammt. Dann habe ich sie tief im Boden vergraben. Daneben werde ich diese wenigen Seiten in einem Aluminiumbehälter der Erde übergeben.

Findet wohl jemals einer diese der Erde anvertraute Hinterlassenschaft? Wird überhaupt jemals einer danach suchen?...

Das bleibt dem Schicksal überlassen. Und nun Gott befohlen!...

Je länger der Zartog Sofr an diesem unglaublichen Dokument übersetzte, desto mehr packte sein Herz eiskaltes Entsetzen.

Wie? Stammte die Rasse der Andart'-Iten-Schu von jenen Menschen ab, die nach langen Monaten der Irrfahrt auf den Weltmeeren an diesem Punkte der Küste ihre Seefahrt beendeten, wo heute Basidra stand?

Dann hatten diese elenden Wesen einst zu einer ruhmreichen Menschheit gehört, verglichen mit der die jetzige einem stammelnden Kleinkind ähnlich war! Was hatte es gebraucht, um all diese Wissenschaft auf immer zu begraben, was hatte es gebraucht, um all diese mächtigen Völker in Vergessenheit geraten zu lassen? Weniger als nichts: bloß einen kleinen Schauder der Erdrinde.

Ein nicht wiedergutzumachendes Unglück war es schon, daß die erwähnten Dokumente zusammen mit der eisernen Kiste, die sie enthielt, zerstört wurden! Doch so schade es darum war, gab es doch nicht die geringste Hoffnung mehr, sie zu finden, da die Erdarbeiter für die Konstruktion der Stadtfundamente den Boden um und um aufgewühlt hatten. Ohne Zweifel mußte auch das Eisen sich im Laufe der Zeit zersetzt haben, wogegen der Aluminiumbehälter dem Zahn der Zeit siegreich Widerstand geleistet hatte.

Im übrigen gab das dem Optimismus Sofrs den Rest. Wenn auch das Manuskript keinerlei technische Einzelheiten verriet, so floß es doch über von allgemeinen Hinweisen und bewies entscheidend, daß die Menschheit in früheren Zeiten auf dem Wege der Wahrheit entschieden weiter fortgeschritten war, als dies seither der Fall gewesen. Alles war darin enthalten, nicht nur die Ideen, die Sofr darüber gehegt hatte, sondern auch andere, die er nicht einmal zu erdenken gewagt hatte – sogar die Ausdeutung des Wortes *Hedom*, das bis jetzt eine derartige Polemik ausgelöst hatte... Hedom war nichts anderes als die Verbiegung von *Edem* – und Edem wiederum die Verbiegung von *Adam* –, und dieser Adam war vermutlich wiederum die Verbiegung eines anderen Ausdrucks, der noch älter war.

Hedom, Edem, Adam – was sind sie anderes als das ewige Symbol des ersten Menschen, dessen Ankunft auf Erden ebenfalls erklärt ist. Sofr hatte also unrecht gehabt, als er diesen Vorfahr abgestritten hatte, dessen Existenz sich sogar aus diesem Manuskript nachweisen ließ. Und das Volk hatte wieder einmal recht, das seinen Ursprung auf Adam zurückführte. Aber sowohl in diesem Punkt als auch in allen übrigen hatten die Andart'-Iten-Schu nichts erfunden. Sie waren es zufrieden, zu wiederholen, was ihnen überliefert war.

Und vielleicht hatten die Zeitgenossen des Autors dieser Geschichte nichts erfunden. Vielleicht hatten auch sie nur nachschaffend gewirkt auf dem Wege, den andere menschliche Kulturen vor ihnen auf Erden gegangen waren. Das Dokument berichtete doch von einem Volk, das es ›die Atlantiden‹ nannte? Gerade diese beinahe unbeweisbaren Spuren der Atlantiden in der marinen Ablagerung hatten Sofrs Forschung gekrönt. Wie weit war wohl diese Nation des Altertums gekommen in der Erkenntnis der Wahrheit, als der Einbruch des Ozeans sie von der festen Erde fegte?

Wie diese Erkenntnis auch gelautet haben mochte, es blieb nach der Katastrophe nichts von ihrem Werke erhalten, und der Mensch hatte seinen Aufstieg zum Licht ganz unten wieder beginnen müssen.

Vielleicht würde es den Andart'-Iten-Schu eines Tages gleich ergehen? Vielleicht auch der Kultur nach ihnen, bis eines Tages...

Doch würde der Tag je dämmern, an dem der unstillbare Hunger des Menschen nach Erkenntnis erfüllt würde? Würde der Tag je dämmern, an dem der Mensch, nachdem er die steile Klippe erklommen hatte, sich auf dem endlich bezwungenen Gipfel würde ausruhen können?

Diese Gedanken gingen dem Zartog Sofr durch den Kopf, während er sich über das ehrwürdige Dokument beugte.

Aus diesem Bericht von jenseits des Grabes konnte er sich das furchtbare Drama des Weltalls ausmalen, das sich immer wieder abzuspielen schien. Sein Herz war schwer von Mitleid, es blutete angesichts der unzähligen Leiden derer, die vor ihm auf der Welt gewesen; es wurde fast erdrückt unter dem Gewicht der vergeblichen Anstrengungen, dic seit undenklichen Zeiten unternommen wurden. Und langsam und schmerzlich gewann der Zartog Sofr-Aï-Sr die tiefe Überzeugung, daß alles immer wieder von neuem beginnen muß.

H. G. Wells

Die Zeitmaschine

1. Das Modell verschwindet

Der Zeitreisende (denn so will ich ihn der Einfachheit halber nennen) erläuterte uns eine schwerverständliche Sache. Seine grauen Augen leuchteten und funkelten, und sein gewöhnlich blasses Gesicht war gerötet und belebt. Das Kaminfeuer brannte hell, und der weiche Schein des Glühlichts in den silbernen Lilien spiegelte sich in den Bläschen, die in unseren Gläsern aufblitzten und vergingen. Unsere Stühle – seine patentierte Erfindung – umarmten und verwöhnten uns mehr, als daß sie uns lediglich zum Sitzen dienten, und es herrschte jene wohltuende Nach-Tisch-Atmosphäre, da die Gedanken gelöst und frei von Fesseln der Pedanterie fließen. Und während wir so dasaßen und träge seinen Eifer und seinen schöpferischen Geist bei der Darstellung dieses neuen Paradoxons (wofür wir es hielten) bewunderten, erläuterte er es uns, die wesentlichen Punkte mit einem hageren Zeigefinger hervorhebend, auf die folgende Weise.

»Sie müssen mir aufmerksam zuhören. Ich werde die eine oder andere Vorstellung, die so gut wie allgemein akzeptiert ist, anfechten müssen. Die Geometrie zum Beispiel, die man Sie auf der Schule gelehrt hat, beruht auf einem Mißverständnis.«

»Erwarten Sie mit dieser Behauptung gleich zu Beginn nicht etwas viel von uns?« meinte Filby, ein streitsüchtiger Mensch mit rotem Haar.

»Ich verlange nicht, daß Sie irgend etwas ohne einen vernünftigen Grund akzeptieren. Sie werden mir bald alles zugestehen, was ich von Ihnen brauche. Sie wissen sicherlich, daß eine mathematische Linie, eine Linie von der Dicke ›null‹, in Wirklichkeit nicht existiert. Hat man Sie das gelehrt? Ebensowenig eine mathematische Fläche. Das sind reine Abstraktionen.«

»Da haben Sie recht«, sagte der Psychologe.

»Und genausowenig kann ein Würfel, der nur aus Länge, Breite und Höhe besteht, eine materielle Existenz haben.«

»Da muß ich widersprechen«, erklärte Filby. »Natürlich kann ein fester Körper existieren. Alle realen Dinge...«

»Das glauben die meisten Menschen. Aber überlegen Sie mal einen Augenblick: kann ein *momentaner* Würfel existieren?«

»Das ist mir zu hoch«, entgegnete Filby.

»Kann ein Würfel, der keinerlei Zeitdauer besitzt, eine materielle Existenz haben?«

Filby wurde nachdenklich. »Offensichtlich«, fuhr der Zeitreisende fort, »muß jeder feste Körper eine Ausdehnung in *vier* Dimensionen aufweisen: er muß Länge, Breite, Höhe und – Dauer besitzen. Aber infolge einer naturbedingten menschlichen Schwäche, die ich Ihnen gleich erläutern werde, neigen wir dazu, diese Tatsache zu übersehen. Es gibt also wirklich vier Dimensionen: drei, die wir die drei Ebenen des Raumes nennen, und eine vierte, die Zeit. Der Mensch neigt jedoch dazu, eine unrealistische Unterscheidung zu treffen, weil sich sein Bewußtsein nun einmal von Anbeginn bis zum Ende seines Lebens mit Unterbrechungen entlang der vierten Dimension bewegt.«

»Das«, meinte ein sehr junger Mann, der krampfhaft seine Zigarre über der Lampe wieder in Brand zu setzen versuchte, »das... ist in der Tat sehr einleuchtend.«

»Um so merkwürdiger ist es, daß dieser Umstand so weitgehend übersehen wird«, fuhr der Zeitreisende mit einem leichten Anflug von Heiterkeit fort. »Denn in Wirklichkeit meint man damit doch die vierte Dimension, wenngleich manche Leute, die davon reden, gar nicht wissen, daß sie von der vierten Dimension sprechen. Es handelt sich lediglich um eine andere Betrachtungsweise der Zeit. *Es gibt keinen*

Unterschied zwischen der Zeit und einer der drei Dimensionen des Raumes, abgesehen davon, daß unser Bewußtsein sich entlang der Zeitlinie bewegt. Aber einige Narren haben diese Erkenntnis von der verkehrten Seite angepackt. Sie haben doch alle gehört, was diese Leute über die vierte Dimension zu sagen haben?«

»*Ich* nicht«, sagte der Bürgermeister aus der Provinz.

»Einfach ausgedrückt, verhält es sich so: nach der Darstellung unserer Mathematiker schreibt man dem Raum drei Dimensionen zu, die man Länge, Breite und Höhe nennen kann, und dies läßt sich stets mit Hilfe dreier Ebenen, die alle im rechten Winkel zueinander stehen, definieren. Aber ein paar philosophisch veranlagte Leute haben sich gefragt, warum gerade *drei* Dimensionen – warum nicht noch eine andere, die jeweils im rechten Winkel zu den drei übrigen steht? Und sie haben sogar versucht, eine vierdimensionale Geometrie zu konstruieren. Erst vor einem Monat oder so hat Professor Simon Newcomb dies vor der New Yorker Mathematischen Gesellschaft dargelegt. Sie alle wissen, wie man auf einer Ebene mit nur zwei Dimensionen einen dreidimensionalen festen Körper darstellen kann; und auf ähnliche Weise, glauben diese Leute, könnten sie auch mit Hilfe von dreidimensionalen Modellen einen solchen mit vier Dimensionen darstellen – wenn sich nur die Perspektive dieses Vorgangs beherrschen ließe. Verstehen Sie?«

»Ich glaube schon«, murmelte der Bürgermeister aus der Provinz, indem er stirnrunzelnd in tiefes Nachdenken versank und dabei die Lippen bewegte, als wiederholte er rätselhafte Worte. »Ja, ich glaube, jetzt versteh ich's«, meinte er nach einiger Zeit, während sein Gesicht sich vorübergehend aufhellte.

»Nun, ich möchte Ihnen nicht verhehlen, daß ich mich seit einiger Zeit eingehend mit dieser Geometrie der vier Dimensionen beschäftigt habe. Einige meiner Resultate sind merkwürdig. Nehmen wir zum Beispiel das Bild eines Menschen im Alter von acht Jahren, ein zweites von ihm mit fünfzehn, ein drittes mit siebzehn, ein viertes mit dreiundzwanzig Jahren und so weiter. All dies sind offensichtlich Ausschnitte, gleichsam dreidimensionale Darstellungen seines vierdimensionalen Seins, das eine festgelegte, unabänderliche Sache ist.

Die Wissenschaft«, fuhr der Zeitreisende nach einer Pause fort, die er zum rechten Verständnis seiner Worte für notwendig hielt, »weiß sehr gut, daß die Zeit nur eine Spielart des Raumes ist. Hier haben wir ein ganz bekanntes wissenschaftliches Diagramm, eine Wetterkarte. Diese Linie, die ich mit meinem Finger nachziehe, zeigt die Bewegungen des Barometers. Gestern stand es so hoch, in der Nacht ist es gefallen, heute früh wieder gestiegen und dann langsam weiter bis hierher. Offenbar hat das Quecksilber diese Linie doch in keiner der allgemein anerkannten Dimensionen des Raumes gezogen? Aber zweifellos hat es eine solche Linie gezogen, und diese Linie, so müssen wir schließen, folgte der Zeitdimension.«

»Aber«, sagte der Arzt, während er unverwandt eine Kohle im Kaminfeuer anstarrte, »wenn die Zeit wirklich nur eine vierte Dimension des Raumes ist, warum wurde und wird sie dann immer für etwas anderes gehalten? Und warum können wir uns nicht genausogut in der Zeit wie in den anderen Dimensionen des Raumes bewegen?«

Der Zeitreisende lächelte. »Sind Sie so sicher, daß wir uns frei im Raum bewegen können? Nach rechts und links, rückwärts und vorwärts können wir uns so ziemlich ungehindert bewegen, und das haben die Menschen auch immer getan. Ich gebe also zu, daß wir uns in zwei Dimensionen frei bewegen. Doch wie steht es mit hinauf und hinab? Hier setzt uns die Schwerkraft Grenzen.«

»Nicht unbedingt«, warf der Arzt ein. »Es gibt Ballons.«

»Aber vor den Ballons hatte der Mensch, abgesehen von krampfhaften Sprüngen und den Unebenheiten der Erde, keinerlei Freiheit der vertikalen Bewegung.«

»Immerhin konnte er sich ein wenig auf und ab bewegen«, wandte der Arzt ein.

»Leichter, weit leichter ab- als aufwärts.«

»Und in der Zeit können Sie sich überhaupt nicht bewegen, vom Augenblick der Gegenwart kommen Sie nicht los.«

»Gerade da, mein Verehrtester, befinden Sie sich im Irrtum. Gerade in diesem Punkt irrt die ganze Welt. Wir entfernen uns ständig von dem gegenwärtigen Augenblick. Unsere geistige Existenz, die immateriell ist und keine Dimensionen hat, läuft von der Wiege bis zum Grabe mit gleichförmiger Geschwindigkeit die Zeitdimension entlang. So als ob wir *abwärts* wandern würden, wenn wir unser Dasein fünfzig Meilen über der Erdoberfläche begännen.«

»Aber die große Schwierigkeit ist doch«, unterbrach ihn der Psychologe, »daß Sie sich sehr wohl in allen Richtungen des Raumes, *nicht* aber in der Zeit vor und zurück bewegen können.«

»Das ist eben der Kern meiner großen Entdeckung. Aber Sie irren sich, wenn Sie sagen, wir könnten uns in der Zeit nicht vor und zurück bewegen. Wenn ich mich zum Beispiel sehr lebhaft an ein Ereignis erinnere, gehe ich zum Augenblick seines Geschehens zurück: ich werde geistesabwesend, wie man sagt. Ich springe einen Augenblick lang in die Vergangenheit zurück. Natürlich besitzen wir kein Mittel, längere Zeit dort zu verweilen, genausowenig wie ein Wilder oder ein Tier über die Möglichkeit, sechs Fuß über dem Boden zu schweben. Aber ein zivilisierter Mensch ist in dieser Hinsicht besser dran als der Wilde. Er kann gegen die Schwerkraft in einem Ballon aufsteigen, und warum sollte er nicht hoffen, daß er auch einmal imstande sein werde, sein Getriebenwerden entlang der Zeitdimension anzuhalten oder zu beschleunigen oder umzukehren und in die entgegengesetzte Richtung zu wandern?«

»Oh, *das*«, begann Filby, »ist alles…«

»Warum nicht?« fragte der Zeitreisende.

»Es ist gegen die Vernunft«, meinte Filby.

»Gegen welche Vernunft?« fragte der Zeitreisende.

»Sie können mir wohl schwarz als weiß beweisen«, erklärte Filby, »aber Sie werden mich nie überzeugen.«

»Vielleicht nicht«, sagte der Zeitreisende. »Aber jetzt beginnen Sie, das Ziel meiner Untersuchungen in der Geometrie der vier Dimensionen zu sehen. Vor langer Zeit hatte ich eine vage Vorstellung von einer Maschine…«

»Mit der man durch die Zeit reisen kann!« rief der sehr junge Mann aus.

»...die ungehemmt in jede Richtung des Raumes und der Zeit fährt, wie es ihr Führer bestimmt.«

Filby begnügte sich mit Lachen.

»Aber ich habe einen experimentellen Beweis«, sagte der Zeitreisende.

»Das wäre außerordentlich bequem für den Historiker«, regte der Psychologe an. »Man könnte in die Vergangenheit zurückgehen und zum Beispiel den allgemein anerkannten Bericht der Schlacht von Hastings überprüfen.«

»Meinen Sie nicht, Sie würden Aufmerksamkeit erregen?« fragte der Arzt. »Unsere Vorfahren waren nicht besonders tolerant gegenüber Anachronismen.«

»Man könnte sein Griechisch von den Lippen Homers und Platos lernen«, dachte der junge Mann laut.

»In dem Falle würde man Sie sicherlich schon durch das Vorexamen rasseln lassen. Die deutschen Gelehrten haben das Griechische so sehr verbessert.«

»Und dann erst die Zukunft«, schwärmte der sehr junge Mann. »Überlegen Sie nur! Man könnte sein ganzes Geld anlegen, es Zinsen sammeln lassen und in die Zukunft vorauseilen!«

»Um eine Gesellschaft vorzufinden«, sagte ich, »die auf einer streng kommunistischen Basis errichtet ist.«

»Also, wenn ich diese verrückten, phantastischen Theorien höre...«, begann der Psychologe.

»Ja, so kam es mir auch vor, und deshalb habe ich nie darüber gesprochen, bis...«

»Der experimentelle Beweis!« rief ich. »Sie wollen *das* beweisen?«

»Das Experiment!« krähte Filby, dessen Verstand nicht mehr mitkam.

»Führen Sie uns immerhin Ihr Experiment vor«, meinte der Psychologe, »wenn es auch alles Humbug ist, wie Sie wissen.«

Der Zeitreisende blickte lächelnd in die Runde. Dann ging er, immer noch leicht lächelnd und die Hände tief in den

Hosentaschen vergraben, langsam aus dem Zimmer, und wir hörten seine Hausschuhe den langen Gang bis zu seinem Laboratorium hinabschlurfen.

Der Psychologe blickte uns an. »Ich möchte wissen, was er vorhat?«

»Irgendeinen Taschenspielertrick oder etwas Ähnliches«, sagte der Arzt, und Filby versuchte, uns von einem Zauberkünstler zu erzählen, den er in Burslem gesehen hatte; doch ehe er noch mit seiner Einführung fertig war, kam der Zeitreisende zurück, und Filbys Anekdote blieb unvollendet.

Das Ding, das der Zeitreisende in der Hand hielt, war ein glitzerndes Metallgestell, kaum größer als ein kleiner Wecker und sehr fein gearbeitet. Zu den Bestandteilen gehörten auch Elfenbein und eine durchsichtige, kristalline Substanz. Und jetzt muß ich ausführlich werden, denn das Folgende ist – wenn man nicht seine Erklärung hinnimmt – etwas absolut Unerklärliches. Er nahm einen der kleinen achteckigen Tische, die im Zimmer herumstanden, und stellte ihn vor das Feuer, mit zwei Beinen auf den Kaminvorleger. Auf diesen Tisch setzte er den Apparat. Dann zog er einen Stuhl heran und setzte sich. Der einzige andere Gegenstand auf dem Tisch war eine kleine Schirmlampe, deren helles Licht voll auf das Modell fiel. Außerdem brannte vielleicht noch ein Dutzend Kerzen, zwei in Messingleuchtern auf dem Kaminsims und mehrere in Wandleuchtern, so daß der Raum hell erleuchtet war. Ich saß dem Feuer am nächsten in einem niedrigen Sessel, den ich so weit vorzog, daß ich mich fast zwischen dem Zeitreisenden und dem Kamin befand. Filby saß hinter ihm und blickte ihm über die Schulter. Der Arzt und der Bürgermeister aus der Provinz beobachteten ihn seitlich von rechts, der Psychologe von links. Der sehr junge Mann stand hinter dem Psychologen. Wir waren alle auf der Hut. Es scheint mir unglaublich, daß wir unter diesen Bedingungen durch einen noch so fein ersonnenen und noch so geschickt ausgeführten Trick getäuscht werden konnten.

Der Zeitreisende sah erst uns und dann den Apparat an. »Nun?« fragte der Psychologe.

»Dieses kleine Ding«, sagte der Zeitreisende, indem er die Ellenbogen auf den Tisch stützte und die Handflächen über dem Apparat aneinanderlegte, »ist nur ein Modell. Es ist mein Entwurf für eine Maschine, mit der man durch die Zeit reisen kann. Sie werden bemerken, daß es einzigartig schiefwinklig aussieht und diese Welle da sonderbar flimmert, so als sei sie irgendwie unreal.« Er deutete mit dem Finger auf dieses Teil. »Und hier sehen Sie einen kleinen weißen Hebel und dort noch einen.«

Der Arzt stand von seinem Stuhl auf und sah sich das Ding genauer an. »Es ist wunderbar gearbeitet«, sagte er.

»Ich habe zwei Jahre dazu gebraucht«, erwiderte der Zeitreisende. Und als wir alle dem Beispiel des Arztes gefolgt waren, fuhr er fort: »Ich möchte, daß Sie jetzt folgendes klar verstehen: wenn ich diesen Hebel umlege, wird die Maschine in die Zukunft entschwinden, und dieser andere Hebel kehrt die Bewegung um. Dieser Sattel stellt den Sitz eines Zeitreisenden dar. Gleich werde ich den Hebel umlegen, und die Maschine wird starten. Sie wird unsichtbar werden, in die Zukunft gleiten und verschwinden. Lassen Sie das Ding nicht aus den Augen. Sehen Sie sich auch den Tisch gut an, und überzeugen Sie sich, daß kein Trick dabei ist. Ich möchte nicht dieses Modell verlieren und mir hinterher nachsagen lassen, ich sei ein Betrüger.«

Es trat eine Pause von etwa einer Minute ein. Der Psychologe schien mir etwas sagen zu wollen, überlegte es sich jedoch anders. Dann streckte der Zeitreisende seinen Finger nach dem Hebel aus. »Nein«, sagte er plötzlich; »geben Sie mir Ihre Hand.« Und indem er sich dem Psychologen zuwandte, nahm er dessen Hand in seine und hieß ihn den Zeigefinger ausstrecken. So geschah es, daß der Psychologe das Modell der Zeitmaschine mit eigener Hand auf seine endlose Reise schickte. Wir alle sahen, wie er den Hebel umlegte. Ich bin absolut sicher, daß keine Täuschung stattfand. Ein leichter Windzug entstand, und die Flamme in der Lampe flackerte auf. Eine Kerze auf dem Kaminsims wurde ausgeblasen, die kleine Maschine drehte sich plötzlich, wurde undeutlich, blieb vielleicht eine Sekunde lang wie ein Geisterbild sichtbar, wie ein Wirbel schwach glitzernden Messings und Elfenbeins – und fort war sie, verschwunden! Abgesehen von der Lampe, war der Tisch leer.

Alle blieben einen Moment lang stumm. Dann meinte Filby, der Kuckuck solle ihn holen.

Der Psychologe taute aus seiner Erstarrung auf und blickte unvermittelt unter den Tisch. Darüber lachte der Zeitreisende fröhlich. »Nun?« meinte er, zu dem Psychologen gewandt. Dann stand er auf, trat zum Tabakkrug auf dem Kaminsims und begann, uns den Rücken zukehrend, seine Pfeife zu stopfen.

Wir starrten einander an. »Hören Sie«, sagte der Arzt, »machen Sie wirklich keine Späße? Glauben Sie allen Ernstes, daß diese Maschine in die Zeit gereist ist?«

»Gewiß«, erwiderte der Zeitreisende, während er sich bückte, um einen Fidibus am Kaminfeuer anzuzünden. Und indem er die Pfeife anrauchte, wandte er sich um und sah dem Psychologen ins Gesicht. (Der Psychologe wollte zeigen, daß er nicht aus der Fassung gebracht war, nahm sich eine Zigarre und versuchte, sie unbeschnitten anzurauchen.) »Überdies habe ich dort drinnen noch eine fast fertige große Maschine« – er zeigte zum Laboratorium hin –, »und wenn die zusammengesetzt ist, gedenke ich selbst auf die Reise zu gehen.«

»Sie behaupten also, dieses Maschinchen sei in die Zukunft gereist?« verlangte Filby zu wissen.

»In die Zukunft oder in die Vergangenheit – genau weiß ich das selbst nicht.«

Nach einer Pause hatte der Psychologe eine Erleuchtung. »Wenn es überhaupt irgendwohin gegangen ist, muß es in die Vergangenheit gegangen sein«, sagte er.

»Warum?« fragte der Zeitreisende.

»Weil ich annehme, daß es sich nicht im Raum bewegt hat, und wenn es in die Zukunft gereist wäre, müßte es immer noch hier sein, weil es diese Zeit hätte durchqueren müssen.«

»Aber«, sagte ich, »wenn es in die Vergangenheit gereist wäre, hätte es schon zu sehen sein müssen, als wir zum erstenmal dieses Zimmer betraten: am letzten Donnerstag, als wir hier waren, am Donnerstag davor und so weiter!«

»Ernsthafte Einwände«, bemerkte der Bürgermeister aus der Provinz, indem er eine unparteiliche Miene aufsetzte und sich an den Zeitreisenden wandte.

»Nicht im geringsten«, entgegnete der Zeitreisende; und den Psychologen forderte er auf: »Denken Sie nach! *Sie* können das erklären. Es handelt sich um eine unterschwellige Wahrnehmung, wie Sie wissen, eine flüchtige Wahrnehmung.«

»Natürlich«, bestätigte der Psychologe und beruhigte uns. »Das gehört zum Einmaleins der Psychologie. Daran hätte ich denken müssen. Das ist ganz einfach und fördert das Paradoxon ungemein. Wir können diese Maschine ebensowenig sehen oder bewußt erkennen wie die Speiche eines sich schnell drehenden Rades oder eine durch die Luft fliegende Kugel. Wenn sie fünfzig- oder hundertmal schneller durch die Zeit strebt als wir, wenn sie eine Minute durcheilt, während wir eine Sekunde zurücklegen, so wird die Wahrnehmung, die sie hinterläßt, natürlich auch nur ein Fünfzigstel oder ein Hundertstel derjenigen betragen, die sie hervorrufen würde, wenn sie nicht durch die Zeit flöge. Das ist doch klar.« Er fuhr mit der Hand durch den Raum, wo die Maschine gestanden hatte. »Sehen Sie?« sagte er lachend.

Wir saßen und starrten eine Minute oder so auf die leere Tischplatte. Dann fragte uns der Zeitreisende, was wir von alledem hielten.

»Heute abend klingt es ja ganz plausibel«, meinte der Arzt; »aber warten Sie bis morgen früh. Warten Sie, was der gesunde Menschenverstand bei Tage dazu sagt.«

»Möchten Sie die Zeitmaschine selbst sehen?« fragte uns der Zeitreisende. Und damit nahm er die Lampe in die Hand und führte uns durch den langen, zugigen Korridor zu seinem Laboratorium. Ich erinnere mich lebhaft an das flackernde Licht, an die Silhouette seines eigenartig groß erscheinenden Kopfes, den Tanz unserer Schatten, während wir ihm alle folgten, verwirrt, aber ungläubig, und wie wir dort im Laboratorium eine größere Ausgabe des kleinen Apparates erblickten, den wir vor unseren Augen hatten verschwinden sehen. Einzelne Teile waren aus Nickel, andere aus Elfenbein, und wieder andere waren zweifellos aus Bergkristall geschliffen oder geschnitten. Das Ding schien so gut wie fertig zu sein, nur die spiralförmigen Kristallwellen lagen noch unvollendet auf dem Arbeitstisch neben einigen Zeichnungen, und ich nahm eine in die Hand, um sie besser betrachten zu können. Sie schien aus Quarz zu bestehen.

»Hören Sie«, sagte der Arzt, »ist es Ihnen wirklich Ernst? Oder ist es ein Trick – wie dieser Geist, den Sie uns letzte Weihnachten zeigten?«

»Auf dieser Maschine«, sagte der Zeitreisende, indem er die Lampe hochhob, »werde ich die Zeit erforschen. Ist das klar? In meinem ganzen Leben ist es mir nie mehr Ernst gewesen.«

Keiner von uns wußte recht, was er dazu sagen sollte.

Über der Schulter des Arztes begegnete ich Filbys Augen, und er blinzelte mir feierlich zu.

2. Die Zukunft schlägt Wunden

Ich bin sicher, daß damals keiner von uns so recht an die Zeitmaschine glaubte. Der Zeitreisende gehörte nämlich zu jener Sorte Menschen, die zu gescheit sind, als daß man ihnen glaubt: man hatte nie das Gefühl, daß man seine Absichten ganz durchschaute, vermutete stets einen subtilen Vorbehalt, eine scharfsinnige Erkenntnis versteckt hinter seiner durchsichtigen Offenheit. Hätte Filby das Modell vorgeführt und die Sache mit den Worten des Zeitreisenden erläutert, hätten wir *ihm* gegenüber weit weniger Skepsis gezeigt, denn wir hätten seine Motive durchschaut: ein Schweineschlächter konnte Filby verstehen. Aber der Zeitreisende verfügte über eine ganze Skala wunderlicher Einfälle, und deshalb mißtrauten wir ihm. Dinge, die einen weniger klugen Mann berühmt gemacht hätten, erschienen als Tricks in seinen Händen. Es ist ein Fehler, die Dinge zu mühelos zu tun. Die seriösen Leute, die ihn ernst nahmen, waren sich seines Verhaltens nie ganz sicher: wenn sie sich mit ihrem guten Ruf für ihn einsetzten, wurden sie nie ganz das Gefühl los, ein Kinderzimmer mit Eierschalenporzellan eingerichtet zu haben. Deshalb glaube ich, daß keiner von uns zwischen jenem und dem nächsten Donnerstag viel über das Zeitreisen redete, obwohl die ausgefallenen Möglichkeiten dieser Angelegenheit den meisten von uns zweifellos unentwegt durch den Kopf gingen: ihre Glaubwürdigkeit oder, besser gesagt, ihre praktische Unglaublichkeit, die wunderlichen Möglichkeiten des Anachronismus und des heillosen Durcheinanders, die sich darin bargen. Mich selbst beschäftigte insbesondere der Trick mit dem Modell. Wie ich mich entsinne, sprach ich am Freitag darüber mit dem Arzt, den ich in der Linnégesellschaft traf. Er sagte, er hätte etwas Ähnliches in Tübingen gesehen, und legte dabei besonderen Nachdruck auf das Ausblasen der Kerze. Doch wie der Trick ausgeführt wurde, konnte er nicht erklären.

Am nächsten Donnerstag ging ich wieder nach Richmond – ich glaube, ich war einer der regelmäßigsten Gäste des Zeitreisenden –, und da ich etwas später ankam, fand ich bereits vier oder fünf Herren in seinem Gesellschaftszimmer versammelt. Der Arzt stand mit einem Blatt Papier in der einen und seiner Uhr in der anderen Hand vor dem Kamin. Ich sah mich suchend nach dem Zeitreisenden um, und: – »Es ist jetzt halb acht«, sagte der Arzt. »Ich schlage vor, wir fangen lieber mit dem Essen an.«

»Wo ist...?« fragte ich und nannte unseren Gastgeber.

»Sie sind eben erst gekommen? Es ist ziemlich merkwürdig. Er ist dringend abgehalten, wie er mit dieser Nachricht mitteilt. Er bittet mich, zu Tische zu führen, falls er bis sieben Uhr nicht zurück sei. Schreibt, er werde nach seiner Ankunft alles erklären.«

»Es wäre ein Jammer, das Essen verderben zu lassen«, sagte der Herausgeber einer bekannten Tageszeitung, und daraufhin läutete der Doktor.

Außer dem Doktor und mir war der Psychologe der einzige, der an dem vorhergehenden Essen teilgenommen hatte. Die anderen Herren waren Blank, der zuvor erwähnte Herausgeber, ein gewisser Journalist und noch jemand – ein stiller, scheuer Mann mit einem Bart, den ich nicht kannte und der, soweit ich das beobachten konnte, den ganzen Abend lang den Mund nicht aufmachte. Bei Tisch mutmaßte man ein wenig über die Abwesenheit des Zeitreisenden, und ich deutete halb scherzhaft die Möglichkeit einer Zeitreise an. Der Herausgeber wünschte dafür eine Erklärung, und der Psychologe gab einen unbeholfenen Bericht von dem ›geistreichen Paradoxon und Trick‹ zum besten, dessen wir genau vor einer Woche Zeugen gewesen waren. Er war mitten in seiner Darlegung, als die Tür zum Korridor langsam und geräuschlos aufging. Ich saß mit dem Gesicht zur Tür und sah es zuerst. »Hallo!« sagte ich. »Endlich!« Die Tür öffnete sich weiter, der Zeitreisende stand vor uns, und ich stieß unwillkürlich einen leisen Überraschungsschrei aus. »Um Himmels willen! Mann, was ist passiert?« rief der Arzt, der ihn als nächster erblickte. Und die ganze Tafelrunde wandte sich der Tür zu.

Er sah schrecklich aus. Sein Rock war staubig und schmutzig, die Ärmel von oben bis unten grün beschmiert; sein Haar war wüst und, wie mir schien, grauer geworden – entweder von Staub und Schmutz oder weil seine Farbe tatsächlich verblaßt war. Sein Gesicht war gespenstisch bleich; über sein Kinn lief ein verkrusteter, halb verheilter Schnitt; sein Ausdruck war verstört und verzerrt wie von heftigem Schmerz. Einen Augenblick lang zögerte er in der Tür, als blende ihn das Licht. Dann kam er in das Zimmer. Dabei hinkte er genauso, wie ich es bei fußwunden Landstreichern gesehen habe. Wir starrten ihn schweigend an in der Erwartung, daß er reden würde.

Er sagte jedoch kein Wort, sondern trat mühsam an den Tisch und deutete auf den Wein. Der Herausgeber schenkte ein Glas Champagner ein und schob es ihm hin. Er trank es aus, und es schien ihm gutzutun; denn er ließ seinen Blick über die Tafelrunde schweifen, und ein Abglanz seines alten Lächelns flackerte über sein Gesicht.

»Was in aller Welt haben Sie angestellt, Mann?« fragte der

Arzt. Der Zeitreisende schien seine Frage nicht zu hören. »Lassen Sie sich durch mich nicht stören«, sagte er mit etwas stockender Sprechweise. »Ich bin ganz in Ordnung.« Er unterbrach sich, hielt sein Glas zum nochmaligen Füllen hin und leerte es mit einem Zug. »Das tut gut!« sagte er. Seine Augen wurden klarer, und seine Wangen bekamen wieder etwas Farbe. Sein Blick strich unruhig und mit einer Art mattem Beifall über unsere Gesichter und wanderte anschließend durch das warme, behagliche Zimmer. Dann begann er wieder zu sprechen, aber immer noch, als taste er sich in seinen Worten zurecht: »Ich werde mich jetzt waschen und umziehen gehen, und danach komme ich wieder herunter und erkläre, was geschehen ist... heben Sie mir etwas von dem Hammelbraten auf. Ich vergehe vor Verlangen nach einem Bissen Fleisch.«

Er blickte zu dem Herausgeber hinüber, einem seltenen Gast, und sprach die Hoffnung aus, daß es ihm gutgehe. Der Herausgeber wollte eine Frage stellen. »Berichte Ihnen gleich«, versetzte der Zeitreisende. »Mir ist – komisch! Bin aber gleich wieder in Ordnung.«

Er stellte sein Glas ab und ging zu der Tür, die zur Treppe führte. Wieder fiel mir sein Hinken auf und der weiche, gedämpfte Klang seiner Schritte. Ich erhob mich von meinem Platz und sah seine Beine, als er hinausging: er hatte nichts an den Füßen als ein Paar zerschlissene, blutbefleckte Socken. Dann schloß sich die Tür hinter ihm. Ich hatte schon im Sinn, ihm zu folgen, als mir gerade noch einfiel, wie sehr er jedes Getue um ihn haßte. Vielleicht eine Minute lang war ich in Gedanken versunken, bis ich den Herausgeber sagen hörte: »Ungewöhnlicher Auftritt eines hervorragenden Wissenschaftlers.« Er dachte – wie gewohnt – in Schlagzeilen. Und das lenkte meine Aufmerksamkeit wieder auf die helle Dinnertafel.

»Was wird hier eigentlich gespielt?« fragte der Journalist. »Hat er sich als Amateur-Hausierer betätigt? Ich komme da nicht klar.« Mein Blick begegnete den Augen des Psychologen, und ich las meine eigene Interpretation in seinem Gesicht. Ich dachte an den Zeitreisenden, der unter Schmerzen die Treppe hinaufhinkte. Ich glaube kaum, daß jemand außer mir sein Hinken bemerkt hatte.

Der erste, der sich ganz von seiner Überraschung erholte, war der Arzt, der die Glocke läutete – der Zeitreisende konnte es nicht ausstehen, ständig Diener zum Servieren am Tisch zu haben –, um eine Wärmeplatte kommen zu lassen. Darauf griff der Herausgeber brummend wieder zu Messer und Gabel, und der Schweigsame folgte seinem Beispiel. Das Essen wurde fortgesetzt. Die Unterhaltung bestand eine Weile aus verwunderten Ausrufen, unterbrochen von Pausen, bis der Herausgeber seine Neugier nicht mehr bezähmen konnte. »Bessert unser Freund sein bescheidenes Einkommen mit einer Nebenarbeit auf? Oder hat er seine Nebukadnezar-Phase?« erkundigte er sich. »Ich bin überzeugt, daß es mit dieser Zeitmaschine zusammenhängt«, erklärte ich und setzte den Bericht des Psychologen von unserer vorhergehenden Zusammenkunft fort. Die neuen Gäste waren ganz offensichtlich skeptisch. Der Herausgeber erhob Einwände: »Was ist das für ein Unfug mit diesem Zeitreisen? Ein Mensch kann sich doch nicht mit Staub bedecken, indem er sich in einem Paradoxon wälzt, oder?« Und dann, als ihm die Vorstellung klarwurde, nahm er zum Spott Zuflucht. Ob es denn in der Zukunft keine Kleiderbürsten gäbe? Auch der Journalist wollte um keinen Preis glauben und schloß sich dem Herausgeber in der leichten Aufgabe an, die ganze Sache ins Lächerliche zu ziehen. Sie gehörten beide zu der neuen Art Journalisten – sehr übermütige, respektlose junge Männer. »Unser Sonderkorrespondent von übermorgen berichtet!« sagte – oder vielmehr krähte – der Journalist, als der Zeitreisende zurückkam. Er trug einen gewöhnlichen Abendanzug, und nichts außer seinem verstörten Blick erinnerte mehr an die Veränderung, die mich so erschreckt hatte.

»Hören Sie«, sagte der Herausgeber aufgekratzt, »diese Burschen hier behaupten, Sie seien mitten in die nächste Woche gereist! Erzählen Sie uns alles über den kleinen Rosebery, ja? Was wollen Sie für die komplette Story haben?«

Der Zeitreisende ging wortlos zu dem für ihn reservierten

Platz. Er lächelte ruhig auf seine alte Art. »Wo ist mein Hammelbraten?« fragte er. »Welch ein Genuß, wieder einmal ein Stück Fleisch auf die Gabel zu spießen!«

»Die Story!« rief der Herausgeber.

»Zum Henker mit der Story!« erwiderte der Zeitreisende. »Ich will etwas zu essen haben! Ich sage kein Wort, ehe ich nicht etwas Pepton in meinen Arterien habe. Danke. Und das Salz.«

»Nur ein Wort«, bat ich. »Haben Sie eine Zeitreise gemacht?«

»Ja«, sagte der Zeitreisende mit vollem Mund und nickte.

»Ich biete einen Shilling die Zeile für einen Exklusivbericht«, erklärte der Herausgeber. Der Zeitreisende schob sein Glas dem Schweigsamen hin und schnippte mit dem Fingernagel daran, worauf dieser, der dem Zeitreisenden ins Gesicht gestarrt hatte, krampfhaft zusammenzuckte und ihm Wein einschenkte. Der Rest des Dinners verlief unbehaglich. Mir lagen fortwährend neue dringende Fragen auf den Lippen, und ich glaubte, daß es den anderen ebenso ging. Der Journalist versuchte die Spannung ein wenig zu lösen, indem er Anekdoten über Hettie Potter zum besten gab. Der Zeitreisende widmete seine ganze Aufmerksamkeit dem Essen und entfaltete den Appetit eines Landstreichers. Der Arzt rauchte eine Zigarette und beobachtete den Zeitreisenden aus halbgeschlossenen Augen. Der Schweigsame verhielt sich noch unbeholfener als sonst und trank aus reiner Nervosität entschlossen ein Glas Champagner nach dem anderen. Endlich schob der Zeitreisende seinen Teller zurück und sah uns der Reihe nach an. »Ich glaube, ich muß mich entschuldigen«, sagte er. »Ich war einfach am Verhungern. Ich habe eine erstaunliche Zeit durchgemacht.« Er streckte die Hand nach einer Zigarre aus und schnitt das Ende ab. »Aber kommen Sie ins Rauchzimmer. Die Geschichte ist zu lang, um sie über schmutzigen Tellern zu erzählen.« Und indem er im Vorbeigehen die Glocke läutete, führte er uns ins Nebenzimmer.

»Sie haben Blank und Dash und Chose von der Maschine

erzählt?« fragte er mich, indem er sich in seinem Armsessel zurücklehnte und die drei neuen Gäste nannte.

»Aber die Sache ist ein pures Paradoxon«, warf der Herausgeber ein.

»Ich kann heute abend nicht argumentieren. Es macht mir nichts aus, Ihnen die Geschichte zu erzählen, aber ich kann mich nicht mit Ihnen auseinandersetzen. Wenn Sie wollen«, fuhr er fort, »werde ich Ihnen erzählen, was ich erlebt habe, aber Sie dürfen mich nicht unterbrechen. Ich möchte es Ihnen erzählen. So gut es geht. Das meiste wird sich wie gelogen anhören. Sei's drum! Doch es ist wahr – jedes einzelne Wort. Um vier Uhr war ich noch in meinem Laboratorium, und seitdem... habe ich volle acht Tage gelebt... Tage, wie sie noch kein Mensch zuvor erlebt hat! Ich bin mit meiner Kraft fast am Ende, aber ich werde nicht ruhen, ehe ich Ihnen nicht alles erzählt habe. Dann werde ich zu Bett gehen. Aber keine Unterbrechungen! Einverstanden?«

»Einverstanden«, erklärte der Herausgeber, und wir anderen ebenfalls: »Einverstanden.« Und damit begann der Zeitreisende seine Geschichte, wie ich sie aufgezeichnet habe. Er setzte sich bequem in seinem Sessel zurecht und sprach zuerst mit müder Stimme. Später wurde er lebhafter. Während ich sie niederschreibe, spüre ich nur zu deutlich die Unzulänglichkeit von Feder und Tinte und vor allem mein eigenes Unvermögen – die Atmosphäre seiner Erzählung wiederzugeben. Sie lesen, wie ich annehme, sicher aufmerksam; aber Sie sehen nicht des Erzählers blasses, aufrichtiges Gesicht im hellen Lichtkreis der kleinen Lampe und hören nicht den Tonfall seiner Stimme. Sie können nicht wissen, wie sein Ausdruck den Wendungen seines Berichtes folgte! Die meisten von uns Zuhörern saßen im Schatten, denn die Kerzen im Rauchzimmer waren nicht angezündet, und nur das Gesicht des Journalisten und die Beine des Schweigsamen von den Knien abwärts wurden vom Licht getroffen. Zuerst blickten wir einander noch von Zeit zu Zeit an. Nach einer Weile jedoch unterließen wir das und sahen nur noch auf das Gesicht des Zeitreisenden.

»Einigen von Ihnen habe ich am letzten Donnerstag von dem Prinzip der Zeitmaschine erzählt und den noch nicht ganz fertigen Apparat in meiner Werkstatt gezeigt. Da steht er auch jetzt, freilich ein wenig von der Reise mitgenommen; ein Elfenbeinstab ist zerbrochen und eine Messingschiene verbogen, aber sonst ist er unversehrt. Ich hatte erwartet, am Freitag damit fertig zu sein; aber als ich ihn am Freitag schon fast zusammengesetzt hatte, stellte ich fest, daß eine der Nickelstangen genau einen Zoll zu kurz war; ich mußte sie neu anfertigen lassen, und deshalb wurde der Apparat erst heute früh fertig. Heute morgen gegen zehn Uhr begann die erste aller Zeitmaschinen ihre Karriere. Ich klopfte sie zum letztenmal ab, überprüfte noch einmal alle Schrauben, tat noch einen Tropfen Öl auf die Quarzwelle und setzte mich auf den Sattel. Ein Selbstmörder, der sich eine Pistole an den Schädel hält, wird vermutlich das gleiche Gefühl haben und sich die gleichen Fragen nach dem nächsten Augenblick stellen wie ich, als ich die Hebel anfaßte. Mit der einen Hand schob ich den Starthebel vor und zog, fast gleichzeitig mit der anderen, den zweiten Hebel zurück. Ich schien zu taumeln, wie in einem Alptraum zu stürzen – und als ich mich umsah, war das Laboratorium um mich herum unverändert. War irgend etwas geschehen? Einen Augenblick lang hegte ich den Verdacht, mein Verstand hätte mir einen Streich gespielt. Dann fiel mein Blick auf die Uhr. Vor einem Moment hatten die Zeiger, wie mir schien, noch ungefähr eine Minute nach zehn angezeigt; jetzt aber war es fast halb vier!

Ich holte tief Atem, preßte die Zähne zusammen, ergriff mit beiden Händen den Starthebel und sauste mit einem dumpfen Schlag los. Das Laboratorium verschwamm und wurde dunkel. Mrs. Watchets kam herein und ging, anscheinend ohne mich zu sehen, zur Gartentür. Ich vermute, daß sie vielleicht eine Minute zum Durchqueren des Raumes gebraucht hat, aber mir kam es vor, als schösse sie wie eine Rakete hindurch. Ich drückte den Hebel bis zum Anschlag hinüber. Die Nacht brach herein, wie wenn man eine Lampe ausdreht, und im nächsten Augenblick folgte der Morgen. Das Laboratorium verblaßte und wurde verschwommen, dann blasser und immer blasser. Schwarz kam die nächste Nacht, gefolgt vom Tage, dann wieder Nacht und wieder Tag, schneller und immer schneller. Ein wirbelndes Rauschen erfüllte meine Ohren, und eine sonderbare, stumme Verwirrung senkte sich auf meinen Geist.

Ich fürchte, ich kann Ihnen die eigenartigen Empfindungen bei einer Reise in die Zeit nicht verdeutlichen. Sie sind außerordentlich unangenehm. Man kommt sich vor wie auf einer Rutschbahn – hilflos dem rasenden Abgleiten ausgeliefert! Ich hatte auch das gleiche, schreckliche Vorgefühl eines drohenden Zusammenstoßes. Während ich mit steigender Geschwindigkeit dahinraste, folgte die Nacht dem Tag wie das Schlagen einer dunklen Schwinge. Die verschwommenen Umrisse des Laboratoriums schienen von mir abzufallen, und ich sah die Sonne rasch über den Himmel hüpfen, einen Sprung in jeder Minute, und jede Minute entsprach einem Tag. Ich nahm an, das Laboratorium sei zerstört, und ich befände mich im Freien. Ich hatte den flüchtigen Eindruck eines Baugerüstes, doch ich reiste schon zu schnell, um die Dinge um mich herum noch bewußt wahrnehmen zu können. Die langsamste Schnecke, die jemals kroch, wäre zu rasch an mir vorbeigeschossen. Die blinkende Folge von Dunkelheit und Licht war außerordentlich schmerzhaft für das Auge. In den dunklen Intervallen sah ich den Mond rasend schnell durch seine Viertel kreisen, von Neumond zu Vollmond, und nur schwach und verschwommen sah ich die sich drehenden Sterne. Und während ich mit immer noch zunehmender Geschwindigkeit weiterraste, verschmolz das Flimmern von Tag und Nacht zu einem kontinuierlichen Grau; dann wandelte sich der Himmel zu einem wunderbar tiefen Blau, einer herrlich leuchtenden Farbe gleich der des frühen Morgens; die springende Sonne wurde ein Feuerstreif, ein strahlender Bogen im Raum, der Mond ein matt fluktuierendes Band, und von den Sternen konnte ich nichts mehr sehen als dann und wann einen hell im Blau flimmernden Kreis.

Die Landschaft war neblig und undeutlich. Ich befand mich immer noch auf dem Hügelhang, auf dem dieses Haus jetzt steht, und die Kuppe erhob sich grau und verschwommen über mir. Ich sah Bäume wie Dampfwölkchen in die Höhe schießen und die Farbe wechseln, jetzt grün, jetzt braun; sie wuchsen, wucherten aus, zerfielen und vergingen. Ich sah gewaltige Gebäude mattschimmernd und schön aufsteigen und gleich Träumen dahinschwinden. Die ganze Erdoberfläche schien verändert – unter meinen Augen zu zerschmelzen und zerfließen. Die kleinen Zeiger auf den Zifferblättern, die meine Geschwindigkeit registrierten, rasten schneller und schneller in die Runde. Auf einmal sah ich, daß der Sonnengürtel auf und nieder schwankte, in einer Minute oder weniger von Wendepunkt zu Wendepunkt, und daß demzufolge meine Geschwindigkeit über ein Jahr in der Minute betrug; und Minute um Minute blitzte der weiße Schnee über die Welt und verging, gefolgt von dem hellen, kurzen Grün des Frühlings.

Die unangenehmen Empfindungen des Starts waren jetzt weniger durchdringend. Sie gingen schließlich in eine Art hysterischer Heiterkeit über. Ich bemerkte allerdings ein schwerfälliges Schwanken der Maschine, das ich mir nicht erklären konnte. Doch mein Geist war zu verwirrt, um sich damit zu beschäftigen, und so stürzte ich mich mit einer Art Tollkühnheit, die mich überwältigte, in die Zukunft. Zuerst dachte ich kaum daran, anzuhalten, dachte kaum an etwas anderes als an diese neuen Empfindungen. Doch auf einmal stieg in mir eine Reihe frischer Eindrücke auf – eine gewisse Neugier und zugleich eine gewisse Angst –, bis sie schließlich völlig von mir Besitz ergriffen. Welch sonderbare Entwicklungsstufen der Menschheit, dachte ich, welch wunderbare Fortschritte im Gegensatz zu unserer rudimentären Zivilisation mochten sich herausstellen, wenn ich erst einmal näher in diese verschwimmende, flüchtige Welt hineinschaute, die da vor meinen Augen dahinraste und wogte! Ich sah große und glänzende Bauten um mich herum aufsteigen, massiver als irgendwelche Gebäude unserer Zeit, doch scheinbar aus Glimmer und Dunst errichtet. Ich sah ein satteres Grün den

Hügelhang hinauffließen und ohne winterliche Unterbrechung bleiben. Selbst durch den Schleier meiner Verwirrung schien mir die Erde sehr schön zu sein. Und so kam es mir in den Sinn, haltzumachen.

Das besondere Risiko dabei lag in der Möglichkeit, daß sich in dem Raum, den ich mit der Maschine einnahm, irgendeine feste Substanz befinden könnte. Solange ich mit hoher Geschwindigkeit durch die Zeit raste, spielte das kaum eine Rolle; ich war sozusagen verdünnt – schlüpfte wie Dunst durch die Poren dazwischenliegender Substanzen! Doch wenn ich anhielt, konnte ich, Molekül für Molekül, in alles hineingezwängt werden, was mir unter Umständen im Wege lag; und das bedeutete, daß meine Atome in so unmittelbaren Kontakt mit denen des Hindernisses gerieten, daß eine tiefgehende chemische Reaktion – möglicherweise eine gewaltige Explosion – erfolgen und mich mitsamt meinem Apparat aus allen möglichen Dimensionen schleudern konnte – hinaus ins Unbekannte! Diese Möglichkeit war mir wieder und wieder in den Sinn gekommen, während ich die Maschine baute; doch da hatte ich sie unbekümmert als ein unvermeidliches Risiko hingenommen – als eines der Risiken, die ein Mann eben auf sich nehmen muß! Jetzt, da ich dieses Risiko nicht mehr umgehen konnte, sah ich es nicht mehr in dem gleichen heiteren Licht. Denn unmerklich hatte die völlige Fremdartigkeit aller Eindrücke, das Übelkeit erregende Vibrieren und Schwanken der Maschine und vor allem das Gefühl ständigen Stürzens mich hochgradig nervös gemacht. Ich sagte mir, daß ich wohl nie würde anhalten können, und in einem Ausbruch von Mutwillen beschloß ich, auf der Stelle anzuhalten. Wie ein ungeduldiger Narr riß ich den Hebel zurück, und unaufhörlich überschlug sich das Ding, und ich flog kopfüber durch die Luft.

Ein Donnerschlag dröhnte in meinen Ohren. Einen Augenblick lang war ich wie betäubt. Ein unbarmherziger Hagel umzischte mich, und ich saß auf weichem Gras vor der umgestürzten Maschine. Alles schien noch grau, aber bald merkte ich, daß der Lärm in meinen Ohren aufgehört hatte. Ich sah mich um. Anscheinend saß ich auf einem kleinen Rasenstück in einem Garten, umgeben von Rhododendronbüschen, deren violette und purpurne Blütenblätter unter dem Schlag der Hagelkörner herabrieselten. Der zurückprallende, tanzende Hagel hing wie eine Wolke über der Maschine und trieb wie Rauch über den Boden. In wenigen Sekunden war ich naß bis auf die Haut. ›Eine Gastfreundschaft gegenüber einem Mann‹, sagte ich, ›der unzählige Jahre gereist ist, um euch zu besuchen.‹

Gleich darauf dachte ich, was für ein Narr ich doch sei, mich so durchweichen zu lassen. Ich stand auf und sah mich um. Eine kolossale Figur, anscheinend aus irgendeinem weißen Gestein gehauen, ragte über den Rhododendronbüschen verschwommen hinter dem Hagelschleier auf. Doch der Rest der Welt blieb vorerst unsichtbar.

Meine Empfindungen lassen sich nur schwer schildern. Als der Hagelvorhang dünner wurde, sah ich die weiße Figur deutlicher. Sie war sehr groß, denn eine Silberbirke reichte ihr nur bis zur Schulter. Sie bestand aus weißem Marmor und hatte etwa die Gestalt einer geflügelten Sphinx, trug aber die Flügel nicht seitlich angelegt, sondern ausgebreitet, so daß sie zu schweben schien. Der Sockel war anscheinend aus dick mit Grünspan überzogener Bronze. Wie es der Zufall wollte, war das Gesicht mir zugewendet; die blinden Augen schienen mich zu beobachten, und die Andeutung eines Lächelns umspielte die Lippen. Sie war beträchtlich verwittert, was den unangenehmen Eindruck von Krankheit vermittelte. Eine kleine Weile stand ich so da und betrachtete sie – vielleicht eine halbe Minute, vielleicht auch eine halbe Stunde. Je nachdem der Hagel dichter oder dünner vor ihr niederging, schien sie vorzurücken oder zurückzuweichen. Schließlich riß ich meine Augen einen Moment lang von ihr los und sah, daß der Hagelvorhang fadenscheinig geworden war und der Himmel sich mit der Aussicht auf Sonnenschein aufklarte.

Ich blickte zu der kauernden weißen Gestalt hoch, und die ganze Tollkühnheit meiner Reise kam mir plötzlich zum Bewußtsein. Was mochte sich zeigen, wenn dieser Dunstvorhang sich vollends lüftete? Was mochte wohl mit den Menschen geschehen sein? Was, wenn etwa die Grausamkeit zu einer allgemeinen Leidenschaft geworden war? Wenn zum Beispiel die Menschheit in der Zwischenzeit ihre Menschlichkeit verloren und sich zu einem unmenschlichen, mitleidslosen, dem rücksichtslosen Machttrieb huldigenden Geschlecht entwikkelt hatte? Ich mochte ihnen wie ein wildes Tier aus der alten Welt erscheinen, nur um so fürchterlicher und abscheulicher wegen unserer gemeinsamen Ähnlichkeit – ein ekelhaftes Wesen, das man unverzüglich totschlagen mußte.

Schon sah ich andere gewaltige Umrisse verschwommen aus dem sich legenden Unwetter auftauchen – mächtige Gebäude mit verschlungenen Balkonbrüstungen und hohen Säulen, die mich auf einem bewaldeten Hügelhang umzingelten. Eine panische Angst ergriff mich. Wie wahnsinnig wandte ich mich der Maschine zu und versuchte, sie wieder in Ordnung zu bringen. Während ich mich damit befaßte, brachen Sonnenstrahlen durch die Gewitterwolken. Der graue Hagelguß wurde beiseite gefegt und verschwand wie die Schleppe eines Geistes. In dem leuchtenden Blau des Sommerhimmels über mir wirbelten ein paar dunkle Wolkenfetzen ins Nichts. Die großen Bauten um mich herum hoben sich klar und scharf umrissen von dem Weiß der zusammengetriebenen Hagelkörner ab, glänzend von der Nässe des Unwetters. Ich kam mir nackt in einer fremden Welt vor. Ich hatte ein Gefühl, wie es vielleicht ein Vogel in klarer Luft haben mag, der weiß, daß der Habicht über ihm schwebt und gleich zustoßen wird. Ich wurde vor Angst fast wahnsinnig. Ich gewährte mir eine Atempause, biß die Zähne zusammen, holte tief Luft, stemmte das Knie gegen die Maschine und zerrte wie wild daran. Unter meinem verzweifelten Ansturm gab sie nach und richtete sich auf. Dabei schlug sie heftig gegen mein Kinn. Eine Hand auf dem Sattel, die andere am Hebel, stand ich schwer atmend da, bereit, wieder aufzusteigen.

Doch mit dieser Wiedergewinnung einer sofortigen Rückzugsmöglichkeit kehrte auch mein Mut zurück. Ich blickte neugierig und weniger furchtsam in dieser fernen Zukunftswelt umher. In einer kreisförmigen Öffnung hoch oben in der

Wand des nächsten Hauses sah ich eine Gruppe in reichverzierte, weiche Gewänder gekleideter Gestalten. Sie hatten mich bemerkt und sahen zu mir herüber.

Dann hörte ich näher kommende Stimmen. Zwischen den Büschen neben der weißen Sphinx tauchten die Köpfe herbeilaufender Menschen auf. Einer von ihnen erschien auf einem Pfad, der geradewegs zu dem kleinen Rasenstück führte, auf dem ich mit meiner Maschine stand. Es war ein schmächtiges Geschöpf – vielleicht vier Fuß groß –, in eine purpurne Tunika gekleidet, die über den Hüften von einem Ledergürtel zusammengehalten wurde. An seinen Füßen trug es Sandalen oder Schnürschuhe – ich konnte den Unterschied nicht genau erkennen –, die Beine waren bis zu den Knien nackt und der Kopf unbedeckt. Als ich das sah, merkte ich zum erstenmal, wie warm die Luft war.

Es fiel mir auf, wie hübsch und anmutig, aber unbeschreiblich zerbrechlich dieses Geschöpf war. Sein gerötetes Gesicht erinnerte mich an einen schönen Schwindsüchtigen – an jene hektische Schönheit, von der so viel geredet wird. Bei seinem Anblick gewann ich plötzlich meine Zuversicht zurück. Ich nahm die Hände von der Maschine.«

4. Der Sonnenuntergang der Menschheit

»Im nächsten Augenblick standen wir uns gegenüber, ich und dieses zerbrechliche Wesen aus der Zukunft. Es kam direkt auf mich zu und blickte mir lachend in die Augen. Mir fiel sofort auf, daß es in seiner ganzen Haltung nicht die geringste Furcht zeigte. Dann drehte es sich zu den beiden anderen um, die ihm gefolgt waren, und redete mit ihnen in einer eigenartigen, sehr lieblichen und flüssigen Sprache.

Es kamen noch mehr, und bald umringte mich eine Gruppe von vielleicht acht oder zehn dieser zierlichen Geschöpfe. Eines von ihnen redete mich an. Mir kam der merkwürdige Gedanke, daß meine Stimme zu rauh und zu tief für sie sein könnte. Deshalb schüttelte ich den Kopf, deutete auf meine

Ohren und schüttelte ihn erneut. Der kleine Mensch trat einen Schritt vor, zögerte und berührte dann meine Hand. Gleich darauf fühlte ich mehr von diesen kleinen, weichen, tastenden Fingern auf Rücken und Schultern. Sie wollten sich überzeugen, daß ich kein Trugbild war. Nichts an alledem war im geringsten besorgniserregend. Im Gegenteil, irgend etwas an diesen hübschen kleinen Leuten flößte Vertrauen ein – eine anmutige Liebenswürdigkeit, eine gewisse kindliche Unbefangenheit. Und außerdem waren sie so zart gebaut, daß ich mir gut vorstellen konnte, wie ich ein ganzes Dutzend von ihnen wie Kegel durcheinanderwirbelte. Aber ich machte eine rasche Bewegung, um sie zu warnen, als ich sie mit ihren kleinen rosigen Händen an der Zeitmaschine herumtasten sah. Glücklicherweise fiel mir noch rechtzeitig eine Gefahr ein, die ich bisher vergessen hatte, und indem ich durch das Gestänge der Maschine griff, schraubte ich die kleinen Hebel los, die sie in Bewegung setzten, und steckte sie in die Tasche. Dann wandte ich mich ihnen wieder zu, um zu sehen, was ich zu einer Verständigung beitragen konnte.

Und als ich sie mir dann etwas genauer ansah, bemerkte ich einige weitere Eigenheiten ihres an Meißener Porzellan erinnernden Liebreizes. Ihr einheitlich gelocktes Haar endete scharf abgegrenzt im Nacken und an den Wangen; nicht die geringste Spur davon zeigte sich im Gesicht, und ihre Ohren waren bemerkenswert klein. Der Mund war klein und leuchtend rot, mit ziemlich schmalen Lippen, und das kleine Kinn lief spitz aus. Die Augen waren groß und sanft, und – das mag als Egoismus meinerseits erscheinen – ich hatte sogar den Eindruck, als ließen sie es etwas an dem Interesse fehlen, das ich von ihnen glaubte erwarten zu können.

Da sie keinen Versuch unternahmen, sich mit mir zu verständigen, sondern einfach lächelnd und in sanften, gurrenden Tönen miteinander redend um mich standen, begann ich die Unterhaltung. Ich zeigte auf die Zeitmaschine und auf mich selbst. Dann überlegte ich einen Moment, wie ich die Zeit ausdrücken sollte, und deutete auf die Sonne. Und sofort machte eine zierliche, hübsche kleine Gestalt in scheckigem Purpur und Weiß meine Geste nach und verblüffte mich dann, indem sie den Schall des Donners nachahmte.

Einen Augenblick lang stutzte ich, wenngleich die Bedeutung dieser Geste klar genug war. Mir war unvermittelt die Frage in den Sinn gekommen: sind diese Geschöpfe Narren? Sie werden kaum verstehen, wie mich das anrührte. Aber sehen Sie, ich hatte immer erwartet, daß die Leute aus der Zeit etwas nach achthundertundzweitausend uns an Wissen, Kunst und allem anderen unglaublich weit voraus sein würden. Und nun stellte mir einer von ihnen plötzlich eine Frage, die ihn auf das intellektuelle Niveau unserer fünfjährigen Kinder einstufte – fragte mich tatsächlich, ob ich im Gewitter von der Sonne gekommen sei! Ich fällte das Urteil, das ich nach dem Anblick ihrer Kleider, ihrer schmächtigen, zierlichen Glieder und ihrer zarten Züge noch offengehalten hatte. Eine Flut von Enttäuschung überwältigte mich. Einen Moment lang glaubte ich, ich hätte die Zeitmaschine umsonst gebaut.

Ich nickte, deutete auf die Sonne und ahmte einen Donnerschlag so wirklichkeitsgetreu nach, daß sie erschraken. Sie zogen sich alle ungefähr einen Schritt weit zurück und verbeugten sich. Dann trat einer lachend auf mich zu, in der Hand eine Girlande wunderschöner Blumen, die ich alle nicht kannte, und hängte sie mir um den Hals. Der Einfall wurde mit melodischem Applaus aufgenommen, und sogleich liefen alle nach Blumen hin und her und bewarfen mich damit, bis ich fast ganz in Blüten gehüllt war. Sie, die Sie nie etwas Ähnliches gesehen haben, können sich kaum vorstellen, was für zarte und wundervolle Blumen ungezählte Jahre der Hege hervorgebracht hatten. Dann regte wohl einer an, ihr Spielzeug sollte im nächsten Gebäude vorgeführt werden; und so leiteten sie mich an der Sphinx aus weißem Marmor vorbei, die mich die ganze Zeit lächelnd über mein Staunen beobachtet zu haben schien, zu einem großen Bau aus gitterförmig verziertem grauem Stein. Während ich mit ihnen ging, kam mir mit unwiderstehlicher Heiterkeit die Erinnerung an meine zuversichtliche Erwartung einer tiefernsten und hochintellektuellen Nachwelt in den Sinn.

Das Gebäude hatte eine gewaltige Vorhalle und war insgesamt von kolossalen Ausmaßen. Am meisten beschäftigten mich natürlich die wachsende Menge kleiner Leute und die großen, offenen Portale, die mir schattenhaft und geheimnisvoll entgegengähnten. Mein Haupteindruck von der Welt über ihren Köpfen war der einer verwirrenden Vielfalt wunderschöner Büsche und Blumen, eines lange vernachlässigten und doch von Unkraut freigebliebenen Gartens. Ich sah eine Menge fremdartiger, hoher weißer Blumenähren, deren wächserne Blüten vielleicht einen Fuß im Durchmesser maßen. Sie wuchsen verstreut und wie wild unter den verschiedenartigen Sträuchern, aber vorläufig untersuchte ich sie nicht weiter. Die Zeitmaschine blieb einsam auf dem Rasen zwischen den Rhododendron zurück.

Der Torbogen war reich mit Skulpturen verziert, aber natürlich betrachtete ich die Dekorationen nicht sehr eingehend, wenngleich ich im Hindurchgehen Anklänge an altphönizische Ornamentalkunst zu sehen glaubte, und mir fiel auf, daß sie sehr rissig und verwittert waren. Etliche glänzend gekleidete Leute empfingen mich im Torweg, und so traten wir ein, ich in einem schmutzigen Anzug des neunzehnten Jahrhunderts, mit meinen Blumengirlanden ein grotesker Anblick, umgeben von einer wogenden, quirlenden Menge schöner Gewänder in sanften Farbtönen über leuchtendweißen Gliedmaßen und einem Reigen melodischen Lachens und heiterer Unterhaltung.

Das große Tor führte in eine verhältnismäßig weiträumige, braun ausgekleidete Halle. Die Decke verschwamm im Schatten, und die teils farbig verglasten, teils unverglasten Fenster ließen ein gedämpftes Licht herein. Der Fußboden bestand aus gewaltigen Quadern eines sehr harten weißen Metalls – keinen Platten oder Fliesen, sondern Quadern –, und er war so stark ausgetreten, wahrscheinlich durch das Hin- und Herlaufen vergangener Generationen, daß die häufiger begangenen Wege zu tiefen Rinnen geworden waren. Quer zur Länge standen unzählige Tische aus polierten Steinplatten, die vom Boden vielleicht einen Fuß hoch und mit Haufen von Früchten bedeckt waren. Einige davon erkannte ich als eine Art übergroßer Himbeeren und Orangen, doch die meisten waren mir fremd.

Zwischen den Tischen war eine große Anzahl Kissen ausgebreitet. Auf diese setzten meine Führer sich und gaben mir durch Zeichen zu verstehen, das gleiche zu tun. Unter dem angenehmen Fehlen jeder Zeremonie begannen sie die Früchte mit den Händen zu essen, während sie Schalen und Stengel und sonstige Abfälle in runde Öffnungen an den Seiten der Tische warfen. Ich folgte unverzüglich ihrem Beispiel, denn ich war hungrig und durstig. Dabei konnte ich in Muße die Halle betrachten.

Und was mir vielleicht am meisten auffiel, war ihr verfallenes Aussehen. Die bunten Glasfenster, die nur ein geometrisches Muster zeigten, waren an vielen Stellen zerbrochen, und die Vorhänge, die das untere Ende der Halle begrenzten, waren dick mit Staub bedeckt. Und mir fiel weiter auf, daß die eine Ecke des nächsten Marmortisches abgebrochen war. Dennoch war der Gesamteindruck außerordentlich reich und malerisch. Es aßen vielleicht ein paar hundert Leute in der Halle, und die meisten hatten sich mir so nahe wie möglich gesetzt und beobachteten mich über ihre Früchte hinweg voller Interesse aus ihren leuchtenden kleinen Augen. Alle waren in das gleiche, weiche und doch starke seidige Material gekleidet.

Früchte waren, nebenbei gesagt, ihre einzige Speise. Diese Leute jener fernen Zukunft waren strikte Vegetarier, und solange ich bei ihnen weilte, mußte ich trotz einigen Verlangens nach Fleisch ebenfalls mit Früchten vorliebnehmen. Tatsächlich fand ich später heraus, daß Pferde, Rinder, Schafe und Hunde gleich dem Ichthyosaurus ausgestorben waren. Doch die Früchte waren überaus köstlich; besonders eine, die während meines Aufenthalts dort ihre Reifezeit zu haben schien – ein mehliges Ding in einer dreikantigen, harten Schale –, schmeckte vorzüglich, und ich machte sie zu meiner Hauptnahrung. Zuerst verwirrten mich alle diese fremden Früchte und Blumen, die ich sah, aber später begann ich ihre Bedeutung zu erkennen.

Doch ich will Sie nicht länger mit meiner Obstmahlzeit in der fernen Zukunft aufhalten. Sobald mein Appetit ein wenig gestillt war, beschloß ich, einen beherzten Versuch zur Erlernung der Sprache meiner neuen Zeitgenossen zu machen. Die Notwendigkeit dazu lag auf der Hand. Die Früchte schienen für den Anfang am geeignetsten zu sein, und indem ich eine davon hochhielt, begann ich mit einer Reihe fragender Laute und Gesten. Es fiel mir ziemlich schwer, ihnen verständlich zu machen, was ich meinte. Zuerst stießen meine Anstrengungen auf überraschte Blicke oder unstillbares Gelächter, doch schließlich schien ein blondes kleines Geschöpf meine Absicht zu begreifen und nannte mehrmals einen Namen. Sie hatten viel zu plappern und die Sache eingehend miteinander zu erörtern, und meine ersten Versuche, die wohltönenden leisen Laute ihrer Sprache nachzuahmen, erregten ungeheures Vergnügen. Jedenfalls kam ich mir wie ein Schulmeister unter Kindern vor; deshalb ließ ich nicht locker und hatte bald wenigstens zwanzig Substantiva zur Verfügung. Dann ging ich zu Demonstrativpronomen über und sogar zu dem Verbum ›essen‹. Aber es war eine mühsame Arbeit, und die kleinen Leute wurden bald müde und wollten sich meinen Fragen entziehen; deshalb beschloß ich, der Notwendigkeit zu gehorchen und mir ihre Lektionen in kleinen Dosen erteilen zu lassen, wann immer sie dazu Lust hatten. Und zwar in sehr kleinen Dosen, wie ich bald herausfand, denn ich bin nie gleichgültigeren oder rascher ermüdenden Leuten begegnet.

Ich entdeckte auch bald eine merkwürdige Eigenschaft an meinen kleinen Gastgebern, und das war ihr Mangel an Interesse. Wie Kinder kamen sie mit eifrigen Rufen des Staunens zu mir gelaufen, hörten aber auch wie Kinder bald auf, sich mit mir zu beschäftigen, und wandten sich einem anderen Spielzeug zu. Als das Essen und meine Verständigungsversuche zu Ende waren, fiel mir zum erstenmal auf, daß alle, die mich zuerst umringt hatten, fortgegangen waren. Es ist auch merkwürdig, wie rasch ich mich daran gewöhnte, diese kleinen Leute nicht weiter zu beachten. Sobald mein Hunger ganz gestillt war, ging ich durch das Portal wieder in die sonnenhelle

Welt hinaus. Ich begegnete fortwährend mehr von diesen Menschen der Zukunft; sie folgten mir in geringem Abstand, schwatzten und lachten über mich, doch sobald sie mir freundlich zugelächelt und zugewinkt hatten, überließen sie mich wieder meinen eigenen Plänen.

Als ich aus der großen Halle ins Freie kam, lag die Stille des Abends über der Welt, und die warme Glut der untergehenden Sonne vergoldete die Landschaft. Zuerst war alles sehr verwirrend. Alles unterschied sich so sehr von der Welt, die ich bisher gekannt hatte – selbst die Blumen. Das große Gebäude, das ich verlassen hatte, lag am Hang eines weiten Flußtales, aber die Themse hatte ihr Bett um vielleicht eine Meile von ihrem gegenwärtigen Lauf verlagert. Ich beschloß, einen vielleicht anderthalb Meilen entfernten Hügelrücken zu ersteigen, von dem aus ich einen weiteren Blick über diesen unseren Planeten im Jahre achthundertzweitausendsiebenhundertundeins nach Christo haben würde. Denn das, sollte ich erklären, war das Datum, das die kleinen Zifferblätter meiner Maschine anzeigten.

Auf meiner Wanderung dorthin achtete ich auf jeden Eindruck, der möglicherweise den Zustand verfallener Größe erklären helfen konnte, in dem ich diese Welt vorfand – denn sie war voller Ruinen. Ein Stückchen weiter den Hügel hinan stieß ich zum Beispiel auf einen großen Haufen Granit, der durch Unmassen von Aluminium zusammengehalten wurde: ein riesiges Labyrinth aus steilen Mauern und Trümmerhaufen, zwischen denen dichte Ansammlungen sehr schöner, pagodenartiger Pflanzen standen – Nesseln vielleicht, aber mit wunderschön braun getönten Blatträndern und nicht imstande zu brennen. Es handelte sich offenbar um die zerfallenen Reste eines ungeheuren Bauwerks, dessen Bestimmung ich nicht erkennen konnte. Hier sollte ich später ein sehr seltsames Erlebnis haben – die erste Andeutung einer noch seltsameren Entdeckung –, doch davon werde ich erzählen, wenn es soweit ist.

Als ich mich aufgrund einer plötzlichen Eingebung von einer Terrasse aus umsah, auf der ich eine Weile rastete, erkannte ich, daß nirgendwo kleine Häuser zu sehen waren. Anscheinend gab es keine Einzelhäuser und möglicherweise auch keine Haushalte mehr. Hier und da standen im Grünen palastartige Gebäude, aber das Einfamilienhaus und die Landarbeiterhütte, die einen so charakteristischen Zug unserer heutigen englischen Landschaft bilden, waren verschwunden.

›Kommunismus‹, sagte ich laut zu mir.

Und diesem Gedanken folgte ein weiterer auf den Fersen. Ich betrachtete das halbe Dutzend kleiner Gestalten, die mir gefolgt waren. Da fiel es mir wie Schuppen von den Augen, und ich erkannte, daß alle das gleiche Gewand trugen, die gleichen weichen, unbehaarten Gesichter und die gleichen mädchenhaft gerundeten Glieder aufwiesen. Es mag vielleicht seltsam erscheinen, daß mir dies nicht schon früher aufgefallen war. Aber alles war so fremdartig. Jetzt sah ich diese Tatsache allerdings deutlich genug. In der Tracht und all den Einzelheiten der Beschaffenheit und Haltung, deren Unterschied heute die Geschlechtsmerkmale ausmacht, waren diese Zukunftswesen völlig gleich. Und die Kinder schienen mir nur Miniaturausgaben ihrer Eltern zu sein. Nach meinem Urteil waren die Kinder jener Zeit außergewöhnlich frühreif, wenigstens physisch, und ich fand später reichliche Bestätigung meiner Ansicht.

In Anbetracht der Gelassenheit und Sicherheit, in der diese Leute lebten, hielt ich diese zum Verwechseln große Ähnlichkeit der Geschlechter letzten Endes nur für natürlich. Was sollte man auch anderes erwarten? Denn die Stärke des Mannes und die Sanftheit der Frau, die Institution der Familie und die Verschiedenheit der Beschäftigung beider Geschlechter sind bloße militärische Notwendigkeiten eines Zeitalters der physischen Gewalt. Wo die Bevölkerung ausgeglichen und im Überfluß vorhanden ist, werden viele Geburten eher ein Übel als ein Segen für den Staat; wo die Gewalt selten und der Nachwuchs sicher ist, besteht weniger – ja überhaupt keine – Notwendigkeit für eine gut funktionierende Familie, und die Spezialisierung der Geschlechter im Hinblick auf die Bedürfnisse ihrer Kinder verschwindet. Ein paar Anfänge dieser Entwicklung können wir sogar schon in unserer Zeit beobachten, und in diesem zukünftigen Zeitalter war sie vollzogen. Dies, muß ich Sie erinnern, war meine damalige Mutmaßung. Später sollte ich einsehen, wie weit sie von der Wirklichkeit entfernt war.

Während ich über diese Dinge nachsann, zog ein hübscher kleiner Bau, ähnlich einem Brunnen unter einer Kuppel, meine Aufmerksamkeit an. Ich dachte flüchtig, wie sonderbar es doch sei, daß Brunnen noch existierten, und nahm dann den Faden meiner Betrachtungen wieder auf. Bis zur Hügelkuppe gab es keine großen Gebäude mehr, und da mein Gehvermögen offenbar als Wunder angesehen wurde, blieb ich bald zum erstenmal allein. Mit einem merkwürdigen Gefühl von Freiheit und Abenteuer arbeitete ich mich zur Hügelkuppe hinauf.

Dort fand ich einen Sessel aus einem gelben, mir unbekannten Metall, das stellenweise von einem rosafarbenen, rostartigen Belag angefressen und halb von weichem Moos überwuchert war, und die Armlehnen waren so ähnlich wie Greifenköpfe geformt. Ich ließ mich darauf nieder und genoß den weiten Ausblick auf unsere alte Welt unter dem Sonnenuntergang jenes langen Tages. Eine lieblichere und schönere Aussicht hatte ich noch nie erlebt. Die Sonne war bereits unter den Horizont gesunken, und der Westen war in flammendes Gold getaucht, durchzogen von einigen purpurnen und karminroten Querstreifen. Unter mir lag das Tal der Themse, aus dem der Fluß wie ein poliertes Stahlband herauffunkelte. Ich habe schon von den großen Palästen gesprochen, die zwischen dem vielfältigen Grün verstreut lagen, einige als Ruinen und andere noch bewohnt. Hier und da erhob sich eine weiße oder silbrige Skulptur in dem verwilderten Garten der Erde, hier und da die scharfe Kontur einer Kuppel oder eines hochstrebenden Obelisken. Es gab keine Hecken, keine Anzeichen von Eigentumsrechten, kein Zeugnis der Landwirtschaft; die ganze Erde war ein Garten geworden.

Während ich meinen Blick schweifen ließ, begann ich mir meine Deutung der Dinge zurechtzulegen, die ich bisher gesehen hatte; und wie sie sich an diesem Abend herausbildete, war meine Interpretation etwa die folgende (später erkannte

Gustave Doré
Die Sint-Flut

ich, daß ich nur eine Halbwahrheit oder nur den Schimmer einer Facette der Wahrheit gesehen hatte):

Mir schien, daß ich zufällig in die Periode des Untergangs der Menschheit hineingeraten war. Der blutrote Sonnenuntergang ließ mich an den Lebensabend des Menschengeschlechts denken. Zum erstenmal begann mir eine sonderbare Konsequenz der sozialen Anstrengungen zu dämmern, die wir zur Zeit unternehmen. Doch wenn man's recht bedenkt, ist es eine ganz logische Folge. Stärke ist das Ergebnis der Not, Schwäche ist der Preis der Sicherheit. Das Werk der Verbesserung der Lebensbedingungen – der wahre Zivilisationsprozeß, der das Leben immer sicherer macht – war stetig bis zu einem Höhepunkt fortgeschritten. Die vereinte Menschheit hatte einen Sieg über die Natur nach dem anderen errungen. Dinge, von denen man heute kaum zu träumen wagt, waren mit Überlegung in Angriff genommene und erreichte Ziele geworden. Und was ich hier sah, war die Ernte!

Im Grunde befinden sich Gesundheitsfürsorge und Ackerbau heute noch in einem rudimentären Stadium. Die Wissenschaft unserer Zeit hat erst einen kleinen Teil des weiten Feldes der menschlichen Krankheiten in Angriff genommen, schreitet jedoch zielstrebig und beharrlich auf dem eingeschlagenen Weg fort. Landwirtschaft und Gartenbau vernichten zwar hier und dort ein Unkraut und kultivieren vielleicht an die zwanzig widerstandsfähige Nutzpflanzen, überlassen es aber der überlegenen Zahl, so gut sie können ein Gleichgewicht auszukämpfen. Wir veredeln unsere bevorzugten Pflanzen und Tiere – und wie wenige sind das – stufenweise durch Zuchtauslese: mal einen neuen und besseren Pfirsich, mal eine kernlose Traube, mal eine lieblicher duftende und größere Blume, dann eine zweckdienlichere Rinderrasse. Wir vervollkommnen sie allmählich, weil unsere Vorstellungen unklar und tastend sind und unser Wissen sehr beschränkt ist, weil auch die Natur unter unseren unbeholfenen Händen nur zögernd und langsam reagiert. Eines Tages wird all dies besser und immer besser organisiert sein. In dieser Richtung verläuft die Entwicklung, trotz aller Hemmnisse. Die ganze Welt wird intelligent und gebildet zusammenarbeiten; alles wird schneller und schneller auf die Unterjochung der Natur hinzielen. Am Ende werden wir das Gleichgewicht tierischen und pflanzlichen Lebens klug und sorgfältig verschieben und unseren menschlichen Bedürfnissen anpassen.

Diese Anpassung, möchte ich behaupten, mußte in dem Zeitraum, den meine Maschine übersprungen hatte, gut und für alle Zeiten gelungen sein. Die Luft war frei von Mücken, die Erde von Unkraut und Pilzkrankheiten; überall sah ich Früchte und liebliche und köstliche Blumen; leuchtende Schmetterlinge flogen hin und her. Das Ideal der Gesundheitsvorsorge war erreicht. Krankheiten waren ausgerottet. Während meines ganzen Aufenthaltes habe ich kein Zeichen irgendeiner ansteckenden Krankheit gesehen. Und ich werde Ihnen später noch berichten können, daß selbst die Prozesse der Fäulnis und Zersetzung durch diese Veränderungen tiefgehend beeinflußt worden waren.

Auch soziale Triumphe hatte man errungen. Ich sah die Menschen in großartigen Gebäuden untergebracht, prächtig gekleidet, und bislang hatte ich sie noch bei keiner Arbeit angetroffen. Es gab keinerlei Anzeichen eines Kampfes, weder auf gesellschaftlicher noch auf wirtschaftlicher Ebene. Der Einkaufsladen, die Werbung, der Verkehr, der ganze Handel, der den Grundbestand unserer Welt ausmacht, waren verschwunden. Es war nicht verwunderlich, daß ich an jenem gesegneten Abend nur zu bereitwillig den Gedanken an ein soziales Paradies aufgriff. Das Problem der wachsenden Bevölkerung hatte man gelöst, nahm ich an, so daß die Kopfzahl nicht mehr anstieg.

Aber auf diese Änderung der Lebensbedingungen folgt unweigerlich die Anpassung daran. Wenn die Biologie nicht aus einem Haufen von Irrtümern besteht, was ist dann die Ursache menschlicher Intelligenz und Lebenskraft? Mühsal und Freiheit: Voraussetzungen, unter denen die Tätigen, Starken und Scharfsinnigen überleben und die Schwächeren an die Wand gedrückt werden; Bedingungen, die das Treuebündnis tüchtiger Menschen, Selbstbeherrschung, Geduld und Entschlußfreudigkeit bevorzugen! Und die Institution der Familie mitsamt den Leidenschaften, die sich aus ihr ergeben, die wilde Eifersucht, die Zärtlichkeit für den Nachwuchs, die elterliche Hingabe – all das fand seine Rechtfertigung und Stütze in den der Jugend drohenden Gefahren. Wo waren sie aber hier, diese drohenden Gefahren? Unter diesen Bedingungen muß sich eine wachsende Abneigung gegen eheliche Eifersucht herausbilden, gegen übertriebene Mütterlichkeit, gegen Leidenschaften jeder Art – unnötige Triebe jetzt und Dinge, die uns unbehaglich machen, primitive Überbleibsel, Mißklänge in einem verfeinerten und angenehmen Leben.

Ich dachte an den schmächtigen Körperbau dieser Leute, an ihren Mangel an Intelligenz und an jene zahlreichen, großen Ruinen, und das bestärkte meinen Glauben an die vollständige Eroberung der Natur. Denn nach der Schlacht kommt die Ruhe. Die Menschheit war stark, energisch und intelligent gewesen und hatte all ihre im Überfluß vorhandene Lebenskraft dazu benutzt, die Bedingungen zu ändern, unter denen sie lebte. Und jetzt kam die Reaktion auf die veränderten Bedingungen.

Unter den neuen Bedingungen einer völlig bequemen und sicheren Umwelt mußte jene rastlose Energie, die unsere Stärke bildet, in Schwäche umschlagen. Selbst in unserer Zeit sind gewisse Neigungen und Wünsche, die einst zum Überleben notwendig waren, schon zur Quelle ständiger Fehlschläge geworden. Physischer Mut und Kampflust zum Beispiel sind für den zivilisierten Menschen keine große Hilfe – können sogar Hindernisse für ihn sein. Und in einem Zustand materieller Ausgeglichenheit und Sicherheit wäre physische oder intellektuelle Gewalt nicht mehr am Platze. Seit zahllosen Jahren, schloß ich, hatte es weder Kriege noch vereinzelte Gewalttaten gegeben, keine Gefährdung durch wilde Tiere, keine verheerende Krankheit, die eine kräftige Konstitution erforderte, keine Notwendigkeit zur Arbeit. Für ein solches Leben sind diejenigen, die wir als schwach bezeichnen würden, genausogut ausgerüstet wie die Starken, sind nicht mehr schwach. Sie sind sogar besser dran, denn die Starken würden von einer Energie verzehrt werden, für die sie keine Verwendung hätten. Zweifellos war die erlesene Schönheit der Gebäude, die ich sah, das Ergebnis des letzten, jetzt nutzlos gewordenen Energieausbruchs der Menschheit, ehe sie sich in vollkommener Harmonie unter den jetzigen Umweltbedingungen zur Ruhe setzte – war der Höhepunkt jenes Triumphes, mit dem der letzte große Frieden begann. Das ist seit jeher das Schicksal der in Sicherheit gewiegten Tatkraft gewesen: sie wendet sich der Kunst und der Erotik zu, danach setzen Erschlaffung und Verfall ein.

Auch dieser künstlerische Antrieb verlischt mit der Zeit – war in jener Zeit, in der ich mich befand, so gut wie gestorben. Sie schmückten sich zwar noch mit Blumen, tanzten und sangen im Sonnenschein; aber das war auch alles, was ihnen vom künstlerischen Geist geblieben war. Selbst das mußte schließlich in selbstzufriedener Untätigkeit erlöschen. Unser Geist wird auf dem Wetzstein des Schmerzes und der Not scharf gehalten, und wie mir schien, war hier der verhaßte Wetzstein endlich zersprungen!

Während ich dort in der hereinbrechenden Dunkelheit stand, glaubte ich mit dieser einfachen Erklärung das Problem der Welt gemeistert, das ganze Geheimnis dieser zierlichen Leute ergründet zu haben. Möglicherweise hatten die von ihnen gegen das Wachstum der Bevölkerung ersonnenen Kontrollmittel nur zu gut gewirkt, und statt konstant zu bleiben, hatte sich ihre Zahl sogar verringert. Das wäre eine Erklärung für die verlassenen Ruinen. Sehr einfach war meine Erklärung und auch ganz plausibel – wie es die meisten falschen Theorien sind!«

5. Gefangen in der Zukunft

»Während ich noch dastand und über diesen zu perfekten Triumph der Menschheit nachsann, stieg gelb und voll die Mondscheibe aus einer Flut silbrigen Lichtes im Nordosten empor. Die heiteren kleinen Gestalten liefen nicht mehr im

Tal umher, eine Eule huschte geräuschlos vorbei, und mich schauerte in der Kühle der Nacht. Ich beschloß, hinabzusteigen und mir einen Platz zum Schlafen zu suchen.

Ich hielt Ausschau nach dem Gebäude, das ich schon kannte. Dabei wanderten meine Augen weiter bis zu der Figur der weißen Sphinx auf dem Bronzesockel, die mit dem heller werdenden Licht des steigenden Mondes deutlicher hervortrat. Ich konnte die Silberbirke daneben erkennen. Auch die ineinander verschlungenen Rhododendronbüsche, schwarz in dem fahlen Licht, sah ich und ebenso den kleinen Rasen. Ich blickte noch einmal genauer hin. Ein unguter Zweifel kühlte meine Selbstzufriedenheit ab. ›Nein‹, sagte ich beherzt zu mir selbst, ›das ist nicht *der* Rasen.‹

Aber es war doch der Rasen. Denn das weiße, aussätzige Gesicht der Sphinx schaute zu ihm hin. Können Sie sich vorstellen, wie mir zumute war, als mich diese Gewißheit traf? Doch nein, das können Sie nicht. Die Zeitmaschine war verschwunden!

Und wie ein Schlag ins Gesicht traf mich die Erkenntnis, daß ich damit ja meine eigene Zeit verlieren und hilflos dieser fremden, neuen Welt ausgeliefert bleiben könnte. Der bloße Gedanke an diese Möglichkeit fuhr mir durch Mark und Bein. Meine Kehle zog sich zusammen, und mir war, als müßte ich ersticken. Im nächsten Augenblick rannte ich, halb wahnsinnig vor Angst, in großen Sätzen den Abhang hinunter; einmal stürzte ich kopfüber und schnitt mir das Gesicht auf. Ich verlor jedoch keine Zeit damit, das Blut zu stillen, sondern sprang auf und rannte weiter, während es mir warm über Wangen und Kinn rieselte. Und während ich lief, redete ich mir unablässig ein: ›Sie haben sie nur ein wenig fortgerückt, unter die Büsche geschoben, damit sie aus dem Weg ist.‹ Dennoch rannte ich weiter, so schnell ich konnte. Die ganze Zeit quälte mich die Gewißheit, wie sie bisweilen übertriebene Angst hervorruft, daß diese Selbstbeschwichtigung töricht sei, wußte ich instinktiv, daß die Maschine meinem Zugriff entrückt war. Mein Atem ging mühsam. Ich glaube, ich schaffte die ganze Strecke von der Hügelkuppe bis zu dem kleinen Rasen – es waren vielleicht zwei Meilen – in zehn Minuten. Und ich bin kein junger Mann mehr. Während des Laufens verfluchte ich laut meine törichte Vertrauensseligkeit, daß ich die Maschine allein gelassen hatte, und verschwendete damit kostbaren Atem. Ich rief laut, doch niemand antwortete. Kein Lebewesen schien sich in dieser mondhellen Welt zu rühren.

Als ich den Rasen erreichte, wurden meine schlimmsten Befürchtungen wahr. Nicht eine Spur von dem Ding war zu sehen. Mir war kalt und elend, als ich den leeren Platz zwischen dem schwarzen Gewirr der Büsche überblickte. Ich hetzte wild um ihn herum, als könnte das Ding in irgendeinem Winkel versteckt sein, und blieb dann unvermittelt stehen, die Hände in mein Haar verkrallt. Über mir türmte sich die Sphinx auf dem Bronzesockel, weiß, leuchtend und aussätzig im Licht des steigenden Mondes. Sie schien spöttisch über meine Verzweiflung zu lächeln.

Ich hätte mich mit der Vorstellung trösten können, daß die kleinen Leute den Apparat für mich irgendwo unter Dach gebracht hatten, wenn ich nicht von ihrer körperlichen und geistigen Unfähigkeit für ein solches Unterfangen überzeugt gewesen wäre. Das eben brachte mich so zur Verzweiflung: das Gefühl einer bislang ungeahnten Macht, durch deren Eingriff meine Erfindung verschwunden war. Doch wenigstens in einer Hinsicht fühlte ich mich sicher: wenn nicht ein anderes Zeitalter ein genaues Duplikat meiner Maschine hervorgebracht hatte, konnte sie nicht in der Zeit verschoben worden sein. Die Anbringung der Hebel – ich werde Ihnen die Methode später zeigen – verhinderte, wenn sie abgenommen waren, jede Einmischung in dieser Hinsicht. Sie konnte nur im Raum verschoben und versteckt worden sein. Aber wo, das war die Frage.

Ich glaube, ich muß halb wahnsinnig gewesen sein. Ich erinnere mich, wie ich wie wild zwischen den mondhellen Büschen rings um die Sphinx hin und her lief und dabei ein weißes Lebewesen aufstöberte, das ich in dem fahlen Licht für ein kleines Tier hielt. Ich erinnere mich auch, daß ich noch spät in der Nacht mit geballten Fäusten auf die Büsche einschlug, bis meine Knöchel von den gebrochenen Zweigen aufgerissen und blutig waren. Dann ging ich schluchzend und wie von Sinnen in meiner Angst zu dem großen steinernen Gebäude hinunter. Die weite Halle lag dunkel, still und verlassen da. Ich glitt auf dem unebenen Boden aus und fiel über einen der Malachittische, wobei ich mir fast das Schienbein brach. Ich zündete ein Streichholz an und ging durch die staubigen Vorhänge, von denen ich Ihnen schon berichtet habe.

Dahinter fand ich eine zweite große Halle, die mit Kissen ausgelegt war, auf denen zwanzig oder mehr der kleinen Leute schliefen. Zweifellos fanden sie mein zweites Erscheinen, da ich so plötzlich mit unartikulierten Lauten und im aufzischenden, flackernden Licht eines Streichholzes aus dem stillen Dunkel auftauchte, äußerst seltsam, denn sie kannten keine Streichhölzer mehr. ›Wo ist meine Zeitmaschine?‹ begann ich wie ein zorniges Kind herumzuschreien, packte einige und schüttelte sie heftig. Es muß ihnen sehr unheimlich vorgekommen sein. Ein paar lachten, die meisten sahen in höchstem Maße verängstigt aus. Als ich sie so um mich herumstehen sah, ging mir durch den Kopf, daß ich wohl das Dümmste tat, was mir unter diesen Umständen einfallen konnte; denn damit versuchte ich nur, das Gefühl der Furcht neu in ihnen zu beleben, das, nach ihrem Benehmen bei Tage zu schließen, völlig in Vergessenheit geraten sein mußte.

Hastig schleuderte ich das Streichholz zu Boden und stolperte, indem ich einen der mir im Weg stehenden kleinen Kerle dabei umstieß, durch den großen Eßsaal wieder hinaus in den Mondschein. Ich hörte Schreie des Entsetzens und das Geräusch ihrer hin und her laufenden und stolpernden kleinen Füße. Ich kann mich nicht mehr an alles erinnern, was ich tat, während der Mond am Himmel hinaufkroch. Doch ich fühlte mich hoffnungslos von meinen eigenen Zeitgenossen abgeschnitten – wie ein fremdartiges Lebewesen in einer unbekannten Welt. Ich muß wie ein Wahnsinniger hin und her gerast sein, geschrien und über Gott und mein Schicksal gelästert haben. Ich erinnere mich dunkel an eine schreckliche Ermattung, als die lange Nacht der Verzweiflung verstrich: ich suchte in jedem möglichen und unmöglichen Winkel, tastete zwischen den vom Mond beleuchteten Ruinen umher und berührte eigenartige Geschöpfe in den schwarzen Schatten; zum Schluß lag ich nahe der Sphinx am Boden und weinte in abgrundtiefer Verzweiflung. Mir blieb nichts als Elend. Dann schlief ich ein, und als ich wieder aufwachte, war es heller Tag, und in Reichweite meines Armes hüpften ein paar Sperlinge auf dem Rasen um mich herum.

Ich setzte mich in der Morgenfrische auf und versuchte mich zu erinnern, wie ich hierhergekommen war und warum ich mich so völlig verlassen und verzweifelt fühlte. Langsam wurde mir alles klar. Im reinen, nüchternen Licht des Tages konnte ich meiner Lage offen ins Gesicht sehen. Ich erkannte die Unsinnigkeit meiner nächtlichen Raserei und konnte wieder logisch denken. ›Nehmen wir einmal das Schlimmste an‹, sagte ich mir. ›Nehmen wir einmal an, die Maschine ist verloren – vielleicht zerstört? Es geziemt mir, ruhig und geduldig zu sein, damit ich die Leute hier besser kennenlerne, um eine klare Vorstellung von der Art meines Verlustes und den Möglichkeiten zu bekommen, wie ich mir Material und Werkzeug beschaffen und so letzten Endes vielleicht eine neue Maschine machen kann.‹ Das war meine einzige Hoffnung – eine armselige Hoffnung vielleicht, aber immer noch besser als Verzweiflung. Und schließlich befand ich mich in einer schönen und merkwürdigen Welt.

Aber vermutlich hatte man die Maschine nur fortgebracht. Auf jeden Fall mußte ich ruhig und geduldig bleiben, ihr Versteck ausfindig machen und sie mit Gewalt oder List zurückgewinnen. Und damit rappelte ich mich auf, steif, müde und schmutzig von der Reise und meinem nächtlichen Abenteuer, und schaute mich suchend um, wo ich wohl baden könnte. Die Frische des Morgens weckte in mir das Verlangen nach der gleichen Frische. Meine Erregung war abgeklungen, und während ich mich mit meinen Angelegenheiten beschäftigte, wunderte ich mich, wie ich mich überhaupt am Vorabend und in der Nacht so hatte aufregen können. Ich untersuchte sorgfältig den Boden rund um den kleinen Rasen. Einige Zeit verschwendete ich mit vergeblichen Fragen, die ich nach bestem Können jenen kleinen Leuten stellte, die gerade vorbeikamen. Sie alle verstanden meine Gesten nicht; einige verhielten sich einfach gleichgültig, andere wieder hielten es für einen Scherz und lachten über mich. Es fiel mir gewaltig schwer, ihnen nicht in die hübschen, lachenden Gesichter zu schlagen. Es war ein törichter Impuls, aber der aus Angst und blinder Wut gezeugte Teufel ließ sich schwer im Zaume halten und war darauf aus, meine Verwirrung auszunutzen. Der Rasen gab bessere Auskunft. Ich fand eine frisch aufgerissene Furche darin, ungefähr in der Mitte zwischen dem Piedestal der Sphinx und meinen Trittspuren, wo ich bei meiner Ankunft mit der umgestürzten Maschine gerungen hatte. Noch andere Zeichen deuteten darauf hin, daß die Maschine fortgeschleppt worden war, darunter seltsame schmale Fußabdrücke, wie ich sie mir von einem Faultier stammend vorstellen konnte. Sie lenkten meine Aufmerksamkeit verstärkt auf das Piedestal. Es war, wie ich wohl schon erzählt habe, aus Bronze. Dabei handelte es sich nicht um einen einfachen Block, sondern um einen allseitig mit vertieften, reichverzierten Feldern versehenen Sockel. Ich ging hin und klopfte daran. Das Piedestal war hohl. Als ich die Zierfelder sorgfältig prüfte, stellte ich fest, daß sie nicht starr mit den Einfassungen verbunden waren. Es gab keine Griffe oder Schlüssellöcher, aber möglicherweise ließen sich die Zierfelder, wenn sie, wie ich es vermutete, Türen waren, von innen öffnen. Eines schien mir jedoch offensichtlich: ich brauchte meinen Geist nicht besonders anzustrengen, um zu schließen, daß meine Zeitmaschine in diesem Piedestal steckte. Aber wie sie da hineingekommen war, stellte ein anderes Problem dar.

Ich sah die Köpfe von zwei orangefarben gekleideten Leuten, die zwischen Buschwerk unter einigen blütenbedeckten Apfelbäumen auf mich zukamen. Lächelnd wandte ich mich ihnen zu und winkte sie heran. Sie kamen, und indem ich auf das bronzene Piedestal zeigte, versuchte ich ihnen meinen Wunsch verständlich zu machen, es zu öffnen. Doch bei meiner ersten Andeutung benahmen sie sich sehr merkwürdig. Ich weiß nicht, wie ich Ihnen ihren Gesichtsausdruck schildern soll. Stellen Sie sich vor, Sie gebrauchten einer empfindsamen Frau gegenüber eine unanständige Geste – genauso würde sie aussehen. Sie machten sich davon, als hätte ich ihnen die schlimmstmögliche Beleidigung zugefügt. Als nächstes versuchte ich es mit einem hübsch aussehenden kleinen Burschen in Weiß, aber mit genau dem gleichen Resultat. Irgendwie schämte ich mich bei seinem Verhalten vor mir selbst. Aber wie Sie wissen, mußte ich die Zeitmaschine unbedingt zurückhaben, und deshalb probierte ich es noch einmal mit ihm. Als er sich gleich den anderen abwandte, wurde ich wütend. Mit drei Schritten war ich bei ihm, packte ihn beim Kragen und begann ihn zur Sphinx zu schleppen. Dann sah ich das Entsetzen und den Abscheu auf seinem Gesicht und ließ ihn auf der Stelle wieder los.

Doch ich gab mich noch nicht geschlagen. Ich polterte mit den Fäusten gegen die bronzenen Zierfelder. Ich glaubte, da drinnen etwas sich regen zu hören – genauer gesagt, ich glaubte so etwas wie ein Kichern zu hören –, doch ich muß mich getäuscht haben. Dann holte ich mir einen großen Stein vom Fluß und hämmerte damit auf den Sockel ein, bis ich eine spiralförmige Verzierung plattgeschlagen hatte und der Grünspan in pulvrigen Flocken herabrieselte. Die zarten, kleinen Leute müssen mein stoßweises, wütendes Hämmern wohl eine Meile weit nach allen Richtungen gehört haben, doch ich erreichte nichts damit. Ich sah eine Menge von ihnen, verstohlen zu mir herüberblickend, auf den Hängen. Schließlich setzte ich mich erhitzt und müde hin und beobachtete die Umgebung. Doch ich war zu ruhelos, um lange zuzusehen; ich bin zu abendländisch, um lange zu warten. Ich könnte jahrelang an einem Problem arbeiten, aber vierundzwanzig Stunden lang untätig abwarten – das ist etwas ganz anderes.

Nach einer Weile stand ich auf und begann ziellos durch die Büsche zum Hügel hin zu wandern. ›Geduld‹, sagte ich mir. ›Wenn du deine Maschine wiederhaben willst, mußt du diese Sphinx in Ruhe lassen. Wenn sie dir deine Maschine wirklich wegnehmen wollen, nützt es dir wenig, wenn du ihnen die Bronzeverzierungen ruinierst, und wenn sie das nicht wollen, wirst du sie zurückbekommen, sobald du danach fragen kannst. Sich unter all diesen unbekannten Dingen vor ein derartiges Rätsel zu setzen ist hoffnungslos. Das führt zu Monomanie. Biete dieser Welt die Stirn. Lerne ihre Art kennen, beobachte sie, hüte dich vor übereilten Schlußfolgerungen. Am Ende wirst du zu allem den Schlüssel finden.‹ Dann kam mir plötzlich das Komische meiner Lage in den Sinn: der Gedanke an all die Jahre, die ich mit Studium und harter Arbeit verbracht hatte, um in die Zukunft zu gelangen, und jetzt mein leidenschaftliches Streben, wieder hinauszukommen. Ich hatte mir selbst die komplizierteste und ausweglosesete Falle geschaffen, die je ein Mensch ersonnen hat. Obgleich es auf meine Kosten ging, konnte ich nicht anders: ich mußte laut lachen.

Während ich durch den großen Palast ging, schienen mich die kleinen Leute zu meiden. Vielleicht habe ich es mir nur eingebildet, vielleicht aber hatte es wirklich etwas mit meiner Hämmerei an den Bronzetüren zu tun. Auf jeden Fall war ich ziemlich sicher, daß sie mir aus dem Wege gingen. Ich bemühte mich jedoch, mir nichts anmerken zu lassen und ihnen nicht nachzulaufen, und in einem oder zwei Tagen war alles wieder beim alten. Ich machte im Erlernen ihrer Sprache recht große Fortschritte und dehnte überdies meine Untersuchungen nach allen Richtungen aus. Entweder entgingen mir irgendwelche Feinheiten, oder ihre Sprache war außerordentlich einfach und bestand fast ausschließlich aus gegenständlichen Substantiven und Verben. Es schien, wenn überhaupt, nur wenige abstrakte Hauptwörter zu geben und kaum Gebrauch von bildlichen Redewendungen. Ihre Sätze waren gewöhnlich einfach und bestanden aus nur zwei Worten, und ich konnte lediglich die simpelsten Zusammenstellungen verstehen oder selbst ausdrücken. Ich beschloß, den Gedanken an meine Zeitmaschine und an das Geheimnis der Bronzetüren unter der Sphinx in den hintersten Winkel meines Gedächtnisses zu verbannen, bis mein wachsendes Wissen mich auf ganz natürliche Weise darauf zurückführen würde. Doch ein bestimmtes Gefühl, das Sie verstehen werden, hielt mich in einem Umkreis von ein paar Meilen um den Ort meiner Ankunft fest.

Soweit ich sehen konnte, entfaltete die ganze Welt die gleiche verschwenderische Fülle wie das Themsetal. Von jedem Hügel, den ich erkletterte, sah ich die gleiche Unmenge prachtvoller Gebäude, endlos verschieden in Material und Stil, die gleichen Ansammlungen immergrüner Pflanzendickichte, die gleichen blütenbeladenen Bäume und Baumfarne. Hier und dort leuchtete silbergleich eine Wasserfläche, und dahinter stieg das Land zu blauen, wogenden Hügeln an, bis es schließlich in dem heiteren Himmel verebbte. Eine Eigenart, die sogleich meine Aufmerksamkeit erregte, war das Vorhandensein von gewissen kreisrunden Brunnen, von denen mehrere, wie mir schien, eine große Tiefe aufwiesen. Einer lag neben dem Pfad zum Hügel hinauf, dem ich während meines ersten Spaziergangs gefolgt war. Wie die anderen war er mit eigenartig geschmiedeter Bronze eingefaßt und von einer kleinen Kuppel gegen den Regen geschützt. Wenn ich mich an den Rand eines dieser Brunnen setzte und in den dunklen Schacht hinabblickte, konnte ich weder Wasser blinken sehen noch mit einem brennenden Streichholz einen Widerschein erzeugen. Aber in allen hörte ich ein bestimmtes Geräusch aufsteigen: ein widerhallendes Bumm – Bumm – Bumm, wie das Stampfen einer gewaltigen Maschine; und die flackernden Flammen meiner Streichhölzer zeigten mir, daß ein stetiger Luftstrom die Schächte hinunterzog. Außerdem warf ich einen Fetzen Papier in den Schlund eines dieser Brunnen, und anstatt langsam hinunterzuflattern, wurde es sofort hinabgesogen und entschwand.

Nach kurzer Zeit begann ich diese ›Brunnen‹ mit den großen Türmen in Verbindung zu bringen, die hier und dort von den Hängen aufragten; denn über ihnen stand oft genauso ein Flimmern in der Luft, wie man es an heißen Tagen über einem sonnendurchglühten Strand sehen kann. Die Auswertung dieser Beobachtungen ließ mich sehr stark auf ein ausgedehntes unterirdisches Ventilationssystem schließen, dessen wirklichen Zweck ich mir allerdings schwer vorstellen konnte. Zunächst war ich geneigt, es den sanitären Einrichtungen dieser Leute zuzuordnen; dieser Schluß war naheliegend, erwies sich jedoch als völlig falsch.

Und hier muß ich zugeben, daß ich während meines Aufenthalts in dieser wahrhaftigen Zukunft sehr wenig über Entwässerungsanlagen, Verkehrsmittel und ähnliche Annehmlichkeiten in Erfahrung gebracht habe. In einigen dieser Visionen und Utopien über künftige Zeiten, die ich gelesen habe, steht eine Menge Einzelheiten über Bauten und soziale Einrichtungen und so weiter. Aber während solche Einzelheiten leicht genug zu erlangen sind, wenn diese ganze Welt nur in der Phantasie existiert, sind sie dem wirklichen Reisenden unter solchen Bedingungen, wie ich sie hier vorfand, völlig unzugänglich. Stellen Sie sich vor, was ein frisch aus Zentralafrika kommender Neger seinen Stammesgenossen bei seiner Rückkehr aus London über diese Stadt berichten würde! Was wüßte er von Eisenbahngesellschaften, sozialen Bewegungen, von Telephon und Telegraphendraht, von der Paketzustellung, von Postanweisungen und dergleichen mehr? Dabei wären wir doch sicher nur zu bereit, ihm diese Dinge zu erklären! Aber wieviel von dem, was er dann wüßte, könnte er schließlich seinem ungereisten Freund verständlich oder glaubhaft machen? Und bedenken Sie, wie schmal die Kluft zwischen einem Neger und einem Weißen unserer Zeit ist und wie gewaltig der Abstand zwischen mir und diesen Leuten in jener goldenen Zeit! Ich spürte und empfand vieles, was ich nicht sehen konnte und was zu meiner Bequemlichkeit beitrug; aber außer einem allgemeinen Eindruck automatischer Organisation kann ich Ihnen, fürchte ich, sehr wenig von dem Unterschied verständlich machen.

Was zum Beispiel das Bestatten betrifft, so konnte ich weder Krematorien noch etwas, das an Gräber erinnerte, entdecken. Doch mir kam in den Sinn, daß es womöglich irgendwo jenseits der Reichweite meiner Streifzüge Friedhöfe – oder Krematorien – geben könnte. Dies war wieder eine Frage, die ich mir nach reiflicher Überlegung stellte, und meine Neugier in diesem Punkt blieb zunächst völlig unbefriedigt. Die Sache gab mir zu denken, und sie führte mich zu einer weiteren Beobachtung, die mir noch mehr Kopfzerbrechen machte: es gab keine Alten und keine Kranken unter diesen Leuten.

Ich muß gestehen, daß meine Zufriedenheit mit meinen ersten Theorien über eine automatische Zivilisation und eine dekadente Menschheit nicht lange anhielt. Doch ich kam auf keine andere Lösung. Lassen Sie mich meine Schwierigkeiten darstellen. Die verschiedenen großen Paläste, die ich erforscht hatte, waren bloße Wohnstätten – große Eßsäle und Schlafräume. Ich konnte keinerlei Maschinen, keine technischen Einrichtungen irgendwelcher Art entdecken. Dennoch waren diese Leute in schöne Gewebe gekleidet, die von Zeit zu Zeit erneuert werden mußten, und ihre Sandalen waren zwar nicht besonders verziert, aber doch Beispiele ziemlich komplizierter Metallarbeit. Irgendwie mußten solche Dinge hergestellt werden. Und die kleinen Leute zeigten nicht die geringste Spur einer schöpferischen Neigung. Es gab keine Läden, keine Werkstätten, keine Zeichen von Importartikeln unter ihnen. Sie verbrachten ihre ganze Zeit mit liebenswürdigem Spiel, mit Baden im Fluß, mit heiterem Liebesgetändel sowie mit dem Essen von Früchten und mit Schlafen. Ich konnte nicht erkennen, was das Leben so reibungslos in Gang hielt.

Dann wieder die Sache mit der Zeitmaschine: irgend etwas, ich wußte nicht was, hatte sie in das hohle Piedestal der weißen Sphinx gesteckt. *Warum?* Und wenn mein Leben davon abgehangen hätte, ich konnte es mir nicht vorstellen. Und diese wasserlosen Brunnen, diese flimmernden Türme! Ich spürte, daß mir ein Schlüssel dazu fehlte. Ich fühlte mich – wie soll ich es beschreiben? Nehmen Sie einmal an, Sie fänden eine Inschrift, die hier und dort Sätze in ausgezeichnetem, klarem Englisch enthielte, und dazwischen andere, die aus Worten, ja sogar aus Buchstaben beständen, die Ihnen absolut unbekannt wären! Nun, so ungefähr stellte sich mir die Welt des Jahres achthundertzweitausendsiebenhundertundeins am dritten Tage meines Besuches dar!

An jenem Tage schloß ich auch eine Freundschaft – wenn ich das so nennen darf. Ich sah gerade einigen dieser kleinen Leute beim Baden an einer flachen Stelle zu, als eine von ihnen einen Krampf bekam und den Fluß hinunterzutreiben begann. Die Hauptströmung ging hier ziemlich rasch, war aber selbst für einen mäßigen Schwimmer nicht zu stark. Sie werden sich daher von der merkwürdigen Unzulänglichkeit dieser Geschöpfe eine Vorstellung machen können, wenn ich Ihnen sage, daß niemand auch nur den geringsten Versuch machte, das jämmerlich schreiende, vor ihren Augen ertrinkende kleine Ding zu retten! Als ich das erkannte, streifte ich eilig meine Kleider ab, watete ein Stück weiter unten ins Wasser, erwischte das arme Würmchen und zog es sicher an Land. Ein bißchen Reiben der Glieder brachte sie bald wieder auf die Beine, und ich hatte die Genugtuung, sie gesund und munter zu sehen, ehe ich weiterging. Ich hatte inzwischen eine so geringe Meinung von diesen Leuten bekommen, daß ich keinerlei Dankbarkeit von ihr erwartete. Darin sollte ich mich jedoch getäuscht haben.

Das war also am Vormittag geschehen. Am Nachmittag traf ich diese kleine Frau – denn um sie mußte es sich ja wohl handeln –, als ich von einem Erkundungsgang wieder zu meinem Zentrum zurückkehrte, und sie empfing mich mit Rufen des Entzückens und überreichte mir eine große Blumengirlande, die sie augenscheinlich eigens für mich gemacht hatte. Das Wesen nahm meine Phantasie gefangen. Sehr wahrscheinlich hatte ich mich verlassen gefühlt. Auf jeden Fall tat ich mein Bestes, um ihr zu zeigen, wie sehr ich ihre Gabe schätzte. Wir saßen bald zusammen in einer kleinen Steinlaube und gaben uns einer Unterhaltung hin, die hauptsächlich aus Lächeln bestand. Die Freundlichkeit des kleinen Geschöpfes berührte mich genauso wie die eines Kindes. Wir überreichten einander Blumen, und sie küßte meine Hände. Ich tat dasselbe mit den ihren. Dann versuchte ich, mit ihr zu sprechen, und fand heraus, daß sie Weena hieß. Zwar wußte ich nicht, was dieser Name bedeutete, doch irgendwie schien er mir zu ihr zu passen. Dies war der Anfang einer eigenartigen Freundschaft, die eine Woche dauerte und endete – wie ich Ihnen noch berichten werde!

Sie benahm sich genau wie ein Kind. Sie wollte immer nur bei mir sein. Sie versuchte, mir überallhin zu folgen, und bei meinem nächsten ausgedehnteren Streifzug ging es mir ans

Herz, daß ich sie schließlich müde und erschöpft zurücklassen mußte, während sie mir klagend nachrief. Doch die Probleme der Welt mußten gemeistert werden. Ich bin schließlich nicht in die Zukunft gekommen, sagte ich mir, um eine Liebelei im Westentaschenformat zu betreiben. Doch ihr Kummer, wenn ich sie verließ, war sehr groß, und ihre Rufe beim Abschied waren manchmal so verzweifelt, daß ich glaube, ich hatte zusammengenommen von ihrer Verehrung für mich mehr Unannehmlichkeiten als Freude. Aber dennoch empfand ich sie irgendwie als einen großen Trost. Ich glaubte, sie klammerte sich einfach in kindlicher Zuneigung so an mich. Bis es zu spät war, wußte ich nicht, welcher Gefahr ich sie aussetzte, wenn ich sie verließ. Und bis es zu spät war, wußte ich auch nicht genau, was sie mir bedeutete. Denn dadurch, daß sie mich einfach gern zu haben schien und mir auf ihre schwache, erfolglose Art ihre Zuneigung zeigte, gab diese kleine Puppe mir bei meiner Rückkehr in die Nähe der weißen Sphinx bald fast das Gefühl, nach Hause zu kommen; und jedesmal wenn ich über den Hügel kam, hielt ich sogleich Ausschau nach ihrer winzigen Gestalt in Weiß und Gold.

Von ihr erfuhr ich auch, daß die Furcht die Welt noch nicht verlassen hatte. Im Hellen zeigte sie keinerlei Furcht, und zu mir hatte sie ein merkwürdiges Vertrauen; denn als ich ihr einmal in einer närrischen Anwandlung drohende Grimassen schnitt, lachte sie einfach darüber. Doch sie fürchtete die Dunkelheit, fürchtete sich vor Schatten und vor schwarzen Gegenständen. Dunkelheit war für sie das Furchtbarste. Es war eine einmalig leidenschaftliche Gefühlsaufwallung, die mich nachdenklich stimmte und zu Beobachtungen anregte. Unter anderem entdeckte ich da, daß diese kleinen Leute sich nach Einbruch der Dunkelheit in den großen Häusern sammelten und zusammengedrängt schliefen. Wenn man dann ohne Licht zu ihnen hineinkam, gerieten sie in einen wahren Aufruhr der Angst. Ich habe nach Einbruch der Dunkelheit nie einen außerhalb der Gebäude gefunden und innerhalb keinen, der allein schlief. Doch ich war immer noch so vernagelt, daß ich die Lehre dieser Furcht nicht verstand und zu Weenas großem Kummer daran festhielt, abseits dieser schlummernden Massen zu schlafen.

Das beunruhigte sie sehr, aber am Ende behielt ihre alte Zuneigung zu mir die Oberhand, und fünf Nächte unserer Bekanntschaft, einschließlich der allerletzten Nacht, schlief sie mit ihrem Köpfchen auf meinem Arm. Doch während ich von ihr rede, komme ich von meiner eigentlichen Geschichte ab. Es muß in der Nacht vor ihrer Rettung gewesen sein, als ich kurz vor Tagesanbruch geweckt wurde. Ich hatte unruhig geschlafen und den sehr unangenehmen Traum gehabt, ich ertränke, und Seeanemonen tasteten mit ihren weichen Fühlern über mein Gesicht. Ich fuhr zusammen und wachte mit dem merkwürdigen Eindruck auf, daß gerade ein graues Tier aus dem Zimmer gestürzt sei. Ich versuchte wieder einzuschlafen, fühlte mich aber ruhelos und unbehaglich. Es war jene in Grau verschwimmende Stunde, in der die Dinge sich gerade aus dem Dunkel schälen, wo alles farblos, scharf umrissen und dennoch unwirklich ist. Ich stand auf, ging hinunter in den großen Saal und trat hinaus auf die Fliesen vor dem Palast. Ich dachte mir, ich sollte aus der Not eine Tugend machen und mir den Sonnenaufgang ansehen.

Dei Mond ging gerade unter, und das vergehende Mondlicht mischte sich mit der ersten Blässe der Dämmerung zu einem gespenstischen Halblicht. Die Büsche waren tintenschwarz, der Boden in finsteres Grau getaucht, der Himmel farb- und freudlos. Und weiter den Hügel hinauf glaubte ich Gespenster zu sehen. Verschiedene Male sah ich weiße Gestalten, während ich den Hang musterte. Zweimal glaubte ich ein einzelnes weißes, affenartiges Geschöpf ziemlich schnell den Hügel hinanlaufen zu sehen, und einmal sah ich bei den Ruinen eine Dreiergruppe von ihnen einen dunklen Körper tragen. Sie bewegten sich hastig, und ich konnte nicht sehen, was aus ihnen wurde. Anscheinend verschwanden sie zwischen den Büschen. Sie müssen wissen, daß die Morgendämmerung immer noch keine deutliche Sicht gestattete. Ich empfand jenes entmutigende, unsichere Frühmorgengefühl, das Sie vielleicht kennen werden: ich mißtraute meinen Augen.

Als der Himmel im Osten heller wurde, das Tageslicht heraufzog und die Welt von neuem in lebhafte Farben tauchte, musterte ich noch einmal scharf die ganze Umgebung. Doch ich sah keine Spur von meinen weißen Gestalten! Es waren lediglich Geschöpfe des Zwielichtes gewesen. ›Ich muß Gespenster gesehen haben‹, sagte ich mir; ›ich möchte nur wissen, wo sie herstammen.‹ Denn eine wunderliche Idee Grant Allens kam mir in den Sinn und belustigte mich. Wenn jede Generation bei ihrem Tode Gespenster hinterläßt, argumentierte er, wird die Welt schließlich davon übervölkert werden. Nach dieser Theorie müßten sie sich in den vergangenen über achthunderttausend Jahren unzählbar vermehrt haben, und es wäre kein großes Wunder gewesen, wenn ich vier auf einmal gesehen hätte. Aber dieser Scherz befriedigte mich nicht, und ich dachte den ganzen Morgen an diese Gestalten, bis die Rettung Weenas sie aus meinem Kopf vertrieb. Ich brachte sie auf unbestimmte Weise in Verbindung mit dem weißen Tier, das ich bei meiner ersten leidenschaftlichen Suche nach der Zeitmaschine aufgestöbert hatte. Weena lenkte mich auf angenehme Art ab, doch sie sollten meinen Geist bald auf eine ganz entsetzliche Weise in Besitz nehmen.

Ich glaube, ich habe schon gesagt, wieviel heißer es in dieser goldenen Zeit war als in der unseren. Ich weiß nicht, woran das lag. Vielleicht war die Sonne heißer oder die Erde näher der Sonne. Gewöhnlich nimmt man an, daß die Sonne sich in der Zukunft ständig weiter abkühlen werde. Doch die Leute, die mit solchen Theorien wie denen des jüngeren Darwin nicht vertraut sind, vergessen, daß die Planeten letztendlich einer nach dem andern in den Mutterstern zurückstürzen müssen. Wenn diese Katastrophen eintreten, wird die Sonne mit erneuter Energie auflodern – und vielleicht hatte einen der inneren Planeten dieses Schicksal ereilt. Was auch immer der Grund sein mochte, die Tatsache bleibt, daß die Sonne sehr viel heißer brannte, als wir sie kennen.

An einem sehr heißen Morgen also – ich glaube, es war mein vierter – suchte ich Schutz vor der Hitze und der blendenden Helligkeit in einer kolossalen Ruine in der Nähe des großen

Hauses, wo ich schlief und aß, als etwas Seltsames geschah: während ich zwischen dem zerbröckelten Mauerwerk herumkletterte, fand ich eine schmale Galerie, deren Ende und Seitenfenster von herabgestürzten Steinmassen versperrt waren. Im Kontrast zu der Helligkeit draußen schien mir das Dunkel hier zuerst undurchdringlich. Tastend ging ich hinein, denn der Wechsel von Licht zu Finsternis ließ mir Farbflecken vor den Augen schwimmen. Plötzlich blieb ich wie gebannt stehen. Ein Paar im Widerschein des einfallenden Tageslichtes leuchtende Augen beobachteten mich aus dem Dunkel.

Die alte, instinktive Angst vor wilden Tieren überkam mich. Ich ballte die Hände und blickte fest in die leuchtenden Augen. Ich hatte Angst, umzukehren. Dann kam mir die absolute Sicherheit in den Sinn, in der die Menschheit hier zu leben schien. Und dann fiel mir ihr seltsames Grauen vor dem Dunkel ein. Ich überwand meine Angst bis zu einem gewissen Grade, trat einen Schritt vor und sprach. Ich gebe zu, daß meine Stimme rauh und schlecht beherrscht klang. Ich streckte die Hand aus und berührte etwas Weiches. Sogleich schossen die Augen zur Seite, und etwas Weißes rannte an mir vorbei. Mit heftigem Herzklopfen drehte ich mich um und sah eine merkwürdige, affenartige kleine Gestalt über die sonnenbeschienene Fläche hinter mir laufen, den Kopf auf eigenartige Weise gesenkt. Sie prallte gegen einen Granitblock, taumelte zur Seite und war im Handumdrehen in dem schwarzen Schatten unter einem anderen Haufen von Mauertrümmern verschwunden.

Mein Eindruck davon ist natürlich unvollkommen; aber ich weiß, das Wesen war von einem stumpfen Weiß und hatte sonderbar große, rötlichgraue Augen; außerdem hatte es flachsblondes Haar auf dem Kopf und den Rücken hinunter. Doch wie ich schon sagte, es lief zu schnell, um es deutlich erkennen zu können. Ich kann nicht einmal sagen, ob es auf allen vieren lief oder nur die Arme sehr tief hängen ließ. Nach einem kurzen Augenblick folgte ich ihm in diesen zweiten Ruinenhaufen. Zuerst konnte ich es nicht finden; aber nach einer

Weile Herumtasten in tiefster Finsternis stieß ich auf eine jener runden, brunnenartigen Öffnungen, von denen ich Ihnen schon erzählt habe, die halb von einer umgestürzten Säule verdeckt war. Ein Gedanke schoß mir durch den Kopf: könnte dieses Wesen den Schacht hinunter verschwunden sein? Ich strich ein Zündholz an, und als ich hinabsah, erblickte ich ein kleines, weißliches Geschöpf, das mich mit großen glänzenden Augen ansah, während es sich weiter zurückzog. Mich überlief ein Schauder. Es ähnelte sehr einer menschlichen Spinne! Es kletterte die Wand hinunter, und jetzt sah ich zum erstenmal eine Anzahl metallener Fuß- und Handstützen, die eine Art Leiter den Schacht hinunter bildeten. Dann verbrannte die Flamme mir die Finger, und ich ließ das Zündholz los, das im Fallen verlosch; und bis ich ein neues angezündet hatte, war das kleine Scheusal verschwunden.

Ich weiß nicht, wie lange ich dort saß und in den Brunnenschacht hinunterblickte. Es dauerte eine ganze Weile, bis ich mich dazu durchgerungen hatte, dieses Geschöpf als menschlich zu betrachten. Doch langsam dämmerte mir die Wahrheit: die Menschheit hatte sich nicht in einer einzigen Spezies erhalten, sondern sich in zwei ungleiche Arten differenziert; meine anmutigen Kinder der Oberwelt waren nicht die einzigen Abkömmlinge unserer Generation, sondern auch dieses bleiche, abscheuliche nächtliche Wesen, so blitzartig vor mir aufgetaucht und wieder verschwunden, war ein Erbe aller Zeiten.

Ich dachte an die flimmernden Säulen und an meine Theorie von einer unterirdischen Belüftungsanlage. Ich begann ihre wahre Bedeutung zu ahnen. Und was, fragte ich mich, hatte dieser Lemure in meinem Schema einer vollkommen ausgeglichenen Organisation zu schaffen? In welcher Beziehung stand er zu der heiteren Gleichgültigkeit meiner schönen Oberweltler? Und was war dort unten am Fuße dieses Schachtes verborgen? Ich setzte mich auf den Brunnenrand und sagte mir, daß ich keinesfalls etwas zu fürchten hätte und zur Lösung meiner Probleme nur dort hinuntersteigen müßte. Und dennoch hatte ich einigermaßen Angst davor! Während ich noch zögerte, kamen zwei von den schönen Bewohnern der Oberwelt in ihrem Liebesspiel über den taghellen Platz in den Schatten gelaufen. Das Männlein verfolgte das Weiblein und warf im Laufen Blumen nach ihr.

Sie schienen unangenehm berührt zu sein, mich hier zu sehen, den Arm auf die umgestürzte Säule gestützt und in den Brunnen hinunterspähend. Offensichtlich galt es als schlechtes Benehmen, von diesen Öffnungen Notiz zu nehmen; denn als ich auf diese hier deutete und eine Frage in ihrer Sprache zu formulieren versuchte, schienen sie noch betroffener zu sein und wandten sich ab. Aber sie interessierten sich für meine Streichhölzer, und ich zündete ein paar davon an, um sie zu erfreuen. Dann versuchte ich noch einmal, auf den Brunnen zurückzukommen, doch wiederum vergeblich. Deshalb ließ ich sie stehen, in der Absicht, zu Weena zu gehen und zu versuchen, etwas aus ihr herauszubekommen. Doch mein Geist war schon in Aufruhr; meine Vermutungen und Eindrücke verschoben und ordneten sich bereits zu einem völlig neuen Bild. Ich besaß jetzt einen Schlüssel zu der Bedeutung dieser Brunnenschächte und der Belüftungstürme sowie zu dem Rätsel der Gespenster – ganz zu schweigen von einem Hinweis auf den Sinn der Bronzetüren und auf das Schicksal der Zeitmaschine! Und ganz vage dämmerte mir eine Möglichkeit zur Lösung des wirtschaftlichen Problems, das mir viel Kopfzerbrechen bereitet hatte.

Und so sah meine neue Lagebeurteilung aus: offenbar lebte diese zweite Spezies Mensch unterirdisch. Besonders drei Umstände waren es, die mich glauben ließen, ihr seltenes Auftauchen über der Erde beruhe auf einem seit langem gewohnten Leben unter der Erdoberfläche. Zunächst war da ihr bleiches Aussehen, wie es die meisten hauptsächlich im Dunkeln lebenden Tiere aufweisen – zum Beispiel der weiße Fisch der Kentucky-Höhlen. Dann diese großen Augen mit der Fähigkeit, das Licht zu reflektieren, den eigentümlichen Merkmalen nächtlicher Lebewesen – bekannteste Zeugen sind Eule und Katze. Und als letztes jene offensichtliche Verwirrung im Sonnenlicht, jene hastige und dabei tastende und ungeschickte

Flucht ins schattige Dunkel sowie die eigenartige Haltung des Kopfes im Hellen – all das bestärkte die Theorie einer außerordentlich lichtempfindlichen Netzhaut des Auges.

Die Erde unter meinen Füßen mußte demnach gewaltig untertunnelt sein, und diese Tunnelanlagen waren der Lebensraum der neuen Rasse. Das Vorhandensein der Belüftungsschächte und Türme entlang der Hügelketten – tatsächlich überall außer im gesamten Flußtal – zeigte, wie weitverzweigt diese Anlagen waren. Was war also natürlicher als die Annahme, daß in dieser künstlichen Unterwelt jegliche Arbeit getan wurde, die für das Wohlbefinden der Tageslichtrasse so notwendig war? Diese Vorstellung war so plausibel, daß ich sie sofort akzeptierte und zu Mutmaßungen über den Vorgang der Spaltung der menschlichen Spezies überging. Ich nehme an, Sie werden die Gestalt meiner Theorie vorausahnen; ich selbst allerdings sollte sehr bald spüren, daß sie weit an der Wahrheit vorbeiging.

Da ich von den Problemen unserer Zeit ausging, schien es mir zuerst sonnenklar zu sein, daß die stufenweise Vergrößerung des gegenwärtig nur temporären und sozialen Unterschiedes zwischen Kapitalist und Arbeiter der Schlüssel zu der hier bestehenden Konstellation sein müßte. Zweifelsohne wird Ihnen das recht grotesk – und völlig unglaublich! – vorkommen; und doch existieren schon jetzt Verhältnisse, die auf diese Entwicklung hindeuten. Man neigt doch dazu, den Raum unter der Erde für die weniger dekorativen Zwecke der Zivilisation zu nutzen; da gibt es zum Beispiel die Metropolitan Railway in London und andere elektrische Untergrundbahnen, unterirdische Werkstätten und Restaurants, und sie vermehren sich und breiten sich weiter aus. Augenscheinlich, dachte ich, hatte sich diese Tendenz noch verstärkt, bis die Industrie allmählich ihr Geburtsrecht unter dem Himmel verloren hatte. Ich meine, daß sie tiefer und tiefer in größere und immer größere unterirdische Fabriken verlegt worden war und die Arbeitskräfte einen immer mehr wachsenden Teil ihrer Zeit darin verbrachten, bis sie am Ende –! Lebt nicht schon heute ein Fabriksarbeiter im Eastend unter so künstlichen Bedingungen, daß er von der natürlichen Oberfläche der Erde so gut wie abgeschnitten ist?

Gleichzeitig führt der den reicheren Leuten eigene Hang zur Exklusivität – zweifellos eine Folge der zunehmenden Verfeinerung ihrer Bildung und der damit sich erweiternden Kluft zwischen ihnen und der rohen Gewalt der Armen – schon heute dazu, daß in ihrem Interesse beträchtliche Teile der Erdoberfläche der allgemeinen Nutzung entzogen werden. Um London herum ist zum Beispiel annähernd die Hälfte der schöneren Landstriche gegen unerwünschte Störenfriede eingezäunt. Und eben diese sich erweiternde Kluft – die eine Folge der Länge und Kostspieligkeit höherer Schulbildung sowie der wachsenden Möglichkeiten und Versuchungen verfeinerter Sitten zugunsten der Reichen ist – wird den Austausch zwischen den Klassen, jene gesellschaftliche Verbesserung durch Heirat, die gegenwärtig noch die Aufspaltung unserer Spezies in soziale Schichtungen verzögert, immer seltener werden lassen. So werden wir am Ende über der Erde die Besitzenden haben, die sich dem Genuß, der Bequemlichkeit und der Schönheit hingeben, während unter der Erde die Habenichtse hausen, die Arbeiter, die sich fortwährend den Bedingungen ihrer Arbeit anpassen. Einmal dort angesiedelt, mußten sie zweifellos Miete, und zwar nicht wenig, für die Ventilation ihrer Behausungen zahlen; und wenn sie sich weigerten, mußten sie für ihre Rückstände verhungern oder ersticken. Wer von ihnen aus Veranlagung kränklich oder aufsässig war, mußte sterben; und wenn schließlich ein dauerndes Gleichgewicht hergestellt war, würden sich die Überlebenden den Bedingungen des unterirdischen Lebens so gut angepaßt haben und auf ihre Art genauso glücklich sein, wie das der Fall bei den Menschen der Oberwelt war. Die verfeinerte Schönheit auf der einen und die krankhafte Blässe auf der anderen Seite schienen mir nur die natürliche Folge dieser Entwicklung zu sein.

Der große Triumph der Menschheit, von dem ich geträumt hatte, nahm in meinem Geist eine andere Gestalt an. Es war kein solcher Triumph der moralischen Erziehung und allgemeinen Zusammenarbeit gewesen, wie ich es mir vorgestellt hatte. Statt dessen bot sich mir das Bild einer echten Aristokratie, bewaffnet mit einer perfektionierten Wissenschaft, die das industrielle System von heute zu einem logischen Abschluß ausgearbeitet hatte. Ihr Triumph war nicht lediglich ein Triumph über die Natur gewesen, sondern ein Sieg über die Natur und den Mitmenschen. Dies, möchte ich Sie warnen, war meine Theorie zu jenem Zeitpunkt. Ich besaß keinen bequemen Cicerone nach Art der utopischen Romane. Meine Erklärung mag absolut verkehrt sein, ich halte sie jedoch immer noch für die plausibelste. Aber selbst unter dieser Voraussetzung mußte die ausgeglichene Zivilisation, die schließlich erreicht worden war, schon vor langer Zeit ihren Zenit überschritten haben und inzwischen ziemlich verfallen sein. Infolge ihrer zu vollkommenen Sicherheit waren die Oberweltler langsam degeneriert, und ihre Intelligenz und Körpergröße waren im Laufe der Zeit allgemein zurückgegangen. Das war mir inzwischen jedenfalls klargeworden. Was den Unterweltlern zugestoßen war, ahnte ich noch nicht; doch nach dem, was ich von den Morlocks gesehen hatte – das war übrigens der Name, mit dem man diese Geschöpfe nannte –, konnte ich mir vorstellen, daß die Veränderung des Menschen bei ihnen noch viel weiter gegangen war als bei den ›Eloi‹, der schönen Rasse, die ich schon kannte.

Dann stellten sich beunruhigende Zweifel ein. Warum hatten die Morlocks meine Zeitmaschine genommen? Denn ich war sicher, daß *sie* sie genommen hatten. Und wenn die Eloi die Herren waren, warum konnten sie mir dann die Maschine nicht wiedergeben? Und warum hatten sie so eine schreckliche Angst vor dem Dunkel? Wie ich schon sagte, ging ich zu Weena, um sie über diese Unterwelt zu befragen, doch auch diesmal wurde ich wieder enttäuscht. Zuerst wollte sie meine Fragen nicht verstehen, und dann weigerte sie sich, darauf zu antworten. Sie bebte am ganzen Körper, als sei ihr dieses Thema unerträglich. Und als ich in sie drang, vielleicht ein wenig rauh, brach sie in Tränen aus. Außer meinen eigenen waren dies die einzigen Tränen, die ich in jener goldenen Zeit zu sehen bekam. Ich hörte sofort auf, sie mit den Morlocks zu quälen, und gab mir nur noch Mühe, diese Zeichen menschlicher Herkunft aus Weenas Augen zu bannen. Und sehr bald lächelte sie wieder und klatschte in die Hände, während ich feierlich ein Streichholz verbrannte.«

6. Abstieg in die Unterwelt

»Es mag Ihnen seltsam vorkommen, aber es dauerte zwei Tage, ehe ich die neugefundene Spur auf dem offensichtlich richtigen Wege verfolgen konnte. Ich empfand einen eigenartigen Ekel vor diesen bleichen Körpern. Sie hatten genau diese blasse Farbe von Würmern und anderem Gezücht, wie man sie in zoologischen Museen in Spiritus konserviert sieht. Und sie fühlten sich scheußlich kalt an. Wahrscheinlich rührte mein Ekel hauptsächlich von der sympathischen Ausstrahlung der Eloi her, deren Abscheu vor den Morlocks ich jetzt zu verstehen begann.

In der nächsten Nacht schlief ich nicht gut. Vermutlich war ich gesundheitlich nicht ganz in Ordnung. Verwirrung und Zweifel bedrückten mich. Ein- oder zweimal verspürte ich eine intensive Angst, für die ich keinen bestimmten Grund finden konnte. Ich erinnere mich, daß ich leise in die große Halle schlich, wo die kleinen Leute im Mondlicht schliefen – in dieser Nacht war Weena unter ihnen –, und daß ich mich in ihrer Gegenwart beruhigt fühlte. Doch dabei kam mir in den Sinn, daß der Mond in wenigen Tagen durch sein letztes Viertel gehen müßte und die Nächte dunkler werden würden und daß dann vielleicht auch das Auftauchen dieser unangenehmen Geschöpfe, dieser bleichen Lemuren, dieses neuen Ungeziefers, das an die Stelle des alten getreten war, viel häufiger werden würde. Und an den beiden folgenden Tagen hatte ich das ruhelose Gefühl, mich vor einer unvermeidlichen Pflicht zu drücken. Ich war ganz sicher, daß ich die Zeitmaschine nur zurückbekommen könnte, wenn ich kühn dieses unterirdische Rätsel ergründete. Doch ich konnte diesem Rätsel nicht so ohne weiteres entgegentreten. Wenn ich nur einen Gefährten gehabt hätte, wäre es nicht so schlimm gewesen. Aber ich war so schrecklich allein und fürchtete mich schon davor, in das Dunkel eines Brunnens hinabzusteigen. Ich weiß nicht, ob Sie mich verstehen werden, aber ich hatte immer ein unsicheres Gefühl im Rücken.

Vielleicht war es diese Ruhelosigkeit, dieses Gefühl der Unsicherheit, was mich bei meinen Erkundungsausflügen immer weiter und weiter ins Land hinaustrieb. Als ich nach Südwesten auf den ansteigenden Landstrich zuging, der heute Combe Wood heißt, sah ich in der Ferne, in Richtung auf das Banstead des neunzehnten Jahrhunderts, einen gewaltigen grünen Bau von ganz anderem Charakter als alles, was ich bisher gesehen hatte. Er war größer als die mächtigsten Paläste oder Ruinen, die ich kannte, und die Fassade hatte ein orientalisches Aussehen: die Oberfläche besaß den Glanz und auch jene blaßgrüne, ins Bläuliche gehende Färbung einer gewissen Art chinesischen Porzellans. Dieses andersartige Aussehen ließ auch einen anderen Verwendungszweck vermuten, und ich wäre am liebsten weitergegangen, um ihn zu erforschen. Aber der Tag neigte sich bereits, denn ich hatte das Bauwerk erst nach langem ermüdendem Umherschweifen zu Gesicht bekommen; deshalb beschloß ich, das Abenteuer auf den folgenden Tag zu verschieben, und ich kehrte zu den Willkommensgrüßen und Liebkosungen der kleinen Weena zurück. Doch am nächsten Morgen wurde mir klar, daß meine Neugier auf diesen grünen Porzellanpalast nur ein frommer Selbstbetrug war, um vor einem Erlebnis, das ich fürchtete, noch einen weiteren Tag davonzulaufen. Ich beschloß also, ohne weitere Zeitverschwendung den Abstieg zu wagen, und brach am frühen Morgen zu einem Brunnen in der Nähe der Granit- und Aluminiumruinen auf.

Die kleine Weena lief mit mir. Sie hüpfte bis zum Brunnen neben mir her, aber als sie sah, daß ich mich über die Öffnung beugte und in den Schlund hinabblickte, machte sie einen merkwürdig fassungslosen Eindruck. ›Auf Wiedersehen, kleine Weena‹, sagte ich und gab ihr einen Kuß; dann stellte ich sie auf die Beine und begann, über die Brustwehr hinweg nach den Kletterhaken zu tasten. Ich tat es ein wenig hastig, muß ich wohl eingestehen, denn ich fürchtete, der Mut könnte mich verlassen! Zuerst sah sie mir entgeistert zu, stieß dann einen ganz jämmerlichen Schrei aus, kam zu mir gelaufen und begann mit ihren kleinen Händchen an mir zu zerren. Ich glaube, gerade ihr Widerstand gab mir die Kraft, weiterzumachen. Ich schüttelte sie ab, vielleicht ein wenig rauh, und war im nächsten Augenblick im Schlund des Brunnens. Ich sah ihr verzweifeltes Gesicht über der Brustwehr und lächelte ihr zu, um sie zu beruhigen. Dann mußte ich meine Aufmerksamkeit den wackligen Haken zuwenden, an die ich mich festklammerte.

Ich hatte einen Schacht von vielleicht zweihundert Metern hinunterzuklettern. Den Abstieg ermöglichten aus der Brunnenwand ragende Metallstangen, aber da diese für die Bedürfnisse eines viel kleineren und leichteren Geschöpfes bestimmt waren, wurde ich vom Klettern sehr bald erschöpft und verkrampft. Und es blieb nicht nur bei der Erschöpfung! Eine der Stangen bog sich plötzlich unter meinem Gewicht, und ich wäre fast in die Finsternis unter mir abgestürzt. Einen Augenblick lang hing ich an einer Hand, und nach diesem Erlebnis wagte ich nicht, wieder auszuruhen. Obgleich mir Arme und Rücken bald sehr weh taten, stieg ich doch so rasch wie nur möglich weiter in die Tiefe. Als ich nach oben blickte, erschien mir die Öffnung wie eine kleine blaue Scheibe, in der ein Stern sich zeigte, während der Kopf der kleinen Weena als ein runder schwarzer Vorsprung zu sehen war. Das stampfende Geräusch einer Maschine unten wurde lauter und härter. Alles außer dieser kleinen Scheibe über mir war absolut finster, und als ich wieder aufsah, war Weena verschwunden.

Eine schreckliche Unruhe quälte mich, und ich spielte mit dem Gedanken, den Schacht wieder hinaufzuklettern und die Unterwelt in Frieden zu lassen. Doch selbst während dieser Überlegung stieg ich weiter hinab. Mit großer Erleichterung ertastete ich schließlich undeutlich, etwa einen Fuß rechts von mir, ein schmales Schlupfloch in der Wand. Ich schwang mich hinein und stellte fest, daß es die Öffnung eines engen, waagerechten Tunnels war, in dem ich mich niederlegen und ausruhen konnte. Es war auch höchste Zeit. Meine Arme schmerzten, mein Rücken war steif, und von der langen Angst vor einem Absturz zitterte ich am ganzen Körper. Außerdem bedrückte mich diese totale Finsternis. Und alles war von dem Stampfen und Brausen der Maschinerie erfüllt, die Luft in den Schacht herunterpumpte.

Ich weiß nicht, wie lange ich so liegenblieb. Eine weiche Hand, die mein Gesicht berührte, schreckte mich auf. Ich fuhr in der Dunkelheit hoch, griff nach meinen Streichhölzern, entzündete eines und sah drei gebückte weiße Geschöpfe, ähnlich dem, das ich über der Erde in der Ruine gesehen hatte, hastig vor dem Licht fliehen. Da sie hier in einem mir undurchdringlich scheinenden Dunkel lebten, waren ihre Augen abnorm groß und empfindlich, just so wie die Pupillen der Tiefseefische, und genauso reflektierten sie auch das Licht. Ich bezweifle nicht, daß sie mich in dieser strahlenlosen Finsternis sehen konnten, und sie schienen sich auch überhaupt nicht vor mir zu fürchten, abgesehen von dem Licht. Denn sobald ich ein Streichholz anzündete, um sie sehen zu können, flohen sie unverzüglich und verschwanden in dunkle Spalten und Gänge, aus denen ihre glänzenden Augen mich unheimlich anstarrten.

Ich versuchte sie anzurufen, aber ihre Sprache war offenbar anders als die der Oberweltler, so daß ich ganz und gar auf mich selbst angewiesen blieb, und der Gedanke an Flucht schob sich erneut vor meinen Forscherdrang. Doch ich sagte mir: ›Du kannst jetzt nicht mehr zurück!‹ Und während ich mich im Tunnel vorantastete, wurde der Maschinenlärm lauter. Bald traten die Wände um mich zurück, und ich gelangte in einen weiten, offenen Raum; und als ich ein weiteres Streichholz anzündete, sah ich, daß ich eine riesige, gewölbte Höhle betreten hatte, die sich jenseits der Reichweite meines Lichtes in völliger Finsternis verlor. Ich konnte eben nicht mehr davon erkennen, als es die Flamme eines Zündholzes erlaubte.

Meine Erinnerung ist deshalb natürlich unbestimmt. Große Gebilde wie mächtige Maschinen zeichneten sich vor dem Dunkel ab und warfen groteske schwarze Schatten, in denen die gespenstisch anzusehenden Morlocks Schutz vor dem Lichtschein suchten. In der Höhle war es übrigens sehr stickig und bedrückend, und ein schwacher Geruch nach frisch vergossenem Blut lag in der Luft. Etwas weiter voraus im Mittelgang der Halle stand ein kleiner Tisch aus weißem Metall, auf dem anscheinend eine Mahlzeit angerichtet war. Die Morlocks waren demnach jedenfalls Fleischesser! Ich entsinne mich, daß ich mich selbst in dieser Situation fragte, welches große Tier überlebt haben könnte, um die rote Keule zu liefern, die ich sah. Es war alles sehr undeutlich: der dumpfe Geruch, die großen, nichtssagenden Gebilde, die ekelhaften, im Schatten lauernden Gestalten, die nur auf die Dunkelheit warteten, um wieder zu mir zu kommen! Dann brannte das Streichholz ab, sengte mir die Finger und fiel als sich ringelnder roter Fleck in die Schwärze.

Ich habe seitdem schon manchmal gedacht, wie außerordentlich schlecht ich für ein solches Unternehmen ausgerüstet war. Als ich mit der Zeitmaschine gestartet war, hatte ich mich in der absurden Annahme auf die Reise begeben, die Menschen der Zukunft würden uns mit all ihren technischen Hilfsmitteln und Einrichtungen bestimmt unendlich weit voraus sein. Ich war ohne Waffen, ohne Medikamente, ohne etwas zu rauchen, gekommen – zuweilen vermißte ich den Tabak sehr schmerzlich –, und nicht einmal genügend Streichhölzer hatte ich mitgenommen. Wenn ich wenigstens an eine Kodak-Kamera gedacht hätte! Ich hätte diesen Blick in die Unterwelt sekundenschnell mit einem Blitzlicht auf die Platte bannen und später in Muße untersuchen können. Aber so stand ich lediglich mit den Waffen und Kräften da, die mir die Natur verliehen hatte – mit Händen, Füßen und Zähnen; diese und vier Sicherheitszündhölzer blieben mir noch.

Ich hatte Angst, im Dunkeln zwischen all diesen Maschinen vorzudringen, und erst beim letzten Lichtschein entdeckte ich, daß mein Vorrat an Streichhölzern zur Neige ging. Bis zu diesem Augenblick war mir nie in den Sinn gekommen, daß ich damit hätte sparsam sein müssen, und ich hatte fast die halbe Schachtel dazu verschwendet, die Oberweltler, denen Feuer etwas Neues war, in Staunen zu versetzen. Jetzt besaß ich, wie gesagt, noch vier Stück, und während ich im Finstern stand, berührte eine Hand die meine, schlanke Finger tasteten über mein Gesicht, und ich nahm einen eigenartigen, unangenehmen Geruch wahr. Ich glaubte, die Atemzüge einer gewaltigen Horde dieser furchtbaren kleinen Wesen um mich zu hören. Ich spürte, wie sie mir die Zündholzschachtel sanft aus der Hand winden wollten und wie andere Hände an meinen Kleidern zupften. Das Gefühl, das ich bei der Untersuchung durch diese unsichtbaren Geschöpfe hatte, war unbeschreiblich unangenehm. Die plötzliche Erkenntnis, daß ich ja überhaupt nichts von ihrer Art zu denken und zu handeln wußte, überkam mich in der Dunkelheit mit aller Schärfe. Ich schrie sie an, so laut ich konnte. Sie fuhren zurück, doch gleich spürte ich, wie sie sich mir wieder näherten. Sie packten mich kühner an und flüsterten einander sonderbare Laute zu. Mich schauderte heftig, und ich schrie noch einmal – ziemlich mißtönend. Diesmal erschraken sie nicht so sehr und stießen eigentümliche, lachende Laute aus, als sie wieder auf mich zukamen. Ich gestehe, daß ich eine entsetzliche Angst hatte. Ich beschloß, noch ein Streichholz anzuzünden und im Schutz seines Scheins zu fliehen. Ich tat es, und indem ich das Flackern mit einem Fetzen Papier aus meiner Tasche verlängerte, gelang mir der Rückzug bis zu dem engen Tunnel. Doch kaum war ich darin, als meine Flamme ausgeblasen wurde und ich die Morlocks wie Wind in den Blättern rascheln und wie Regentropfen trippeln hörte, während sie mir nacheilten.

Im Augenblick war ich von mehreren Händen gepackt, und es gab keinen Zweifel, daß sie mich zurückzuzerren versuchten. Ich zündete ein weiteres Streichholz an und schwenkte es vor ihren geblendeten Gesichtern. Sie können sich kaum vorstellen, wie ekelerregend unmenschlich sie aussahen – diese bleichen, kinnlosen Gesichter mit den großen, lidlosen, rötlich grauen Augen –, als sie mich so in ihrer Blindheit und Verwirrung anstarrten. Doch ich blieb nicht stehen, um zu schauen, sage ich Ihnen! Ich zog mich weiter zurück, und als mein zweites Streichholz ausgegangen war, zündete ich mein drittes an. Es war fast abgebrannt, als ich die Öffnung in den Schacht erreichte. Ich legte mich am Rand nieder, denn das Stampfen der großen Pumpe unten machte mich schwindlig. Dann tastete ich seitwärts nach den vorstehenden Haken, und im selben Augenblick wurden meine Füße von hinten gepackt, und ich wurde heftig zurückgezerrt. Ich entzündete mein letztes Streichholz… und es ging sofort aus. Doch ich hatte inzwischen die Hand an den Kletterstangen, und indem ich heftig mit den Beinen strampelte und Tritte austeilte, befreite ich mich aus den Griffen der Morlocks und kletterte rasch den Schacht hinauf, während sie blinzelnd zu mir hinaufspähten: alle außer einem kleinen Wicht, der mir ein ganzes Stück folgte und fast meinen Stiefel als Trophäe davongetragen hätte.

Der Aufstieg schien mir kein Ende zu nehmen. Bei den letzten zwanzig oder dreißig Fuß überkam mich eine entsetzliche Übelkeit. Es fiel mir furchtbar schwer, nicht den Halt zu verlieren. Die letzten paar Meter waren ein schrecklicher Kampf gegen diese Schwäche. Mehrere Male verschwamm mir alles vor den Augen, und ich glaubte bereits zu stürzen. Irgendwie kam ich jedoch schließlich über den Brunnenrand und taumelte aus der Ruine in den blendenden Sonnenschein. Ich fiel auf mein Gesicht. Selbst die Erde roch süß und rein. Dann erinnere ich mich, wie Weena mir Hände und Ohren küßte und ich die Stimmen anderer Eloi hörte. Danach verlor ich eine Zeitlang die Besinnung.«

7. Aufbruch zum grünen Porzellanpalast

»Jetzt aber war ich anscheinend tatsächlich schlimmer dran als zuvor. Bisher hatte ich mich, abgesehen von meiner nächtlichen Verzweiflung über den Verlust der Zeitmaschine, an die Kraft verleihende Hoffnung klammern können, schließlich doch noch zu entkommen; doch diese Hoffnung war durch meine neuen Entdeckungen ins Wanken geraten. Bisher hatte ich mich nur durch die kindliche Einfalt der kleinen Leute behindert geglaubt sowie durch einige unbekannte Kräfte, die ich nur verstehen lernen mußte, um sie zu überwinden; aber in der widerwärtigen Art der Morlocks lag ein völlig neues Element – etwas Unmenschliches und Boshaftes. Instinktiv verabscheute ich sie. Zuvor hatte ich mich etwa wie ein Mann gefühlt, der in eine Grube gefallen ist: ich beschäftigte mich in Gedanken nur mit der Grube und damit, wie ich wieder hinauskommen könnte. Jetzt kam ich mir wie ein Tier in einer Falle vor, dessen Feinde sich bald auf es stürzen würden.

Welchen Feind ich fürchtete, wird Sie vielleicht überraschen. Es war die Dunkelheit des Neumondes. Weena hatte mir dies durch ein paar zuerst unverständliche Bemerkungen über die dunklen Nächte in den Kopf gesetzt. Es war jetzt nicht mehr so schwer zu erraten, was die kommenden dunklen Nächte bedeuteten. Der Mond war im Abnehmen: jede Nacht brachte eine tiefere Dunkelheit. Und jetzt verstand ich wenigstens bis zu einem gewissen Grad den Grund für die Furcht der kleinen Oberweltleute vor dem Dunkel. Ich fragte mich vage, welch gemeine Untaten die Morlocks bei Neumond begehen mochten. Ich war jetzt ziemlich überzeugt, daß meine zweite Hypothese völlig falsch war. Die Oberweltler mochten einst die begünstigte Aristokratie gewesen sein und die Morlocks ihre geistlosen Diener; aber das war längst vorbei. Die beiden Spezies, die sich aus der Entwicklung der Menschheit ergeben hatten, rutschten zu einer ganz neuen Beziehung zueinander ab oder hatten sie schon erreicht. Die Eloi waren wie die karolingischen Könige zu einer nur noch schönen Nutzlosigkeit degeneriert. Sie besaßen die Erde nur noch geduldet. Denn da die Morlocks seit unzähligen Generationen unterirdisch lebten, war ihnen das Tageslicht an der Oberfläche mit der Zeit unerträglich geworden. Und die Morlocks machten den Eloi ihre Kleider, schloß ich, und stillten ihre gewohnten Bedürfnisse, vielleicht aus einer alten Überlieferung des Dieners heraus. Sie taten es, wie ein Pferd im Stehen mit dem Huf scharrt oder wie der Mensch Gefallen daran findet, aus Sport Tiere zu töten: weil alte und vergangene Notwendigkeiten ihre Verhaltensstruktur so geprägt hatten. Aber offenbar hatte sich die alte Ordnung zum Teil schon umgekehrt. Die Nemesis war auf den Fersen des schönen Geschlechts. Vor vielen Jahrhunderten, vor Tausenden von Generationen, hatte der Mensch seinen Bruder aus der Bequemlichkeit und dem Sonnenlicht verjagt. Und jetzt kehrte dieser Bruder zurück – verwandelt! Schon hatten die Eloi begonnen, eine alte Lehre neu zu lernen. Sie wurden wieder mit der Furcht bekannt. Und plötzlich kam mir wieder die Erinnerung an das Fleisch in den Kopf, das ich in der Unterwelt gesehen hatte. Es schien sonderbar, wie sie mir in den Sinn drang: nicht etwa durch den Fluß meiner Gedanken geweckt, sondern fast wie eine Frage, die von außen herangetragen wird. Ich versuchte, mich an die Form des Fleisches zu erinnern. Ich hatte die unbestimmte Vorstellung von etwas Bekanntem, doch ich konnte in diesem Augenblick nicht darauf kommen, was es war.

Aber so hilflos sich die kleinen Leute im Bann ihrer rätselhaften Furcht auch anstellten, ich war aus einem anderen Holze geschnitzt. Ich kam aus diesem unserem Jahrhundert, dieser hohen Blütezeit des Menschengeschlechts, da die Furcht nicht lähmt und das Rätsel seine Schrecken verloren hat. Ich würde mich wenigstens selbst verteidigen. Ich beschloß, mir ohne weiteren Verzug Waffen anzufertigen und einen sicheren Ort zu suchen, wo ich schlafen konnte. Mit dieser Zuflucht als Basis konnte ich dieser fremdartigen Welt wieder mit etwas von jener Zuversicht entgegentreten, die ich verloren hatte, seitdem ich wußte, welchen Kreaturen ich Nacht für Nacht ausgeliefert gewesen war. Ich hatte das Gefühl, daß ich nie wieder würde schlafen können, bis mein Lager vor ihnen sicher war. Mich schauderte vor Grauen, wenn ich daran dachte, wie sie mich schon untersucht haben mußten.

Während des Nachmittags wanderte ich das Themsetal entlang, entdeckte aber nichts, was sich mir als absolut sicher empfahl. Alle Gebäude und Bäume schienen so gewandten Kletterern, wie es die Morlocks nach ihren Brunnenschächten zu urteilen sein mußten, leicht zugänglich zu sein. Dann kamen mir wieder die hohen Zinnen des grünen Porzellanpalastes und seine wie blankpoliert schimmernden hohen

Mauern in den Sinn, und abends nahm ich Weena wie ein Kind auf meine Schultern und ging mit ihr hügelan nach Südwesten. Ich hatte mir ausgerechnet, daß die Entfernung sieben oder acht Meilen betragen müßte, aber es werden wohl eher achtzehn gewesen sein. Ich hatte das Bauwerk zum erstenmal an einem sehr klaren Nachmittag gesehen, an dem die Entfernungen trügerisch verringert erscheinen. Obendrein hatte sich der Absatz an einem meiner Schuhe gelockert, und ein Nagel arbeitete sich durch die Sohle – es waren bequeme alte Schuhe, die ich im Hause zu tragen pflegte –, so daß ich zu hinken begann. Und es war schon lange Sonnenuntergang, als ich in Sichtweite des sich schwarz gegen das Blaßgelb des Himmels abhebenden Palastes kam.

Weena war zunächst sehr entzückt gewesen, als ich sie zu tragen begann, aber nach einer Weile bat sie mich, sie niederzusetzen, und dann lief sie neben mir her, gelegentlich nach der einen oder anderen Seite davonschießend und Blumen pflükkend, die sie mir in die Taschen steckte. Meine Taschen waren Weena immer ein Rätsel gewesen, doch schließlich war sie zu dem Schluß gekommen, es handle sich dabei um eine exzentrische Art Vasen für Blumendekoration. Wenigstens benutzte sie sie zu diesem Zweck. Und dabei fällt mir etwas ein! Als ich meine Jacke wechselte, fand ich...«

Der Zeitreisende hielt inne, fuhr mit der Hand in die Tasche und legte schweigend zwei welke Blüten, ähnlich sehr großen weißen Malven, auf den kleinen Tisch. Dann nahm er seine Erzählung wieder auf:

»Als die Abendstille sich über die Welt breitete und wir über den Hügelkamm in Richtung auf Wimbledon schritten, wurde Weena müde und verlangte zu dem Haus aus grauem Stein zurückzukehren. Doch ich deutete auf die fernen Zinnen des grünen Porzellanpalastes und suchte ihr verständlich zu machen, daß wir dort eine Zuflucht vor ihrer Angst finden würden. Sie kennen die große Pause, die sich vor Einbruch der Dunkelheit über alles breitet? Selbst die Brise in den Bäumen legte sich. Für mich liegt in dieser Abendstille immer ein Ausdruck der Erwartung. Der Himmel war klar, fern und leer, bis auf ein paar horizontale Wolkenstriche weit unten im Westen. Nun, an diesem Abend nahm die Erwartung die Farbe meiner Furcht an. In dieser dunkelnden Stille schienen meine Sinne übernatürlich geschärft zu sein: ich glaubte sogar fühlen zu können, daß der Boden unter meinen Füßen hohl war; ja, ich meinte die Morlocks dadurch sehen zu können, wie sie auf ihrem Ameisenhaufen hin und her liefen und auf die Dunkelheit warteten. In meiner Aufregung bildete ich mir ein, daß sie meinen Einfall in ihren Bau als Kriegserklärung auffassen würden. Und warum hatten sie mir die Zeitmaschine fortgenommen?

So schritten wir weiter durch die Stille, und das Zwielicht ging langsam in Nacht über. Das klare Blau der Ferne verblich, und ein Stern nach dem andern kam heraus. Der Boden wurde undeutlich, und die Bäume färbten sich schwarz. Weenas Ängste und ihre Ermattung wuchsen. Ich nahm sie auf die Arme, sprach mit ihr und liebkoste sie. Als dann die Dunkelheit tiefer wurde, schlang sie die Arme um meinen Hals, schloß die Augen und schmiegte ihr Gesichtchen fest an meine Schulter. So schritt ich mit ihr einen langen Hang in ein Tal hinunter, wo ich im Dunkeln fast in einen Bach gestolpert wäre. Ich watete hindurch und stieg die andere Seite des Tales hinan, vorbei an einer Anzahl Schlafhäusern und einer kopflosen Statue – einem Faun oder so etwas Ähnlichem. Auch hier wuchsen Akazien. Bisher hatte ich nichts von den Morlocks gesehen, aber die Nacht hatte eben erst begonnen, und die dunkleren Stunden vor Aufgang des abnehmenden Mondes sollten noch kommen.

Von der Kuppe des nächsten Hügels sah ich einen dichten Wald weit und schwarz zu mir herabsteigen. Ich zögerte bei diesem Anblick. Weder rechts noch links konnte ich ein Ende sehen. Da ich mich müde fühlte – besonders meine Füße waren sehr wund –, blieb ich stehen, nahm Weena behutsam von meiner Schulter und setzte mich ins Gras. Ich konnte den grünen Porzellanpalast nicht mehr sehen und war über meine Richtung im Zweifel. Ich blickte in das Dickicht des Waldes und fragte mich, was darin wohl verborgen sein mochte. Unter diesem verflochtenen Gewirr von Zweigen würde man die Sterne nicht mehr sehen können. Selbst wenn dort keinerlei Gefahren lauerten – insbesondere eine Gefahr, auf die ich meine Phantasie nicht loszulassen wagte –, so waren da doch noch die vielen Wurzeln, über die man stolpern, und die Baumstämme, gegen die man laufen konnte.

Nach den Aufregungen des Tages war ich außerdem sehr müde; deshalb beschloß ich, diese Ungewißheit nicht auf mich zu nehmen, sondern die Nacht auf dem offenen Hügel zu verbringen.

Ich war sehr froh, als ich sah, daß Weena fest schlief. Ich hüllte sie behutsam in meine Jacke und setzte mich neben sie, um auf den Mondaufgang zu warten. Der Abhang des Hügels lag ruhig und verlassen da, aber aus der Schwärze des Waldes drangen dann und wann leise Geräusche von lebenden Wesen. Über mir schienen die Sterne, denn die Nacht war sehr klar. Ich spürte so etwas wie einen freundlichen Trost in ihrem Blinken. All die alten Sternbilder waren jedoch vom Himmel verschwunden: jene langsame Bewegung, die in hundert Menschenleben noch kaum bemerkbar ist, hatte sie längst zu neuen, unbekannten Gruppen geordnet. Doch die Milchstraße, so schien es mir, war noch derselbe lockere Streif aus Sternenstaub wie ehedem. Im Süden (wie ich meinte) stand ein sehr heller roter Stern, den ich nicht kannte: er war sogar noch strahlender als unser grüner Sirius. Und zwischen all diesen funkelnden Lichtpunkten leuchtete ein heller Planet, ruhig und freundlich wie das Gesicht eines alten Freundes.

Während ich zu diesen Sternen aufblickte, wurden plötzlich meine eigenen Sorgen und all die Beschwerden irdischen Lebens unbedeutend. Ich dachte an ihre unermeßliche Ferne und an ihr langsames, aber unaufhaltsames Dahintreiben aus der unbekannten Vergangenheit in die unbekannte Zukunft. Ich dachte an den großen Präzessionszyklus, den die Erdachse beschreibt. Nur rund einunddreißigmal hatte diese stumme Kreiselbewegung stattgefunden, während ich die Jahrhunderte durcheilte. Und während dieser wenigen Kreiseldrehungen waren alle Leistungen, alle Traditionen, die komplizierten Organisationen, die Nationen, Sprachen, Literaturen, Bestrebungen, ja selbst die bloße Erinnerung an den Menschen, wie ich ihn kannte, aus dem Dasein gelöscht worden. An ihrer Stelle lebten diese gebrechlichen Geschöpfe, die ihre hohen Ahnen vergessen hatten, und jene bleichen Wesen, vor denen es mich grauste. Dann dachte ich an die große Angst, die zwischen den beiden Spezies stand, und zum erstenmal kam mir mit einem plötzlichen Schauder die Erkenntnis, wovon das Fleisch, das ich gesehen hatte, stammen mochte. Doch die Vorstellung war zu grauenhaft! Ich blickte auf die schlafende kleine Weena neben mir, deren Gesicht weiß und sternengleich unter den Sternen leuchtete, und verscheuchte diese Gedanken.

Während der langen Nacht dachte ich so wenig wie möglich an die Morlocks und vertrieb mir die Zeit, indem ich mir einzubilden versuchte, ich könnte Anzeichen der alten Sternbilder in dem neuen Durcheinander entdecken. Bis auf eine durchscheinende Wolke dann und wann blieb der Himmel sehr klar. Zweifellos bin ich ab und zu eingedöst. Doch dann neigte sich meine Nachtwache dem Ende zu, ein schwaches Licht stieg am östlichen Horizont empor wie der Widerschein eines farblosen Feuers, und der abnehmende Mond ging auf, dünn, krankhaft weiß und spitz. Und dicht hinter ihm kam die Dämmerung herauf, holte ihn ein und überflutete ihn, zuerst bleich und dann rosig und warm. Keine Morlocks hatten sich uns genaht, und ich hatte auch während der ganzen Nacht keine auf dem Hügel gesehen. Und in der Zuversicht des neuen Tages schien es mir fast, daß meine Angst unvernünftig gewesen war. Ich stand auf und merkte, daß mein Fuß mit dem losen Absatz am Schuh um den Knöchel herum geschwollen war und unter der Ferse schmerzte; deshalb setzte ich mich nochmals hin, zog meine Schuhe aus und warf sie fort.

Ich weckte Weena, und wir gingen in den Wald hinunter, der jetzt grün und heiter und nicht mehr schwarz und abweisend war. Zum Frühstück suchten wir uns ein paar Früchte. Bald begegneten wir anderen von diesen zierlichen Menschen, die im Sonnenlicht lachten und tanzten, als gäbe es in der Natur nicht so etwas wie die Nacht. Und dann dachte ich noch einmal an das Fleisch, das ich gesehen hatte. Ich glaubte jetzt ganz sicher zu sein, was es war, und im Grunde meines Herzens bedauerte ich dieses letzte schwache Rinnsal aus der großen Flut der Menschheit. Gewiß war den Morlocks irgendwann in der Frühzeit des menschlichen Verfalls die Nahrung knapp geworden. Möglicherweise hatten sie von Ratten und ähnlichem Gezücht gelebt. Selbst heute schon ist der Mensch weit weniger wählerisch und exklusiv in seiner Ernährung, als er es einmal war – viel weniger als der Affe. Sein Vorurteil gegen Menschenfleisch ist kein tief verwurzelter Instinkt. Und daher diese unmenschlichen Abkömmlinge der Menschheit...! Ich versuchte die Angelegenheit im wissenschaftlichen Geiste zu betrachten. Schließlich waren sie weniger menschlich und uns ferner als unsere kannibalischen Ahnen vor drei- oder viertausend Jahren. Und die Intelligenz, die diese Lage der Dinge zur unerträglichen Qual gemacht hätte, war verschwunden. Warum also sollte ich mir Sorgen machen? Diese Eloi waren lediglich gemästetes Vieh, das die ameisengleichen Morlocks hüteten und jagten – für dessen Aufzucht sie wahrscheinlich sorgten. Und da war Weena, die neben mir her hüpfte!

Dann versuchte ich mich gegen das Grauen zu wappnen, das mich überfiel, indem ich diesen Zustand als eine strenge Strafe menschlicher Selbstsucht betrachtete. Die Menschen waren es zufrieden gewesen, in Bequemlichkeit und Lust von der Arbeit ihrer Mitmenschen zu leben, hatten die Notwendigkeit dazu zu ihrer Parole und Entschuldigung gemacht, und als die Zeit erfüllt war, hatte diese Notwendigkeit sich in Not für sie verwandelt. Ich versuchte sogar, diese armselige Aristokratie in ihrem Verfall wie ein Carlyle zu verachten, doch diese Geisteshaltung war unmöglich. Wie groß auch ihre intellektuelle Dekadenz sein mochte, die Eloi hatten die menschliche Gestalt zu gut bewahrt, um nicht meine Sympathie für sich zu gewinnen und mich zur Anteilnahme an ihrer Degeneration und Angst zu zwingen.

Ich hatte zu dieser Zeit recht unbestimmte Vorstellungen darüber, welchen Weg ich einschlagen sollte. Der erste war, mir einen sicheren Zufluchtsort zu schaffen und solche Waffen aus Metall oder Stein anzufertigen, wie meine Möglichkeiten es gestatteten. Als nächstes hoffte ich, mir Mittel zum Feueranzünden zu verschaffen, damit ich eine Fackel als Waffe zur Hand hätte; denn nichts, wußte ich, wirkte besser gegen diese Morlocks. Dann wollte ich irgendeine Vorrichtung ersinnen, um die Bronzetüren unter der weißen Sphinx aufzubrechen. Ich dachte an eine Art Rammbock. Ich war so gut wie überzeugt, wenn ich diese Türen bezwingen und ein feuriges Licht vor mir her tragen könnte, würde ich die Zeitmaschine finden und entkommen. Ich konnte mir nicht vorstellen, daß die Morlocks stark genug waren, sie weit fortzuschleppen. Weena, so hatte ich beschlossen, wollte ich in unsere Zeit mitnehmen. Und während ich diese Pläne im Kopf wälzte, schritt ich weiter voran auf dem Weg zu jenem Gebäude, das ich in einer Eingebung zu unserem Wohnsitz gewählt hatte.«

8. Ein Museum verheißt Hilfe

»Als wir uns dem grünen Porzellanpalast gegen Mittag näherten, fand ich ihn verlassen und zerfallen vor. Nur noch Reste zerbrochenen Glases saßen in den Fenstern, und große Stücke der grünen Fassade waren von dem dahinter zum Vorschein kommenden korrodierten Metallgerüst abgefallen. Der Bau lag sehr hoch auf einem grasbewachsenen Hügel, und als ich vor dem Eintreten nach Nordosten blickte, sah ich zu meiner Überraschung eine große Flußmündung oder vielleicht sogar einen schmalen Meeresarm, wo meiner Meinung nach einst Wandsworth und Battersea gelegen haben mußten. Ganz kurz fragte ich mich dabei – ohne allerdings diesen Gedanken jemals weiter zu verfolgen –, was wohl mit den Lebewesen im Meer geschehen sein mochte oder noch geschah.

Das Material des Palastes stellte sich bei näherer Untersuchung tatsächlich als Porzellan heraus, und an der Frontseite sah ich eine Inschrift in mir unbekannten Lettern. Törichterweise bildete ich mir ein, Weena könnte sie mir deuten helfen, aber ich erfuhr bloß, daß schon die Idee des Schreibens ihr noch nie in den Kopf gekommen war. Sie erschien mir wohl immer menschlicher, als sie es wirklich war, vielleicht, weil ihre Zuneigung so menschlich wirkte.

Hinter den großen Torflügeln – sie waren geborsten und standen offen – fanden wir statt der gewohnten Halle eine lange, durch viele Seitenfenster erhellte Galerie. Beim ersten Blick wurde ich an ein Museum erinnert. Der Fliesenboden war dick mit Staub bedeckt, und eine beachtliche Reihe verschiedenartiger Gegenstände war mit den gleichen grauen Überzügen verhüllt. Dann sah ich mitten im Raum, unheimlich und hager, etwas stehen, was offenbar der untere Teil eines riesigen Skelettes war. Ich erkannte an den schiefstehenden Füßen, daß es sich um irgendein ausgestorbenes Geschöpf in der Art des Megatheriums handeln mußte. Der Schädel und die oberen Knochen lagen im dicken Staub daneben, und an einer Stelle, wo der Regen durch eine undichte Stelle im Dach getröpfelt war, hatte er das Restskelett selbst zerfressen. Weiter hinten in der Galerie stand das gewaltige, tonnenförmige Skelett eines Brontosaurus. Meine Hypothese eines Museums war bestätigt. Ich trat an die Seitenwand und fand dort leicht geneigte Simse; doch als ich den dicken Staub darauf fortgewischt hatte, kamen die altbekannten Glasvitrinen unserer Zeit zum Vorschein. Aber nach der guten Erhaltung eines Teils ihres Inhaltes zu schließen, mußten sie luftdicht sein.

Offensichtlich befanden wir uns in den Ruinen eines South-Kensington-Museums der jüngeren Vergangenheit! Hier war anscheinend die paläontologische Abteilung, und es mußte eine ganz hervorragende Sammlung von Fossilien gewesen sein, wenngleich der unvermeidliche Prozeß des Verfalls – der eine Zeitlang abgewehrt worden war und infolge des Aussterbens von Bakterien und Pilzen neunundneunzig Prozent seiner Kraft verloren hatte – auch weiterhin zwar äußerst langsam, aber unaufhaltsam an der Zerstörung all ihrer Schätze arbeitete. Hier und da fand ich Spuren der kleinen Leute, da seltene Fossilien in Stücke gebrochen oder zu Ketten auf Binsen gezogen worden waren. Und an einigen Stellen waren die Glaskästen entfernt worden – von den Morlocks, urteilte ich. Es war sehr still hier. Der dicke Staub dämpfte unsere Schritte. Weena, die einen Seeigel das geneigte Glas einer Vitrine hinuntergerollt hatte, kam sogleich zu mir, als ich mich umblickte, faßte sehr ruhig meine Hand und blieb neben mir stehen.

Und zuerst war ich so sehr über dieses alte Monument einer intelligenten Zeit erstaunt, daß ich gar nicht an die Möglichkeit dachte, die es mir bot. Selbst meine Besorgnis wegen der Zeitmaschine ging mir eine Zeitlang aus dem Kopf.

Nach der Größe des Bauwerks zu urteilen, mußte dieser grüne Porzellanpalast noch viel mehr enthalten als eine Abteilung für Paläontologie; vielleicht Abteilungen neuerer Geschichte, vielleicht sogar eine Bibliothek! Für mich mußte das, wenigstens unter den derzeitigen Bedingungen, sehr viel interessanter sein als diese Schau verfallener Geologie der grauen Vorzeit. Ich suchte weiter und fand eine zweite kurze Galerie, die quer zur ersten verlief. Sie schien der Mineralogie gewidmet zu sein, und der Anblick eines Schwefelbrockens brachte mich auf den Gedanken an Schießpulver. Doch ich konnte keinen Salpeter finden, ja überhaupt keine Nitrate. Zweifellos waren sie schon vor Jahrhunderten zerflossen. Doch der Schwefel ging mir nicht aus dem Kopf und löste eine ganze Gedankenkette aus. Für den restlichen Inhalt dieser Galerie hatte ich, obgleich er im großen und ganzen am besten von allem erhalten war, was ich zu sehen bekam, nur wenig Interesse. Ich bin kein Spezialist für Mineralogie, und ich wandte mich deshalb einem sehr verfallenen Seitenflügel zu, der parallel zu dem ersten Gang lief, den ich betreten hatte. Offensichtlich war diese Abteilung der Naturgeschichte gewidmet gewesen, aber alles war inzwischen längst zur Unkenntlichkeit vergangen. Ein paar verschrumpfte und geschwärzte Überreste von Dingen, die einst ausgestopfte Tiere gewesen waren, ausgetrocknete Mumien in Glasgefäßen, die einst Spiritus enthalten hatten, ein brauner Staub von zerfallenen Pflanzen: das war alles! Das tat mir leid, denn ich hätte gern den offenkundigen Anpassungsprozeß verfolgt, mit welchem die Eroberung der belebten Natur erreicht worden war. Dann gelangten wir in eine Galerie von einfach kolossalen Proportionen, die aber einmalig schlecht beleuchtet war und deren Boden von dem Ende, an dem wir sie betraten, leicht abwärts führte. In Abständen hingen weiße Kugeln von der Decke herab – viele gesprungen oder zertrümmert –, was darauf schließen ließ, daß der Raum ursprünglich künstlich beleuchtet wurde. Hier war ich mehr in meinem Element, denn zu beiden Seiten von mir standen gewaltige Maschinen, alle sehr zerfressen und viele zusammengebrochen, aber einige waren noch ziemlich vollständig. Sie wissen, ich habe eine gewisse Schwäche für die Mechanik, und ich hätte mich gern länger bei ihnen aufgehalten; dies um so mehr, als die meisten das Interesse von Rätseln für mich hatten und ich nur ganz vage vermuten konnte, wozu sie dienten. Ich bildete mir ein, wenn ich ihre Rätsel lösen könnte, würde ich vielleicht im Besitz von Kräften sein, die gegen die Morlocks helfen könnten.

Plötzlich drängte Weena sich an mich. So unerwartet, daß sie mich erschreckte. Wäre sie nicht gewesen, hätte ich vielleicht überhaupt nicht bemerkt, daß der Boden der Galerie geneigt war*. Das Ende, durch das ich hineingekommen war, lag ganz über dem Erdboden und wurde durch eigentümliche schlitzartige Fenster erhellt. Während man die Galerie entlangschritt, stiegen diese Fenster immer höher, bis sie schließlich die Höhe eines Londoner Hauses erreichten und nur noch ein schmaler Streifen Tageslicht hoch oben zu sehen war. Ich ging langsam weiter, rätselte über den Zweck der Maschinen und hatte mich zu sehr mit ihnen beschäftigt, um das allmähliche Nachlassen des Lichtes zu bemerken, bis Weenas wachsende Angst mich darauf aufmerksam machte. Da sah ich,

* Es ist natürlich auch möglich, daß der Boden sich nicht neigte, sondern daß das Museum in einen Hügelhang hineingebaut war. (Anm. d. Hrsg.)

daß die Galerie am Ende in tiefes Dunkel mündete. Ich zögerte, und als ich um mich blickte, sah ich, daß der Staub weniger dick und seine Oberfläche nicht mehr unversehrt war. Weiter nach dem Dunkel hin schien er von einer Anzahl kleiner schmaler Fußspuren gezeichnet zu sein. Ich spürte sofort, daß die Morlocks in unmittelbarer Nähe sein mußten. Ich merkte, daß ich mit dieser akademischen Untersuchung der Maschinen nur meine Zeit verschwendete. Ich rief mir ins Gedächtnis, daß es schon später Nachmittag war und ich noch immer keine Waffe, keine Zuflucht und kein Mittel zum Feueranzünden hatte. Und dann hörte ich aus der Tiefe der fernen Dunkelheit ein eigenartiges Trippeln und die gleichen merkwürdigen Geräusche heraufdringen, die ich unten im Brunnenschacht vernommen hatte.

Ich nahm Weena an die Hand. Doch dann kam mir plötzlich ein Gedanke, ich ließ sie los und wandte mich einer Maschine zu, aus der ein Hebel hervorragte, einem Stellwerkshebel nicht unähnlich. Ich kletterte auf das Podest, packte den Hebel mit beiden Händen und drückte seitlich mit meinem ganzen Gewicht dagegen. Plötzlich begann Weena, die verlassen im Mittelgang stand, zu wimmern. Ich hatte die Stärke des Hebels ziemlich richtig beurteilt, denn nach einer Minute Anstrengung brach er, und ich ging wieder zu Weena, eine Keule in der Hand, die meines Erachtens für jeden Morlockschädel, dem ich begegnen mochte, mehr als genügte. Und es verlangte mich sehr danach, einen Morlock zu töten. Sehr unmenschlich, werden Sie vielleicht denken, hingehen zu wollen und seine eigenen Nachkommen zu töten! Aber irgendwie war es mir unmöglich, etwas Menschliches in diesen Wesen zu erkennen. Nur meine Abneigung, Weena allein zu lassen, sowie die Überzeugung, daß meine Zeitmaschine leiden könnte, wenn ich meinen Morddurst zu stillen begann, hielten mich davon ab, geradewegs die Galerie hinunterzulaufen und die Bestien zu töten, die ich hörte.

Die Keule in der einen, Weena an der anderen Hand, verließ ich also diese Galerie und betrat eine andere, noch größere, die mich auf den ersten Blick an eine mit zerfetzten Fahnen behangene Militärkapelle erinnerte. Die braunen und verkohlten Fetzen an den Wänden erkannte ich sofort als die vergehenden Spuren von Büchern. Sie waren längst zerfallen, und jedes Anzeichen von Druck war vergangen. Aber hier und da lagen aufgeworfene Buchdeckel und zerbrochene Metallbeschläge, die eine deutliche Sprache sprachen. Wäre ich ein Gelehrter gewesen, hätte ich vielleicht über die Nichtigkeit allen Ehrgeizes moralisiert. Aber so fiel mir am meisten die ungeheure Arbeitsverschwendung auf, von der diese finstere Wildnis vermodernden Papiers Zeugnis ablegte. Dabei dachte ich hauptsächlich, muß ich gestehen, an die ›Sitzungsberichte der Royal Society of London‹ und an meine eigenen siebzehn Abhandlungen über physikalische Optik.

Dann gingen wir eine breite Treppe hinauf und kamen in eine Galerie, die einst der technischen Chemie gewidmet gewesen sein mochte. Und hier hatte ich nicht wenig Hoffnung auf nützliche Entdeckungen. Außer an einem Ende, wo das Dach eingestürzt war, zeigte sich diese Galerie gut erhalten. Ich ging begierig zu jedem unzerbrochenen Glasbehälter. Und schließlich fand ich in einer der noch wirklich luftdichten Vitrinen eine Schachtel Streichhölzer. Ungeduldig probierte ich sie aus. Sie waren einwandfrei erhalten und noch nicht einmal feucht. Ich wandte mich Weena zu. ›Tanze!‹ rief ich in ihrer Sprache. Denn jetzt hatte ich tatsächlich eine Waffe gegen die schrecklichen Geschöpfe, die wir fürchteten. Und so vollführte ich in jenem verlassenen Museum auf dem dicken, weichen Staubteppich zu Weenas ungeheurer Freude feierlich einen phantastischen Tanz, zu dem ich so fröhlich ich konnte ›Das Land der Seligen‹ pfiff. Zum Teil war es ein gemäßigter Cancan, zum Teil ein Steptanz, zum Teil ein Schlangentanz – soweit mein Rockschoß das erlaubte – und zum Teil eigene Erfindung. Denn wie Sie wissen, bin ich von Natur aus erfinderisch.

Ich halte es immer noch für höchst seltsam, daß diese Streichholzschachtel undenkliche Jahre hindurch dem Zahn der Zeit entgangen war, wenn es auch für mich eine äußerst glückliche Fügung war. Doch merkwürdigerweise fand ich eine noch viel unwahrscheinlichere Substanz, und zwar Kampfer. Ich fand

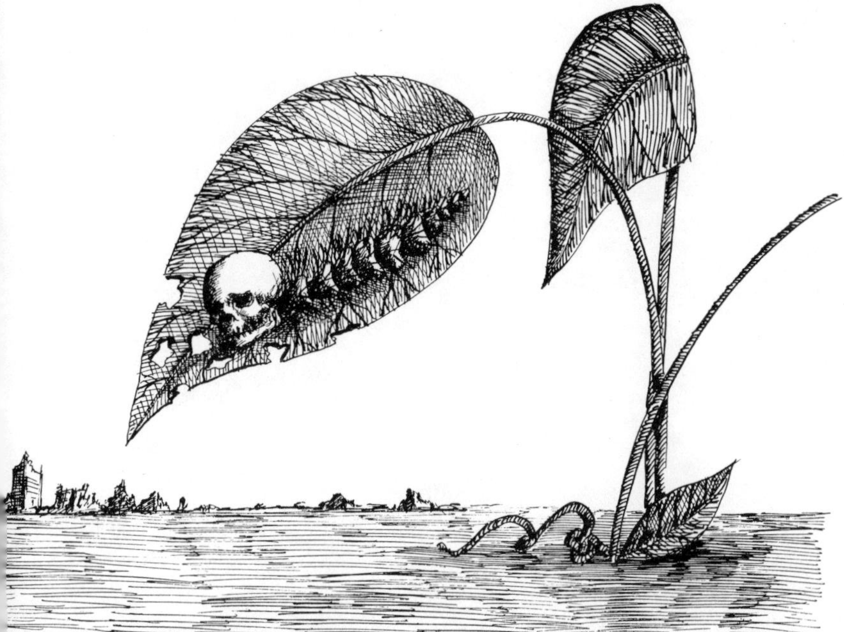

Roland Topor

Natura non fecit saltus

ihn in einem versiegelten Krug, der zufällig, wie ich vermute, wirklich hermetisch verschlossen worden war. Ich glaubte zuerst, daß es Paraffinwachs sei, und zerschlug deshalb das Glas. Aber der Kampfergeruch war unverkennbar. In dem allgemeinen Verfall hatte sich diese flüchtige Substanz vielleicht durch einen Zufall über viele Jahrhunderttausende erhalten. Das erinnerte mich an ein Sepiagemälde, das ich einst gesehen hatte, frisch gemalt mit der Tinte eines fossilen Belemniten, der vor Millionen Jahren umgekommen und versteinert sein mußte. Ich wollte das Stück schon fortwerfen, erinnerte mich aber noch rechtzeitig daran, daß Kampfer entzündlich ist und mit guter, heller Flamme brennt – daß er also eine ausgezeichnete Kerze darstellt –, und steckte es in meine Tasche. Ich fand allerdings keine Explosivstoffe oder irgendwelche Mittel, die Bronzetüren aufzusprengen. Meine eiserne Brechstange war bis jetzt der nützlichste Gegenstand hierfür, den ich gefunden hatte. Nichtsdestoweniger verließ ich diese Galerie sehr erleichtert.

Ich kann Ihnen nicht die ganze Geschichte dieses langen Nachmittags berichten. Es würde eine große Gedächtnisanstrengung brauchen, meine Erkundungen in der richtigen Reihenfolge wiederzugeben. Ich erinnere mich an eine lange Galerie mit rostenden Waffenständen, und wie ich zwischen meinem Brecheisen und einem Beil oder einem Schwert schwankte. Doch ich konnte nicht beides tragen, und meine Eisenstange versprach am meisten gegen die Bronzetüren auszurichten. Es gab auch zahlreiche Gewehre, Pistolen und Flinten. Die meisten waren nur noch Rosthaufen, aber viele bestanden aus einem neuen Metall und waren noch ziemlich in Ordnung. Doch was an Patronen oder Schießpulver vorhanden gewesen sein mochte, war inzwischen zu Staub zerfallen. Ein Winkel war verkohlt und zertrümmert, vielleicht infolge einer Explosion unter den Ausstellungsstücken, vermutete ich. An einer anderen Stelle sah ich eine lange Reihe von Idolen – polynesische, mexikanische, griechische, phönikische, aus allen Ländern der Erde, die mir einfielen. Und hier gab ich einem unwiderstehlichen Impuls nach und schrieb meinen

Namen auf die Nase eines Specksteinungeheuers aus Südamerika, an dem ich besonderen Gefallen fand.

Als der Abend näher rückte, ließ mein Interesse nach. Ich durchstreifte eine Galerie nach der anderen, staubige, stille, oft zerfallene Gänge, deren Ausstellungsstücke manchmal nur noch Haufen aus Rost und Braunkohle waren, gelegentlich aber auch gut erhalten. Einmal stand ich plötzlich dem Modell einer Zinnmine gegenüber, und dann entdeckte ich durch puren Zufall in einem luftdichten Behälter zwei Dynamitpatronen! Ich rief ›Heureka!‹ und zertrümmerte das Glas voller Freude. Dann stellten sich Zweifel ein. Ich zögerte. Ich wählte einen kleinen Seiteneingang aus und machte einen Versuch. Noch nie habe ich eine solche Enttäuschung empfunden wie dort, als ich fünf, zehn, fünfzehn Minuten auf eine Explosion wartete, die niemals kam. Natürlich waren es nur Attrappen, wie ich schon aus ihrem Vorhandensein hätte schließen müssen. Wäre das nicht der Fall gewesen, hätte ich mich bestimmt schnellstens auf den Weg gemacht und die Sphinx samt Bronzetüren und – wie es sich herausstellte – meine Aussichten, die Zeitmaschine zu finden, gleichzeitig in die Luft gejagt.

Gleich darauf, glaube ich, stießen wir auf einen kleinen offenen Hof innerhalb des Palastes. Er war grasbewachsen, und drei Obstbäume standen darin. So ruhten wir aus und erfrischten uns. Gegen Sonnenuntergang begann ich unsere Lage zu überdenken. Der Abend brach über uns herein, und mein unzugängliches Versteck mußte erst noch gefunden werden. Doch das machte mir jetzt nur sehr wenig Sorgen. Ich besaß jetzt etwas, das vielleicht die beste Verteidigung gegen die Morlocks darstellte – ich hatte Streichhölzer! Und ich hatte auch noch Kampfer in der Tasche, falls eine lodernde Flamme nötig sein sollte. Mir schien es das beste zu sein, die Nacht im Schutz eines Feuers unter freiem Himmel zu verbringen. Am nächsten Morgen mußte ich dann noch die Zeitmaschine holen. Zu diesem Zweck besaß ich bis jetzt nur meine Eisenkeule. Aber mit meinen wachsenden Kenntnissen hatte ich jetzt eine erheblich andere Meinung von diesen Bronzetüren. Bisher hatte ich mich zum großen Teil deshalb von ihrer gewaltsamen Öffnung zurückgehalten, weil hinter ihnen ein Geheimnis lauerte. Ich hatte sie nie für besonders widerstandsfähig gehalten, und ich hoffte, daß sich mein Brecheisen nicht allzu ungeeignet für diesen Zweck erweisen würde.«

9. Kampf mit den Morlocks

»Wir traten aus dem Palast, als die Sonne noch teilweise über dem Horizont stand. Ich war entschlossen, die weiße Sphinx früh am nächsten Morgen zu erreichen, und hatte vor, noch vor Einbruch der Dämmerung den Wald zu durchqueren, der mich auf dem Herweg aufgehalten hatte. Mein Plan war, noch in der Nacht so weit wie möglich zu kommen, dann ein Feuer anzuzünden und im Schutze seines Scheins zu schlafen. Deshalb sammelte ich unterwegs alle dürren Zweige und auch trockenes Gras, was ich fand, und hatte bald die Arme voll von diesem Zeug. So beladen kamen wir langsamer voran, als ich angenommen hatte, und außerdem war Weena müde. Auch ich begann schläfrig zu werden, und so wurde es tiefe Nacht, ehe wir den Wald erreichten. Weena wäre gern auf dem buschbedeckten Hügel an seinem Rand geblieben, weil sie das Dunkel vor uns fürchtete; aber ein eigenartiges Gefühl drohenden Unheils, das mir besser als Warnung hätte dienen sollen, trieb mich voran. Ich hatte eine Nacht und zwei Tage nicht geschlafen und war fiebrig und reizbar. Ich spürte, wie mich der Schlaf überkam und mit ihm die Morlocks.

Während wir noch zögerten, sah ich zwischen den schwarzen Büschen hinter uns deutlich drei kauernde Gestalten. Rings um uns war Buschwerk und hohes Gras, und ich fühlte mich nicht sicher vor ihrem heimtückischen Nahen. Der Wald, so rechnete ich, war eher weniger als eine Meile breit. Wenn wir ihn durchqueren und auf den kahlen Abhang auf der anderen Seite gelangen konnten, würden wir meines Erachtens einen absolut sicheren Ruheplatz finden; ich glaubte, daß es mir gelingen würde, mit meinen Streichhölzern und meinem Kampfer den Weg durch den Wald auszuleuchten. Doch es war klar, daß ich mein Feuerholz im Stich lassen mußte, wenn ich mit den Händen Streichhölzer schwingen wollte; deshalb legte ich es, wenn auch widerstrebend, nieder. Und dann kam mir in den Sinn, daß ich unsere Feinde hinter uns verblüffen würde, wenn ich es anzündete. Der Wahnsinn dieser Handlungsweise sollte mir noch aufgehen, doch mir kam sie wie ein scharfsinniger Schachzug zur Verschleierung unserer Flucht vor.

Ich weiß nicht, ob Sie jemals daran gedacht haben, was für eine seltene Erscheinung das Feuer in einem gemäßigten Klima, in dem es keine Menschen gibt, sein muß. Die Sonnenhitze ist selten stark genug, um etwas zu entflammen, selbst wenn sie von Tautropfen gesammelt und verstärkt wird, wie das manchmal in tropischen Gegenden vorkommt. Der Blitz versengt und schwärzt vielleicht, verursacht aber selten ein ausgebreitetes Feuer. Faulende Vegetation mag gelegentlich unter dem Einfluß ihrer Gärungshitze glimmen, entwickelt aber selten eine Flamme. Und in dieser Dekadenz hatte man auch die Kunst des Feuermachens auf der Erde vergessen. Die roten Zungen, die an meinem Holzhaufen emporleckten, waren für Weena etwas völlig Neues und Fremdes.

Sie wollte hinlaufen und damit spielen. Ich glaube, sie hätte sich hineingeworfen, hätte ich sie nicht zurückgehalten. Ich fing sie ein, nahm sie auf den Arm und tauchte trotz ihres Widerstandes kühn in den Wald hinein. Eine kleine Strecke weit beleuchtete der Schein meines Feuers den Pfad. Als ich kurz darauf zurückblickte, sah ich durch die dichtstehenden Stämme, daß sich die Lohe von meinem Reisighaufen auf ein paar nahe stehende Büsche ausgedehnt hatte und eine geschwungene Feuerlinie im Gras den Hügel hinankroch. Ich lachte bei diesem Anblick und wandte mich wieder den dunklen Bäumen vor mir zu. Es war sehr finster, und Weena klammerte sich krampfhaft an mich, aber da meine Augen sich langsam an die Dunkelheit gewöhnten, sah ich noch genügend, um nicht gegen die Stämme zu laufen. Über uns war es einfach schwarz, und nur hier und da schien durch eine Lücke im Blätterdach ein Stückchen blauer Himmel auf uns herab. Ich zündete kein Streichholz an, weil ich keine Hand frei hatte. Auf dem linken Arm trug ich meine Kleine, in der rechten Hand hielt ich meine Eisenstange.

Eine Strecke weit hörte ich nichts als die knackenden Zweige unter meinen Füßen, das schwache Rascheln der Blätter im leichten Wind über mir, meine eigenen Atemzüge und das Pochen des Pulses in meinen Ohren. Dann glaubte ich ein Trippeln um mich zu hören. Grimmig arbeitete ich mich weiter voran. Das Trippeln wurde deutlicher, und dann vernahm ich die gleichen eigenartigen Laute und Stimmen, die ich in der Unterwelt gehört hatte. Offenbar waren es etliche Morlocks, die mich einzuschließen begannen. Tatsächlich spürte ich einen Augenblick darauf auch schon ein Zupfen an meinem Rock und dann eine Berührung an meinem Arm. Und Weena schauderte heftig und wurde ganz still.

Es war Zeit für ein Streichholz. Aber um eines zu erreichen, mußte ich sie niedersetzen. Ich tat es, und während ich in meiner Tasche suchte, begann in der Finsternis zu meinen Füßen ein Kampf, völlig still geführt von ihrer Seite, von den Morlocks mit den gleichen eigenartig girrenden Lauten. Weiche kleine Hände krochen mir über den Rock und Rücken und betasteten selbst meinen Hals. Dann kratzte das Zündholz über die Reibfläche und flammte auf. Ich streckte es flackernd aus und sah die weißen Rücken der Morlocks auf der Flucht zwischen den Bäumen. Rasch zog ich ein Stück Kampfer aus der Tasche und hielt mich bereit, es anzuzünden, sobald das Streichholz zu Ende ging. Dann blickte ich zu Weena hinab. Sie lag völlig regungslos da, an meine Füße geklammert und mit dem Gesicht auf dem Boden. Schreckerfüllt bückte ich mich zu ihr hinunter, sie schien kaum zu atmen. Ich zündete das Stück Kampfer an und warf es auf den Boden, und als es barst und aufloderte und die Morlocks und die Schatten zurücktrieb, kniete ich nieder und hob sie auf. Der Wald hinter mir schien von dem Lärmen und Murmeln einer großen Horde erfüllt zu sein!

Sie schien ohnmächtig geworden zu sein. Ich hob sie vorsichtig auf die Schulter und stand auf, um weiter vorzudringen, und im selben Augenblick durchfuhr mich eine furchtbare Erkenntnis: während ich mit meinen Streichhölzern und mit Weena zu tun hatte, mußte ich mich mehrmals um mich selbst gedreht haben und hatte jetzt nicht die geringste Ahnung, in welche Richtung ich mich nun wenden sollte. Genausogut hätte ich beim Weitergehen zum grünen Palast zurückgelangen können. Mir brach der kalte Schweiß aus. Ich mußte schleunigst überlegen, was ich tun sollte. Ich beschloß, ein Feuer zu bauen und zu lagern, wo wir uns gerade befanden. Die immer noch reglose Weena legte ich auf eine grasbedeckte Bodenerhebung und begann, da mein erstes Stück Kampfer zu verlöschen drohte, hastig Zweige und Blätter zu sammeln. Hier und da blitzten aus der Dunkelheit um mich herum die Augen der Morlocks wie Karfunkelsteine.

Der Kampfer flackerte auf und verlosch. Ich zündete ein Streichholz an und sah, wie zwei weiße Gestalten, die sich Weena genähert hatten, hastig davonstürzten. Eine war so geblendet von dem Licht, daß sie direkt auf mich zurannte, und ich fühlte, wie ihre Knochen unter meinem Faustschlag knackten. Der Wicht stieß einen Schmerzensschrei aus, taumelte noch ein Stück weiter und fiel zu Boden. Ich zündete ein neues Stück Kampfer an und sammelte weiter Feuermaterial. Dabei merkte ich, wie trocken ein Teil des Blattwerks über mir war, denn seit meiner Ankunft mit der Zeitmaschine vor etwa einer Woche war kein Regen mehr gefallen. Anstatt daher unter den Bäumen nach abgefallenen Zweigen zu suchen, begann ich hochzuspringen und Äste abzureißen. Rasch hatte ich ein rauchendes Feuer aus grünem Holz und trockenem Reisig und konnte meinen Kampfer sparen. Dann wandte ich mich wieder Weena zu, die neben meiner Eisenkeule lag. Ich versuchte alles, was in meiner Macht stand, um sie zu beleben, aber sie lag wie tot da. Ich konnte noch nicht einmal feststellen, ob sie atmete oder nicht.

Jetzt schlug der Rauch des Feuers zu mir herüber, und das muß mich plötzlich müde gemacht haben. Zudem lag der Kampferdunst in der Luft. Mein Feuer würde etwa eine Stunde lang kein Nachlegen nötig haben. Ich fühlte mich nach meinen

Anstrengungen sehr erschöpft und setzte mich hin. Und der Wald war erfüllt von einschläferndem Gemurmel, das ich nicht verstand. Als ich die Augen wieder öffnete, meinte ich, eben erst eingenickt zu sein. Aber alles war finster, und die Morlocks fingerten an mir herum. Ich schleuderte ihre zudringlichen Hände ab, griff hastig nach der Streichholzschachtel in der Tasche – sie war verschwunden! Dann packten sie mich wieder und drangen auf mich ein. Im Augenblick wußte ich, was geschehen war. Ich war eingeschlafen, mein Feuer war ausgegangen, und nun kam die Bitterkeit des Todes über meine Seele. Der Wald schien von beißendem Geruch brennenden Holzes erfüllt zu sein. Ich wurde am Hals, an den Haaren, an den Armen gepackt und niedergezogen. Es war unbeschreiblich grauenhaft, all diese weichen Kreaturen im Dunkel über mir zu fühlen. Mir war, als befände ich mich in einem riesenhaften Spinnennetz. Ich wurde überwältigt und ging zu Boden. Ich spürte kleine Zähne an meinem Nacken nagen. Ich wälzte mich herum und stieß dabei mit der Hand gegen meine Eisenkeule. Das gab mir neue Kraft. Ich kämpfte mich hoch, schüttelte die menschlichen Ratten ab, faßte die Keule kurz und stieß und schlug dorthin, wo ich ihre Gesichter vermutete. Ich konnte das saftige Nachgeben und Knirschen von Fleisch und Knochen unter meinen Hieben spüren, und einen Augenblick später war ich frei.

Das eigenartige Triumphgefühl, das so oft harten Kampf zu begleiten scheint, überkam mich. Ich wußte, daß Weena und ich verloren waren, aber ich war entschlossen, die Morlocks für ihr Fleisch zahlen zu lassen. Ich lehnte mich mit dem Rükken gegen einen Baum und schwang die Eisenkeule um mich. Der ganze Wald war voll von ihrem Getrappel und Geruch. Eine Minute verstrich. Ihre Stimmen schienen sich zu größerer Erregung zu steigern, und ihre Bewegungen wurden schneller. Aber niemand kam in meine Reichweite. Ich stand da und starrte in die Finsternis. Und plötzlich begann ich zu hoffen. Wenn die Morlocks nun Angst hatten? Und gleich darauf ereignete sich etwas Seltsames. Die Dunkelheit schien zu leuchten. Ganz schwach begann ich die Morlocks um mich herum zu sehen – drei lagen erschlagen zu meinen Füßen –, und mit ungläubigem Staunen erkannte ich, daß die anderen in einem nicht abreißenden Strom, wie es schien, von hinten an mir vorbei und durch den Wald davonliefen. Und ihre Rücken sahen nicht mehr weiß, sondern rötlich aus. Während ich noch mit offenem Munde dastand, sah ich einen kleinen roten Funken über eine Lücke zwischen den Zweigen am Himmel dahinfliegen und verschwinden. Und da verstand ich den Geruch nach brennendem Holz und das einschläfernde Murmeln, das jetzt zu einem stürmischen Brausen anwuchs, den roten Schein und die Flucht der Morlocks.

Als ich hinter meinem Baum hervortrat und zurückblickte, sah ich durch die schwarzen Stämme der näher stehenden Bäume die Flammen des brennenden Waldes. Es war mein erstes Feuer, das mir nacheilte. In seinem Licht schaute ich nach Weena aus, aber sie war verschwunden. Das Zischen und Prasseln hinter mir, das donnernde Knallen, wenn wieder ein neuer Baum in den Flammen barst, ließen mir wenig Zeit zum Überlegen. Mit der Eisenstange fest in der Hand folgte ich den Morlocks. Es war ein knappes Rennen. Einmal breiteten sich die Flammen so rasch während meines Laufes rechts von mir aus, daß sie mich überholten und ich nach links abbiegen mußte. Doch schließlich kam ich auf eine größere Lichtung, und in diesem Augenblick taumelte ein Morlock blindlings an mir vorbei und direkt in die Flammen!

Und jetzt bekam ich das unheimlichste und grauenhafteste Schauspiel zu sehen, das ich von allem, was ich in dieser Zukunft erlebte, behalten habe. Die ganze Lichtung war vom Widerschein des Feuers taghell erleuchtet. In der Mitte befand sich ein kleiner Hügel, den ein versengter Weißdorn überragte. Dahinter lag wieder ein Streifen brennenden Waldes, aus dem schon gelbe Zungen leckten und der die Lichtung gänzlich mit einem Feuerzaun umschloß. Auf dem Hügel drängten sich etwa dreißig bis vierzig Morlocks, vom Licht und von der Hitze geblendet und in ihrer Verwirrung hin und her und gegeneinander stolpernd. Zuerst erkannte ich ihre Blindheit nicht und schlug wütend und in wilder Angst mit meinem

Eisenhebel auf sie ein, wenn sie mir nahe kamen, wobei ich einen tötete und etliche verstümmelte. Doch als ich die Gesten von einem beobachtete, der unter dem Weißdorn tastend die Hände gegen den roten Himmel ausstreckte, und als ich ihr Stöhnen hörte, war ich von ihrer absoluten Hilflosigkeit und Qual im gleißenden Licht überzeugt und schlug keinen mehr nieder. Doch dann und wann taumelte einer direkt auf mich zu und erregte in mir ein bebendes Grauen, so daß ich ihm hastig auswich. Einmal sanken die Flammen etwas in sich zusammen, und ich fürchtete schon, die ekelhaften Geschöpfe würden mich bald wieder sehen können. Ich dachte sogar daran, den Kampf wieder aufzunehmen und einige von ihnen zu töten, ehe es soweit sein würde; aber das Feuer brach wieder hell aus, und ich hielt mich zurück. Ich streifte auf dem Hügel unter ihnen umher und hielt nach einer Spur von Weena Ausschau. Aber Weena blieb verschwunden.

Schließlich setzte ich mich auf die Spitze des Hügels und beobachtete diese seltsame, unglaubliche Gesellschaft blinder Wesen, die sich tastend hin und her bewegten und unheimliche Laute ausstießen, wenn der blendende Schein des Feuers sie traf. Der brausend aufsteigende Rauch breitete sich wirbelnd über den ganzen Himmel, und durch die seltenen Risse dieses roten Baldachins blinkten von ferne, als gehörten sie zu einem anderen Universum, die kleinen Sterne. Zwei oder drei Morlocks stolperten gegen mich, und ich vertrieb sie mit Faustschlägen, wobei ich zitterte.

Den größten Teil der Nacht war ich überzeugt, daß dies ein Alptraum sei. Ich biß mich und schrie in dem leidenschaftlichen Verlangen, endlich aufzuwachen. Ich schlug mit den Fäusten auf den Boden, sprang auf und setzte mich wieder, lief hierhin und dorthin und ließ mich wieder fallen. Zwischendurch rieb ich mir die Augen und betete zu Gott, er möge mich aufwachen lassen. Dreimal sah ich, wie Morlocks in einer Art Agonie die Köpfe senkten und sich in die Flammen stürzten. Doch schließlich stieg über dem verblassenden Rot des Feuers, über den sich dahinwälzenden schwarzen Rauchmassen, den aschgrauen und verkohlten Baumstümpfen und der sich verringernden Anzahl dieser scheußlichen Geschöpfe das weiße Licht des Tages herauf.

Ich suchte wiederum nach Spuren von Weena, fand aber keine. Es war offenkundig, daß sie ihren armen, kleinen Leichnam im Wald zurückgelassen hatten. Ich kann nicht beschreiben, wie sehr es mich erleichterte, daß ihr Körper so dem furchtbaren Schicksal entgangen war, zu dem er anscheinend bestimmt gewesen war. Bei diesen Gedanken trieb es mich fast, erneut ein Massaker unter den hilflosen Scheusalen um mich herum zu beginnen, doch ich bezwang mich. Der Hügel war, wie ich schon andeutete, eine Art Insel im Wald. Von seiner Spitze aus konnte ich jetzt durch einen Rauchschleier den grünen Porzellanpalast ausmachen und so meine Richtung zu der weißen Sphinx bestimmen. Während der Tag heller wurde, ließ ich also die noch verbliebenen verdammten Seelen weiter klagen und hierhin und dorthin rennen, band mir etwas Gras um die Füße und hinkte über rauchende Asche vorbei an von innen heraus noch glühenden Baumstümpfen auf das Versteck der Zeitmaschine zu. Ich ging langsam, denn ich war sehr erschöpft und lahm, und der schreckliche Tod der kleinen Weena schmerzte mich entsetzlich. Das Elend hätte mich fast überwältigt. Jetzt, in diesem alten vertrauten Zimmer hier, ist es mehr wie die bedrückende Nachwirkung eines Traumes als ein tatsächlicher Verlust. Doch an jenem Morgen war ich danach wieder völlig allein – schrecklich allein. Ich begann an mein Haus hier zu denken, an diesen Kamin, an einige von Ihnen, und mit diesem Gedanken überkam mich eine Sehnsucht, die mir Schmerz bereitete.

Aber als ich über die rauchende Asche unter dem hellen Morgenhimmel wanderte, machte ich eine Entdeckung. In meiner Hosentasche steckten noch ein paar lose Streichhölzer. Sie mußten aus der Schachtel gerutscht sein, ehe sie verlorenging.«

»Gegen acht oder neun Uhr früh gelangte ich zu dem Sessel aus gelbem Metall, von dem aus ich am Abend meiner Ankunft die Welt überschaut hatte. Ich dachte an meine übereilten Schlußfolgerungen an jenem Abend und mußte bitter über meine damalige Zuversicht lachen. Hier bot sich das gleiche wunderbare Bild, das gleiche reiche Laubwerk, standen noch dieselben glänzenden Paläste und großartigen Ruinen, floß noch derselbe Silberstrom zwischen seinen fruchtbaren Ufern. Die heiteren Gewänder der schönen Leutchen bewegten sich zwischen den Bäumen hierhin und dorthin. Einige badeten gerade genau an der Stelle, wo ich Weena gerettet hatte, und das versetzte mir einen schmerzlichen Stich. Und wie Flecken auf der Landschaft erhoben sich die Kuppeln über den Eingängen zur Unterwelt. Ich verstand jetzt, was alles die Schönheit der Oberweltler verschleierte. Sehr angenehm waren ihre Tage, angenehm wie die Tage des Rindviehs auf der Weide. Wie das Vieh kannten sie keine Feinde und trafen keinerlei Vorsorge gegen Nöte. Und ihr Ende war das gleiche. Voller Schmerz dachte ich daran, wie kurz der Traum der menschlichen Intelligenz gewesen war. Sie hatte Selbstmord begangen. Sie hatte unbeirrt nach Bequemlichkeit und Mühelosigkeit gestrebt, nach einer ausgewogenen Gesellschaft mit Sicherheit und Dauerhaftigkeit als Parole, sie hatte ihre gesteckten Ziele erreicht – und schließlich dies dafür bekommen. Leben und Eigentum mußten einmal fast absolute Sicherheit erlangt haben. Der Reiche war seines Reichtums und seiner Bequemlichkeit sicher gewesen, der Arbeiter seines Lebens und seiner Arbeit. Zweifellos hatte es in jener perfekten Welt kein Arbeitslosenproblem und keine ungelösten sozialen Fragen gegeben. Und eine große Ruhe war gefolgt.

Wir übersehen häufig das Naturgesetz, daß geistige Beweglichkeit der Lohn für dauernde Veränderungen, Gefahren und Sorgen ist. Ein Lebewesen, das mit seiner Umgebung in völliger Harmonie lebt, ist ein vollkommener Mechanismus. Die Natur wendet sich erst an den Geist, wenn Gewohnheit und

Instinkt nutzlos sind. Es gibt keine Intelligenz, wo es keine Veränderung und keine Notwendigkeit zur Veränderung gibt. Nur jene Lebewesen sind mit Intelligenz begabt, die einer ungeheuren Vielfalt von Bedürfnissen und Gefahren ausgeliefert sind. Wie ich es sehe, war der Mensch der Oberwelt aus diesen Gründen zu dieser schwächlichen Schönheit abgesunken, und die Unterwelt zu rein mechanisch ausgeübter Arbeit. Aber jenem vollkommenen Zustand hatte es selbst zur rein mechanischen Vollkommenheit an einem gefehlt – an der absoluten Dauerhaftigkeit. Offenbar war im Laufe der Zeit die Ernährung der Unterwelt, wie sie auch bewerkstelligt gewesen sein mochte, gestört worden. Mutter Not, die ein paar tausend Jahre lang abgewehrt gewesen war, kehrte wieder zurück, und ihre Herrschaft begann unten. Die Menschen der Unterwelt hatten mit Maschinen zu tun, und wie vollkommen diese auch sein mochten, ihre Bedienung benötigte doch außer der Gewohnheit noch ein wenig Denken; wahrscheinlich hatten sich die Unterweltler dadurch erzwungenermaßen mehr Initiative bewahrt als die Oberweltler, wenn auch weniger von allen anderen menschlichen Charakterzügen. Und als ihnen anderes Fleisch ausging, hielten sie sich an jenes, das alte Überlieferungen bisher verboten hatten. So sah ich die Lage wenigstens bei meinen letzten Blicken auf die Welt des Jahres Achthundertzweitausendsiebenhundertundeins. Diese Auslegung mag so falsch sein, wie sie ein sterbliches Gehirn nur ersinnen kann. Auf jeden Fall hatte ich diesen Eindruck, und nichts anderes kann ich Ihnen berichten.

Nach den Strapazen, Aufregungen und Schrecken der vergangenen Tage und trotz meines Kummers waren dieser Sessel, der friedliche Ausblick und das warme Sonnenlicht sehr angenehm. Ich war sehr müde und schläfrig, und bald ging mein Theoretisieren in Dösen über. Als ich mich dabei ertappte, sträubte ich mich nicht weiter dagegen, sondern streckte mich auf dem Rasen aus und genoß einen langen, erfrischenden Schlaf.

Kurz vor Sonnenuntergang wachte ich wieder auf. Jetzt fühlte ich mich sicher davor, von den Morlocks im Schlaf überrascht zu werden, und indem ich mich reckte, schlenderte ich den Hügel zu der weißen Sphinx hinunter. In der einen Hand hielt ich mein Brecheisen, die andere Hand spielte mit den Streichhölzern in meiner Tasche.

Und jetzt geschah etwas völlig Unerwartetes. Als ich mich dem Piedestal der Sphinx näherte, sah ich, daß die Bronzetüren offenstanden. Sie waren in Bodenschlitze versenkt.

Bei diesem Anblick blieb ich kurz vor dem Piedestal stehen und zögerte, einzutreten.

Drinnen befand sich ein kleiner Raum, in dessen einer Ecke auf einem erhöhten Platz die Zeitmaschine stand. Die kleinen Hebel hatte ich in der Tasche. Nach all meinen sorgfältigen Vorbereitungen zur Erstürmung der weißen Sphinx fand ich hier also eine demütige Übergabe vor. Ich warf meine Eisenstange fort, und fast bedauerte ich, daß ich sie nicht benutzen konnte.

Als ich mich bückte, um durch das Portal zu treten, fuhr mir ein Gedanke durch den Kopf. Endlich begriff ich doch einmal die Arbeitsweise des Morlockschen Geistes. Indem ich einen starken Impuls zu lachen unterdrückte, trat ich durch den Bronzerahmen und an die Zeitmaschine. Zu meiner Überraschung stellte ich fest, daß sie sorgfältig gereinigt und geölt war. Ich bin seitdem nicht die Vermutung losgeworden, daß die Morlocks sie sogar teilweise auseinandergenommen haben, um auf ihre schwerfällige Art hinter den Sinn dieser Maschine zu kommen.

Während ich nun so dastand, den Apparat untersuchte und mich schon am bloßen Berühren des Metalls erfreute, geschah das, was ich erwartet hatte: die Bronzetüren glitten plötzlich in die Höhe und schlugen schallend in die Rahmen. Ich saß in der Dunkelheit – gefangen! So glaubten wenigstens die Morlocks. Ich kicherte stillvergnügt in mich hinein bei diesem Gedanken.

Schon konnte ich ihr murmelndes Lachen hören, als sie auf mich zukamen. Sehr ruhig versuchte ich ein Streichholz anzuzünden. Ich brauchte nur die Hebel anzubringen, um sogleich wie ein Geist zu verschwinden. Doch ich hatte eine Kleinigkeit übersehen. Die Streichhölzer waren von jener abscheulichen Art, die man nur an einer Schachtel anreißen kann.

Sie können sich vorstellen, wie meine ganze Ruhe verpuffte. Die kleinen Bestien waren mir schon dicht auf den Pelz gerückt. Eine berührte mich. Ich schlug im Halbkreis mit den Hebeln nach ihnen und begann, in den Sattel der Maschine zu klettern. Da legte sich eine Hand auf mich, und dann noch eine. Nun mußte ich heftig gegen ihre hartnäckig an meinen Hebeln zerrenden Finger kämpfen und gleichzeitig nach den Bolzen tasten, auf welche die Hebel gehörten. Einen konnten sie mir fast entreißen. Als er mir aus der Hand glitt, mußte ich im Dunkeln mit dem Kopf ausschlagen – ich konnte den Morlockschädel dröhnen hören –, um den Hebel wiederzubekommen. Ich glaube, ich kam bei diesem Handgemenge mit knapperer Not davon als bei dem Kampf im Walde.

Doch endlich saß der Hebel fest, und ich zog ihn herüber. Die haltenden Hände glitten von mir. Die Dunkelheit fiel von meinen Augen. Ich befand mich in demselben grauen Licht und Tumult, wie ich das schon geschildert habe.«

11. Der sterbende Planet

»Ich habe Ihnen schon von der Übelkeit und der Sinnverwirrung berichtet, die das Zeitreisen verursacht. Und diesmal saß ich nicht richtig im Sattel, sondern hing seitlich und in unsicherer Haltung darin. Eine unbestimmte Zeitlang klammerte ich mich an die schwingende und vibrierende Maschine, ohne überhaupt darauf zu achten, wohin die Reise ging. Und als ich mich aufraffte und auf die Zifferblätter blickte, sah ich mit Staunen, wohin ich gekommen war. Ein Zifferblatt zeigte die Tage an, ein zweites je tausend Tage, das nächste Millionen Tage, und das letzte ist in je tausend Millionen Tage eingeteilt. Nun hatte ich aber die Hebel, statt sie hinüberzudrücken, zu mir herübergezogen, so daß ich weiter voranreiste, und als ich also nun auf die Instrumente blickte, sah ich, daß der Tausenderzeiger so rasch wie der Sekundenzeiger einer Taschenuhr herumschwang – und zwar in die Zukunft.

Während ich weiterreiste, zog langsam eine eigenartige Veränderung über das Aussehen der Dinge. Das pulsierende Grau färbte sich dunkler; und dann – obgleich ich noch mit ungeheurer Geschwindigkeit reiste – kehrte die blinklichtartige Folge von Tag und Nacht zurück, die sonst eine geringere Geschwindigkeit andeutete, und wurde immer ausgeprägter. Das war mir zuerst ein Rätsel. Der Wechsel von Tag und Nacht wurde immer langsamer und gleichfalls der Weg zur Sonne über den Himmel, bis beides Jahrhunderte zu dauern schien. Zuletzt brütete ein ständiges Zwielicht über der Erde, ein Zwielicht, das nur dann und wann von einem über den dunklen Himmel schießenden Kometen unterbrochen wurde. Der Lichtstreifen, der die Sonnenbahn angedeutet hatte, war längst verschwunden; denn die Sonne ging nicht mehr unter – sie stieg und fiel nur noch im Westen und wurde immer größer und röter. Vom Mond war keine Spur mehr zu sehen. Das Kreisen der Sterne wurde langsamer und langsamer, bis sie nur noch kriechende Lichtpunkte waren. Zuletzt, kurze Zeit bevor ich anhielt, blieb die Sonne rot und riesig bewegungslos über dem Horizont stehen, eine mächtige Kuppel, die eine dumpfe Hitze ausstrahlte und dann und wann einen kurzen Augenblick lang verlosch. Einmal hatte sie eine kurze Zeit wieder heller geleuchtet, war jedoch bald in düstere Rotglut zurückgefallen. Ich erkannte an dieser Verlangsamung ihres Steigens und Sinkens, daß die Zeit von Ebbe und Flut vorbei war. Die Erde war nun mit der einen Seite zur Sonne zur Ruhe gekommen, so, wie in unserer Zeit der Mond zur Sonne steht. Sehr vorsichtig, denn ich erinnerte mich an meinen ersten jähen Sturz, begann ich meinen Flug abzustoppen. Immer langsamer gingen die kreisenden Zeiger, bis die Tausendernadel stillzustehen schien und der Tageszeiger nicht mehr wie Nebel über die Skala huschte. Ich verlangsamte noch mehr, bis die deutlichen Umrisse eines öden Strandes sichtbar wurden.

Ich hielt sehr vorsichtig ganz an, blieb auf der Zeitmaschine sitzen und sah mich um. Der Himmel war nicht mehr blau. Im Nordosten war er tintenschwarz, und aus der Schwärze leuchteten hell und stetig die fahlweißen Sterne. Über meinem Kopf war er tief indischrot und sternenlos, und im Südosten erhellte er sich bis zu einem glühenden Scharlach, wo rot und regungslos und vom Horizont durchschnitten der riesenhafte Ball der Sonne lag. Die Felsen um mich herum hatten eine grelle rötliche Farbe, und die einzige Spur von Leben, die ich zunächst wahrnehmen konnte, war die intensive grüne Vegetation, die jeden Vorsprung auf der südöstlichen Seite des Gesteins bedeckte. Es war das gleiche satte Grün, das man bei Waldmoos oder bei Höhlenflechten sieht: also bei Pflanzen, die wie diese im ewigen Zwielicht wachsen.

Die Maschine stand auf einem abfallenden Strand. Die See erstreckte sich weit nach Südwesten bis zu einem scharf gegen den blassen Himmel abgegrenzten, hellen Horizont. Es gab keine Brandung und keine Wellen, denn es regte sich kein Windhauch. Nur eine leichte, ölige Dünung stieg und fiel wie ein sanftes Atmen und zeigte an, daß das ewige Meer sich immer noch regte und lebte. Und am Küstensaum, wo sich das Wasser manchmal brach, lag eine dicke Salzkruste, rosig anzusehen unter dem gespenstisch beleuchteten Himmel. In meinem Kopf spürte ich einen Druck, und mir fiel auf, daß ich sehr rasch atmete. Dieses Gefühl erinnerte mich an meine einzige Bergbesteigung, und daraus schloß ich, daß die Luft dünner sein müßte, als sie jetzt ist.

Weit weg, von der ansteigenden Küste her, hörte ich einen harten Schrei und sah etwas wie einen riesigen weißen Schmetterling schräg zum Himmel hochflattern und kreisend hinter ein paar niedrigen Hügeln verschwinden. Der Klang seiner Stimme war so trostlos, daß mich schauderte und ich mich fester auf die Maschine drückte. Als ich mich wieder umblickte, sah ich ganz in meiner Nähe etwas langsam auf mich zukriechen, das ich zuerst für einen rötlichen Felsbrocken gehalten hatte. Da erkannte ich, daß es in Wirklichkeit ein monströses, krebsartiges Geschöpf war. Können Sie sich eine Krabbe vorstellen, so groß wie jener Tisch da, die sich auf ihren vielen

Beinen langsam und unstet und mit schwankenden, riesigen Scheren bewegt, deren lange Fühler wie Fuhrmannspeitschen schwingen und umhertasten und deren Stielaugen Sie von beiden Seiten ihrer metallisch glänzenden Stirn anglühen? Ihr Rücken war gefurcht und voller häßlicher Buckel, und hier und da saßen Flecken aus einer grünlichen Kruste darauf. Ich konnte die vielen Fangborsten in ihrem Schlund zittern und suchend tasten sehen, während sie sich voranschob.

Als ich noch diese finstere Erscheinung anstarrte, die da auf mich zukroch, spürte ich ein Kitzeln auf der Wange, wie wenn sich eine Fliege dort niedergelassen hätte. Ich versuchte sie mit der Hand wegzuwischen, doch das Kitzeln kam sofort wieder, und fast gleichzeitig spürte ich es auch an meinem Ohr. Ich schlug danach und hatte etwas Fadenartiges in der Hand, das sich jedoch rasch herauszog. Mit einem unangenehmen Angstgefühl drehte ich mich um und sah, daß ich den Fühler einer anderen Riesenkrabbe gefaßt hatte, die direkt hinter mir stand. Ihre bösartigen Stielaugen ruckten hin und her, und der Mund war in lebhafter Bewegung vor lauter Gier, während ihre riesigen, scheußlichen Scheren, beschmiert mit Algenschleim, sich auf mich herabsenkten. Im Nu lag meine Hand auf dem Hebel, und ich hatte einen Monat zwischen mich und diese Ungeheuer gelegt. Aber ich befand mich noch auf demselben Strand und sah sie wieder deutlich, sobald ich anhielt. Dutzende von ihnen schienen hier und dort in dem düsteren Licht zwischen den intensiv grünen, schieferigen Platten herumzukriechen.

Ich kann dieses Gefühl gräßlicher Trostlosigkeit, das über der Welt hing, nicht beschreiben. Der rote Himmel im Osten, die Schwärze nach Norden zu, das tote Salzmeer, der steinige Strand, auf dem diese ekelhaften Ungeheuer langsam umherkrochen, das einförmige Giftgrün der flechtenartigen Vegetation, die dünne Luft, die die Lungen quälte: all das rief eine entsetzliche Wirkung hervor. Ich fuhr rund hundert Jahre weiter und sah dieselbe rote Sonne – ein wenig größer, ein wenig trüber –, dasselbe sterbende Meer, dieselbe kalte Luft und dieselbe Menge irdischer Krustazeen, die zwischen dem grünen Kraut und den roten Felsbrocken hin und her krochen. Und am westlichen Himmel sah ich eine gekrümmte blasse Linie wie von einem gewaltigen neuen Mond.

So reiste ich mit gelegentlichen Haltepausen in großen Schritten von tausend oder mehr Jahren weiter, angezogen von dem Geheimnis des Schicksals der Erde, und ich beobachtete mit eigenartiger Faszination, wie die Sonne am westlichen Himmel immer größer und trüber wurde und das Leben der alten Erde verebbte. Schließlich – mehr als dreißig Millionen Jahre von heute gerechnet – war es soweit, daß die ungeheure rotglühende Scheibe der Sonne fast den zehnten Teil des dunkelnden Himmels verdeckte. Da machte ich noch einmal halt, denn die kriechende Krebsschar war verschwunden, und der rötliche Strand schien, abgesehen von seinem fahlgrünen Lebermoos und den Flechten, leblos zu sein. Doch jetzt war er weiß gefleckt. Eine bittere Kälte fiel mich an. Hin und wieder segelten weiße Flocken herab. Im Nordosten glänzte Schnee unter dem Sternenlicht des düsteren Himmels, und ich sah einen wellenartigen Hügelkamm in rosigem Weiß. Am Meeresrand lag ein Eissaum, und weiter draußen gewahrte ich treibende Eismassen; doch zum größten Teil war der salzige Ozean, blutrot unter dem ewigen Sonnenuntergang leuchtend, noch ungefroren.

Ich sah mich um, ob noch Spuren von tierischem Leben verblieben waren. Eine gewisse undefinierbare Befürchtung hielt mich noch im Sattel der Maschine fest. Doch ich sah keine Bewegung auf der Erde, am Himmel oder im Meer. Nur der grüne Schleim auf den Felsen bezeugte, daß das Leben noch nicht erloschen war. Eine flache Sandbank war aus dem Meer getaucht, und das Wasser war vom Strand zurückgewichen. Ich bildete mir ein, auf dieser Sandbank irgend etwas Schwarzes im seichten Wasser hin und her schwabbeln zu sehen, doch es wurde bewegungslos, als ich es ansah, und daraus schloß ich, daß meine Augen mich getäuscht hätten und daß der schwarze Gegenstand lediglich ein Fels sei. Die Sterne am Himmel strahlten sehr hell und schienen mir kaum zu funkeln.

Plötzlich bemerkte ich, daß sich der westliche Kreissektor

der Sonne verändert hatte: im Rand war eine Einbuchtung erschienen. Ich sah, wie diese Höhlung größer wurde. Vielleicht eine Minute lang starrte ich entsetzt auf diese Schwärze, die sich über das Licht breitete, und dann wurde mir klar, daß eine Sonnenfinsternis begann. Entweder der Mond oder der Planet Merkur zog an der Sonnenscheibe vorüber. Natürlich dachte ich zuerst an den Mond, aber dann ließ mich doch vieles daran glauben, daß ich tatsächlich den Durchgang eines inneren Planeten sah, der sehr dicht an der Erde vorüberzog.

Die Dunkelheit nahm rasch zu; ein kalter Wind begann in auffrischenden Stößen aus dem Osten zu blasen, und die vereinzelten weißen Flocken in der Luft nahmen an Zahl zu. Vom Meeresufer her kam ein Plätschern und Murmeln. Abgesehen von diesen leblosen Lauten war die Welt stumm. Stumm? Es ist nicht leicht, diese Stille zu beschreiben. Alle Laute des Menschen, das Blöken von Schafen, die Schreie der Vögel, das Summen der Insekten, die ganze Betriebsamkeit, die den Hintergrund unseres Lebens ausmacht – all das war vergangen. Während die Dunkelheit sich vertiefte, fielen die wirbelnden Flocken dichter und tanzten vor meinen Augen; die Kälte der Luft wurde schneidender. Schließlich tauchten die weißen Spitzen der fernen Hügel eine nach der anderen im Schwarz unter. Die Brise verstärkte sich zu einem klagenden Wind. Ich sah den schwarzen Zentralschatten der Verfinsterung auf mich zufegen. Im nächsten Augenblick waren nur noch die fahlen Sterne zu sehen. Alles andere war strahlenlose Finsternis. Vollkommenes Schwarz überzog den Himmel.

Ein Grauen vor dieser gewaltigen Dunkelheit überkam mich. Die Kälte, die mir ins Mark drang, und der Schmerz, den mir das Atmen bereitete, überwältigten mich. Ich zitterte, und eine tödliche Übelkeit ergriff mich. Dann erschien wie ein rotglühender Bogen am Himmel der Sonnenrand. Ich kletterte von der Maschine, um mich zu erholen. Ich fühlte mich schwindlig und nicht in der Lage, die Rückreise anzutreten. Während ich so krank und verwirrt dastand, sah ich wieder das sich bewegende Ding auf der Sandbank – es gab jetzt keinen Zweifel mehr daran, daß es sich bewegte – über dem roten Wasser des Meeres. Es war ein rundes Ding, vielleicht von der Größe eines Fußballs, vielleicht auch größer, und Fühler hingen von ihm herunter; es erschien schwarz gegen das blutrote, wogende Wasser, und es hüpfte zuckend auf und ab. Ich spürte, wie mir eine Ohnmacht nahte. Doch eine furchtbare Angst davor, hilflos in diesem fernen und entsetzlichen Zwielicht dazuliegen, verlieh mir Kraft, in den Sattel zu klettern.«

12. Abreise ohne Wiederkehr?

»So kehrte ich zurück. Eine lange Zeit muß ich bewußtlos auf der Maschine gesessen haben. Die blinkende Aufeinanderfolge der Tage und Nächte begann von neuem, die Sonne wurde wieder golden, der Himmel blau. Ich atmete mit größerer Leichtigkeit. Die fließenden Konturen des Landes veränderten sich fortwährend. Die Zeiger auf den Zifferblättern rasten rückwärts. Schließlich sah ich wieder die verschwommenen Umrisse von Häusern, die Zeugen der degenerierten Menschheit. Auch diese veränderten sich und verschwanden, und neue stiegen auf. Dann, als der Millionenzeiger auf Null stand, verringerte sich die Geschwindigkeit. Ich begann unsere eigene unbedeutende und vertraute Architektur wiederzuerkennen, der Tausenderzeiger lief auf seinen Ausgangspunkt zurück, der Schwingenschlag von Tag und Nacht wurde immer langsamer.

Dann umgaben mich die alten Wände meines Laboratoriums. Sehr behutsam verlangsamte ich jetzt die Maschine noch mehr.

Ich sah eine Kleinigkeit, die mir sonderbar vorkam. Ich glaube, ich habe Ihnen erzählt, daß ich bei meinem Aufbruch, ehe meine Geschwindigkeit sehr hoch wurde, Mrs. Watchets raketengleich durch das Zimmer schießen zu sehen meinte. Als ich jetzt zurückkehrte, durchfuhr ich noch einmal die Minute, in der sie durch das Laboratorium ging. Aber diesmal war jede ihrer Bewegungen die genaue Umkehrung der früheren. Die Tür am unteren Ende öffnete sich, und sie glitt still das

Laboratorium hinauf, den Rücken nach vorn gewandt, und verschwand hinter der Tür, durch die sie bei meiner Abreise eingetreten war. Kurz davor glaubte ich Hillyer einen Augenblick lang gesehen zu haben; aber er zuckte vorbei wie ein Blitz.

Dann hielt ich die Maschine an und fand mich wieder in meinem alten, vertrauen Laboratorium, sah meine Werkzeuge, meine Geräte, genau wie ich sie verlassen hatte. Ich kletterte ziemlich zitterig von dem Apparat herunter und setzte mich auf meine Bank. Etliche Minuten lang bebte ich noch am ganzen Körper. Dann beruhigte ich mich. Mich umgab wieder meine alte Werkstatt, genau wie sie gewesen war. Ich hätte dort eingeschlafen sein und alles nur geträumt haben können.

Doch halt, nicht ganz! Der Apparat war vom Südostwinkel des Laboratoriums aufgebrochen. Gelandet aber war er im Nordwesten, vor der Wand, wo Sie ihn gesehen haben. Das zeigt Ihnen die genaue Entfernung von meinem kleinen Rasen bis zum Piedestal der weißen Sphinx, in das die Morlocks meine Zeitmaschine geschleppt hatten.

Eine Zeitlang konnte ich keinen Gedanken fassen. Dann stand ich auf und kam durch den Gang hierher; ich mußte hinken, denn meine Ferse schmerzte noch, und außerdem war ich furchtbar schmutzig. Auf dem Tisch an der Tür sah ich die *Pall Mall Gazette* liegen. Das aufgedruckte Datum zeigte tatsächlich den heutigen Tag, und als ich auf die Standuhr blickte, zeigte sie fast die achte Abendstunde an. Ich hörte Ihre Stimmen und Tellergeklapper. Zögernd blieb ich stehen – ich fühlte mich so elend und schwach. Dann schnupperte ich gutes, bekömmliches Fleisch und öffnete die Tür zu Ihnen. Den Rest wissen Sie. Ich wusch mich und aß, und jetzt erzählte ich Ihnen diese Geschichte.«

»Ich weiß«, sagte er nach einer Pause, »all dies wird Ihnen völlig unglaubhaft erscheinen. Für mich ist nur unglaublich, daß ich heute abend hier in diesem altvertrauten Zimmer sitze, in Ihre freundlichen Gesichter blicke und Ihnen diese merkwürdigen Abenteuer erzähle.«

Er sah den Arzt an. »Nein, ich kann nicht verlangen, daß Sie das alles glauben. Halten Sie es für eine Lüge – oder betrachten Sie es als eine Prophezeiung. Nehmen Sie an, ich hätte es in meiner Werkstatt geträumt. Denken Sie, ich hätte über das Schicksal unseres Geschlechtes sinniert, bis ich diese Dichtung ausgebrütet habe. Betrachten Sie meine Versicherung ihrer Wahrheit als einen bloßen Kunstgriff, um Ihr Interesse zu vertiefen. Nehmen Sie's also als Roman – aber was halten Sie davon?«

Er nahm seine Pfeife in die Hand und begann auf altgewohnte Weise nervös damit gegen die Stangen des Kamingitters zu klopfen. Einen Augenblick lang herrschte Stille. Dann begannen Stühle zu knarren und Schuhe auf dem Teppich zu scharren. Ich löste meinen Blick von dem Gesicht des Zeitreisenden und musterte die Runde seiner Zuhörer. Sie saßen im Dunkeln, und vor meinen Augen tanzten kleine Farbflecken. Der Arzt schien ganz in die Betrachtung unseres Gastgebers versunken zu sein. Der Herausgeber blickte angestrengt auf das Ende seiner Zigarre – der sechsten. Der Journalist wühlte nach seiner Uhr. Die anderen saßen, soweit ich mich erinnern kann, regungslos da.

Der Herausgeber erhob sich mit einem Seufzer. »Wie schade, daß Sie kein Romanschreiber sind!« sagte er und legte dem Zeitreisenden die Hand auf die Schulter.

»Sie glauben es nicht?«

»Nun ja...«

»Das habe ich mir gedacht.«

Der Zeitreisende wandte sich zu uns. »Wo sind die Streichhölzer?« fragte er. Er zündete eines an und sagte, an seiner Pfeife ziehend: »Um Ihnen die Wahrheit zu sagen... Ich kann es selbst kaum glauben... Und doch...«

Sein Blick fiel auf die welken weißen Blüten auf dem kleinen Tisch, und in seinen Augen stand eine stumme Frage. Dann drehte er die Hand, mit der er die Pfeife hielt, und ich sah, daß er auf ein paar halb verheilte Narben an seinen Knöcheln blickte.

Der Arzt stand auf, trat an die Lampe und untersuchte die

Blumen. »Das Gynäzeum ist eigenartig«, meinte er. Der Psychologe beugte sich vor, um besser sehen zu können, und streckte die Hand nach einer Blüte aus.

»Verflixt noch mal, es ist ja schon Viertel vor eins«, rief der Journalist. »Wie sollen wir nach Hause kommen?«

»Am Bahnhof gibt's genügend Droschken«, sagte der Psychologe.

»Es ist sonderbar«, sagte der Arzt; »aber auf jeden Fall kenne ich das natürliche System dieser Blumen nicht. Kann ich sie haben?«

Der Zeitreisende zögerte. »Auf keinen Fall«, sagte er dann unvermittelt.

»Wo haben Sie sie wirklich her?« fragte der Arzt.

Der Zeitreisende faßte sich an den Kopf. Er sprach wie jemand, der einen Gedanken, der ihm entfliehen will, festhalten möchte: »Weena hat sie mir auf meiner Zeitreise in die Tasche gesteckt.« Mit starrem Blick musterte er das Zimmer. »Ich werde wahnsinnig, wenn nicht gleich alles verschwindet! Dieses Zimmer und Sie und die Alltagsatmosphäre, das alles ist zuviel für meinen Verstand. Habe ich nun je eine Zeitmaschine gebaut oder das Modell einer Zeitmaschine? Oder ist alles nur ein Traum? Man sagt, das Leben sei ein Traum – ein ziemlich elender Traum manchmal –, aber einen zweiten solchen Traum, der sich nicht einordnen läßt, halte ich nicht aus. Es ist Wahnsinn! Und woher kam der Traum?... Ich muß die Maschine sehen. Wenn es überhaupt eine gibt!«

Er griff rasch nach der Lampe und trug sie, rot aufflammend, durch die Tür auf den Gang hinaus. Wir folgten ihm. Dort, im Flackerlicht des Dochtes, sahen wir die Maschine in ihrer ganzen Größe stehen, breit, häßlich und schief; ein Ding aus Messing, Elfenbein, Ebenholz und durchsichtig schimmerndem Quarz. Fest anzufühlen – denn ich streckte die Hand aus und betastete ihren Rahmen –, braun beschmiert und bespritzt auf dem Elfenbein und an den unteren Teilen mit Grashalmen und Moosfetzen behangen, und eine Geländerstange war verbogen.

Der Zeitreisende stellte die Lampe auf die Bank und fuhr

mit der Hand über die beschädigte Geländerstange. »Nun ist alles in Ordnung«, erklärte er. »Die Geschichte, die ich Ihnen erzählt habe, ist wahr. Es tut mir leid, daß ich Sie in diese Kälte hier hinausgeholt habe.« Er nahm wieder die Lampe hoch, und in völligem Schweigen kehrten wir in das Rauchzimmer zurück.

Er begleitete uns in die Diele und half dem Herausgeber in den Mantel. Der Arzt blickte ihm prüfend ins Gesicht und erklärte ihm nach einem gewissen Zögern, daß er an Überarbeitung leide – worüber der Zeitreisende laut lachte. Ich erinnere mich noch, wie er in der offenen Tür stand und uns laut gute Nacht zurief.

Ich teilte mit dem Herausgeber eine Droschke. Er hielt die Erzählung für eine ›amüsante Lüge‹. Ich für meinen Teil konnte zu keinem Schluß kommen. Die Geschichte war so phantastisch und unglaublich, die Art des Erzählens dagegen so glaubhaft und nüchtern. Den größten Teil der Nacht lag ich wach und dachte darüber nach. Ich beschloß, den Zeitreisenden am nächsten Tag nochmals besuchen zu gehen.

Man sagte mir, er sei im Laboratorium, und da ich mit dem Hausherrn auf gutem Fuß stand, ging ich einfach zu ihm hinauf. Das Laboratorium war jedoch leer. Einen Moment lang starrte ich die Zeitmaschine an, streckte die Hand aus und berührte den Starthebel. Da bebte und schwankte die gedrungene, so solide aussehende Masse wie ein vom Wind geschüttelter Zweig. Ihre Instabilität verblüffte mich außerordentlich, und ich mußte mich eigenartigerweise an meine Kinderzeit erinnern, als es mir verboten war, ohne zu fragen etwas anzurühren. Ich ging durch den Gang zurück. Der Zeitreisende trat mir im Rauchsalon entgegen. Er kam aus einem anderen Teil des Hauses. Er hatte eine kleine Kamera unter dem einen und einen Rucksack unter dem anderen Arm. Er lachte, als er mich sah, und reichte mir einen Ellbogen zur Begrüßung.

»Ich habe furchtbar viel zu tun«, erklärte er, »mit dem Apparat dort drinnen.«

»Aber haben Sie uns denn wirklich keinen Bären aufgebunden?« fragte ich. »Reisen Sie wirklich durch die Zeit?«

»Wirklich und wahrhaftig!« Und dabei sah er mir offen in die Augen. Er zögerte. Sein Blick wanderte durch das Zimmer. »Ich brauche nur eine halbe Stunde«, sagte er dann. »Ich weiß, warum Sie gekommen sind, und das finde ich furchtbar nett von Ihnen. Dort liegen ein paar Illustrierte. Wenn Sie zum Lunch bleiben wollen, werde ich Ihnen das Zeitreisen schlagend beweisen, mit Proben und so weiter. Wenn Sie mich jetzt bitte entschuldigen würden?«

Ich stimmte zu, wenngleich ich da die volle Bedeutung seiner Worte noch nicht verstand, und er nickte mir zu und ging den Korridor hinunter. Ich hörte die Tür seines Laboratoriums zuschlagen, setzte mich in einen Sessel und griff nach einer Tageszeitung. Was wollte er wohl vor dem Lunch tun? Dann erinnerte mich plötzlich eine Annonce daran, daß ich versprochen hatte, den Verleger Richardson um zwei Uhr aufzusuchen. Ich warf einen Blick auf meine Uhr und sah, daß ich es fast kaum mehr zu dieser Verabredung schaffen würde. Ich stand auf und ging den Korridor hinunter, um es dem Zeitreisenden zu sagen.

Als ich die Hand auf den Türgriff legte, hörte ich einen am Schluß merkwürdig abgerissenen Ausruf, ein Knacken und einen dumpfen Schlag. Ein Luftzug schlug mir um die Ohren, als ich die Tür öffnete, und das Geräusch zerbrechenden, auf den Boden fallenden Glases drang mir entgegen. Der Zeitreisende war nicht da. Einen Moment lang glaubte ich eine geisterhafte, undeutliche Gestalt in einer wirbelnden Masse von Schwarz und Messinggelb sitzen zu sehen – eine so durchsichtige Gestalt, daß die dahinterstehende Werkbank mit Plänen und Zeichnungen völlig deutlich erkennbar war; doch dieses Phantom verschwand, als ich mir die Augen rieb. Die Zeitmaschine war fort. Außer einem sich senkenden Staubschleier war das hintere Ende des Laboratoriums leer. Eine Scheibe des Oberlichtes war offenbar gerade vom Wind eingedrückt worden.

Ich staunte und konnte es mir nicht erklären. Ich wußte, daß etwas Seltsames passiert war, und konnte im Augenblick nicht erkennen, was das sein konnte. Während ich noch dastand und starrte, ging die Tür zum Garten auf, und der Diener erschien.

Wir sahen einander an. Dann begann mein Verstand wieder zu arbeiten. »Ist Mr.... dort hinausgegangen?« fragte ich.

»Nein, Sir. Hier ist niemand herausgekommen. Ich nahm an, daß ich ihn hier finden würde.«

Da verstand ich. Auf die Gefahr hin, Richardson zu enttäuschen, blieb ich und wartete auf den Zeitreisenden: wartete auf die zweite, vielleicht noch merkwürdigere Geschichte und auf die Proben und Photographien, die er mitbringen wollte. Doch jetzt beginne ich zu fürchten, daß ich ein Leben lang warten muß. Der Zeitreisende verschwand vor drei Jahren. Und wie jedermann heute weiß, ist er niemals zurückgekehrt.

Epilog

Wir können nichts tun als uns darüber wundern. Wird er jemals zurückkommen? Vielleicht ist er in die Vergangenheit zurückgewirbelt und unter die blutrünstigen behaarten Wilden der frühen Steinzeit gefallen, in die Tiefen des Kreidemeers, oder unter die grotesken Saurier, die riesigen Echsenungetüme der Jurazeit. Vielleicht wandert er eben jetzt – wenn ich mir diese Vermutung gestatten darf – auf einem von Plesiosauriern bevölkerten Korallenriff des Oolithikums oder am Ufer eines einsamen Salzsees der Triasperiode. Oder ist er in die Zukunft gereist, in eines der nicht so fernen Jahrhunderte, in denen die Menschen noch Menschen sind, aber in welchen die Rätsel unserer heutigen Zeit beantwortet und ihre Probleme gelöst sind? Voran in das Mannesalter des Menschengeschlechts: denn ich kann mir nicht denken, daß unsere Tage schwachen Herumexperimentierens, bruchstückhafter Theorien und allseitiger Uneinigkeit wirklich die Blütezeit der Menschheit sein könnten! Das ist jedenfalls meine Meinung. Er, das weiß ich – denn diese Frage ist lange vor dem Bau der Zeitmaschine zwischen uns erörtert worden –, hielt nicht sehr viel von dem sogenannten Fortschritt der Menschheit und sah in den wachsenden Eigenschaften der Zivilisation nur eine Anhäufung von

Torheiten, die unweigerlich auf ihre Schöpfer zurückfallen und sie am Ende vernichten würden. Wenn das so ist, bleibt uns nur übrig, so zu leben, als wäre es nicht so. Aber für mich ist die Zukunft noch schwarz und verhangen – ein ungeheures Nichtwissen, das nur gelegentlich an wenigen Stellen von der Erinnerung an seine Erzählung beleuchtet wird. Und zu meinem Trost trage ich zwei fremde weiße Blumen bei mir – inzwischen verschrumpft, vergilbt, plattgedrückt und brüchig – als Zeugen dafür, daß selbst nach dem Vergehen von Intelligenz und Stärke noch Dankbarkeit und Liebe zueinander in den Herzen der Menschen weiterleben.

David Ely

Aus!

Professor Gull war nie nach England gekommen. Er hatte es immer gewollt, mehrmals geplant und einmal sogar alle Vorbereitungen dafür getroffen. Aber immer war er daran gehindert worden. Der Zweite Weltkrieg hatte es ihm unmöglich gemacht, ein Stipendium an der Universität von London auszunutzen. Später hatten ihn die Ausgaben für seine Hochzeit gezwungen, eine bescheidene Privat-Dozentur in Cambridge abzulehnen (und die darauffolgenden Ausgaben für seine Scheidung von der Teilnahme an einer fröhlichen Junggesellenreise nach England abgehalten). Schließlich hatte er Anstalten getroffen, ein akademisches Fortbildungsjahr in London zu absolvieren. Er hatte einen Schiffsplatz gebucht, sich von den beiden Kollegen, die ihm das Geleit gegeben hatten, verabschiedet, aber – wie das Schicksal es wollte – am gleichen Tage ereignete sich die Atomkatastrophe in der Arktis. Überall wurde die Luftwaffe alarmiert und die Raketenbasen versiegelt. Schreckensgerüchte verbreiteten sich über den Erdball. Alle Schiffe auf See und alle Flugzeuge in der Luft wurden zu ihren Heimathäfen zurückbeordert. Professor Gulls Schiff kam bis Sandy Hook, beschrieb einen Bogen und trat die Rückreise an. Er brachte eine düstere und kostspielige Woche in New York zu. Dann, nach der gemeinsamen Erklärung Amerikas und Rußlands, ein Embargo, notfalls mit Gewalt, über den gesamten internationalen Handel und Verkehr bis zum Ende der Krise zu verhängen, zahlte er seine Rechnung und nahm den nächsten Zug, der ihn zu seiner Universität zurückbrachte.

Die nächsten zwei Jahre lebte er wie die vergangenen zwanzig – als pflichttreuer, braver Geschichtsprofessor, der auf seine Pensionierung zustrebt. Er war beleibt und hatte eine Glatze. Wenn er zu Heißes aß, brach ihm der Schweiß aus. Er bekam leicht Hühneraugen. Einmal hatte er sich einen Hund gekauft, aber der kleine Gefährte hatte ein Paar Socken verschlungen und war daran krepiert. Beruflich hatte er sich auf ein Thema spezialisiert, und auch das erwies sich als Fehlschlag. Er hatte sich nämlich die moderne englische Liberale Partei ausgesucht, zu einer Zeit, als er noch jung war und ein Wiederaufstieg der Liberalen unmittelbar bevorzustehen schien, aber das löste sich sozusagen vor seinen Augen in Luft auf.

Dennoch war Professor Gull nicht unglücklich. Er war eine freimütige, optimistische Natur. Er lehnte die moderne Welt ab, wußte dennoch ihre Annehmlichkeiten zu schätzen und bewahrte sich eine tiefe Verehrung für England, obwohl er nie dort gewesen war. Er trug Tweeds und dunkelgeränderte Gläser, und wenn er am Sonntag, seiner Gesundheit wegen, durch die Kornfelder in der Umgebung der Universität stapfte, hatte er eine Schirmmütze auf dem Kopf und einen Knotenstock in der Hand.

Großbritannien war, wie Amerika, Afrika und Asien, infolge des Embargos von aller Welt abgeschnitten, im Herzen Professor Gulls aber lebte es weiter wie eh und je. Abgesehen von der Beschäftigung mit den unergiebigen Liberalen gab es in der Geschichte keine Epoche, die er besonders bevorzugte. Er las über alle, und wenn er keine Vorlesungen hielt, träumte er von vergangenen Zeiten. Dann war er ein Druide oder Kelte oder Normanne, ritt mit Rittern und Rundköpfen, saß mit Dr. Johnson oder den Prä-Raffaeliten zusammen. Er reiste mit Chaucer nach Canterbury und bummelte mit Pepys und Boswell durch London. Er stand in der Menge, wenn Hexen verbrannt, ein Straßenräuber gehenkt, ein König geköpft oder ein Kricket-Testmatch ausgetragen wurde. Er war in jeder Beziehung Engländer, bis auf den Paß.

Als die amerikanische Regierung, überraschend in philosophischen Kreisen, zur Teilnahme an einer Studienreise von Wissenschaftlern nach England aufrief, bewarb sich Professor Gull ohne große Hoffnung. Er nahm nicht an, daß die Wahl auf ihn fallen würde, es war übrigens das erste Mal, daß das Embargo gelockert wurde. Jeder wäre gern gefahren, aber natürlich würden nur Kapazitäten und Wissenschaftler mit Regierungsbeziehungen in Frage kommen. Zu seiner größten Überraschung war er dann doch unter den Auserwählten. ›Warum ich?‹ fragte er sich, fand aber keine Erklärung. Vielleicht hing es mit der Liberalen Partei zusammen, für die er vermutlich die führende Autorität in Amerika war. Aber das konnte kaum als hervorragendes Verdienst gelten. Oder war es möglich, daß unter dem Druck des Embargos die englische Wählerschaft in einer exzentrischen Laune die Liberalen an die Macht gebracht hatte? ›Höchst unwahrscheinlich‹, dachte Professor Gull. Immerhin, da alle Verbindungen abgebrochen waren, das Radio gestört, Zeitungen und Zeitschriften nicht erschienen und kein Tourist bei seiner Rückkehr Auskunft geben konnte, war alles möglich. Wer konnte das wissen?

Als er dann im Flugzeug saß, zusammen mit vierzig amerikanischen Professoren, war er recht zufrieden. Endlich befand er sich auf dem Weg nach England. Durch die schmalen Kabinenfenster konnte er schwimmende Wolkenbänke sehen. New York lag hinter ihnen. Auf den Knien hatte er seine Aktenmappe, mit Reiseliteratur vollgestopft, die er in all den Jahren des Wartens gesammelt hatte. Er zog eine Karte von London heraus, breitete sie aus und studierte sie begierig. Hydepark... der Tower... das Britische Museum. Mit dem Zeigefinger fuhr er die winkligen Straßen von Soho nach, sprang dann zu den alten East-India-Docks über, fuhr wieder zurück nach Whitehall, die Fleetstreet entlang, und machte schließlich andachtsvoll vor St. Paul's halt. Er zog Broschüren und Prospekte heraus und vertiefte sich in Burggräben und Türme, Altäre und Zinnen. Er schloß die Augen, überwältigt von einem Anfall von Anglophilie – Visionen von Dörfern im Grünen, Landsitzen, Lordmayors mit goldener Kette und Amtsstab, Leibgardisten mit Hellebarden, Geschäftsleuten mit runden steifen Hüten und zusammgerollten Schirmen.

Vor ihm begann ein Wirtschaftswissenschaftler aus Harvard aus voller Kehle ›Rule, Britannia . . .‹ zu singen, andere fielen ein. ›Das ist der rechte Geist‹, dachte Professor Gull. Er begann leise mitzusummen und entnahm seiner Aktenmappe weitere Broschüren. York . . . das Seengebiet . . . Canterbury . . . Devonshire. Er konnte es kaum erwarten, daß das Flugzeug den Boden Englands berührte.

Je näher sie kamen, desto dichter wurde die Wolkendecke. Ungeduldig spähte Professor Gull hinab, um einen ersten Blick auf England zu erhaschen. Grün – so würde es sein, ein Teppich von Frühlingsgrün im Schmuck von Dörfern und Städten, die östlich von London immer dichter werden mußten.

Die Maschine sank unter die Wolken herab, in den Ohren von Professor Gull dröhnte und rauschte es. England brauste ihm entgegen. Aber es war nicht grün. Es war braun. Und wo waren die Dörfer?

Die Maschine setzte in Sprüngen über ein braunes Brachfeld mit schlammigen Pfützen, offenbar von einem kürzlich niedergegangenen Regen. Nirgends ein Grashalm, weder Baum noch Strauch. Die Wissenschaftler wurden gegen die Sicherheitsgürtel gepreßt und machten mißmutige Bemerkungen. Ausgeschlossen, dieses war nicht London Airport. Wahrscheinlich waren sie durch einen Maschinendefekt oder das Wetter zu einer Notlandung gezwungen worden, aber wo?

»Wie ärgerlich«, murmelte Professor Gull.

Wenige Augenblicke nachdem das Flugzeug zum Stillstand gekommen war, öffnete sich die Tür, ein Mann in einem Overall und einem Bauarbeiterhelm auf dem Kopf kletterte die Leiter hoch und kam herein. »Guten Tag, meine Herren«, sagte er und wischte seine verstaubte Brille. »Ich hoffe, Sie hatten einen angenehmen Flug.«

»Wo, zum Teufel, sind wir?« fragte einer der Professoren.

»Dieses ist die Orientierungszentrale«, erwiderte der Mann im Helm. »Machen Sie sich keine Gedanken, alles wird Ihnen der Reihe nach erklärt werden.« Er setzte die Brille wieder auf und trat in die Mitte. »Wenn Sie so freundlich sein würden, sich jetzt zu erheben. Draußen wartet ein Lastwagen, der Sie zum Informationsbüro bringen wird.« Er wandte sich um und kletterte die Leiter hinab.

Die Professoren folgten ihm unter ärgerlichen Ausrufen. »Wenn das Grönland ist, warum sagt es dieser Idiot nicht«, bellte einer.

Als sie aus dem Flugzeug kletterten, sahen sie eine Reihe von Wohnbaracken und Zelten in einer Entfernung von hundert Yards und etwas, was eine schwere Straßenbaumaschine sein konnte, die Wolken von Staub hochschleuderte.

»Das ist Grönland«, sagte Professor Gull, während er sich hinten auf den Lastwagen schwang. »Man hat uns offenbar mit einer Gruppe von Raketenfachleuten verwechselt und uns zu einer Raketenbasis gebracht.«

»Es könnte Yorkshire sein«, sagte einer seiner Nachbarn. »Oder irgendwo im Schottischen Hochland.«

»Grönland«, beharrte Professor Gull.

»Gibt es in Grönland Burgen?« fragte sein Nachbar.

»Sehen Sie jene Ruinen?« Sie konnten vom Lastwagen aus, in der Nähe eines Zeltlagers, etwas sehen, das wie der Unterbau einer mittelalterlichen Festung aussah. Das mächtige graue Mauerwerk eines niedrigen Turmes war von einem Baugerüst umgeben, auf dem Maurer arbeiteten.

»Eine Raketenrampe«, sagte Professor Gull.

»Mit einem von Zinnen gekrönten Turm?«

»Tarnung«, meinte Professor Gull.

Der Lastwagen hielt vor einer der Wohnbaracken. Die Professoren wurden gebeten einzutreten und gelangten in einen Raum mit Reihen von metallenen Sesseln vor einer Wandtafel, an der eine große Karte von Großbritannien hing. Davor stand ein junger Mann mit schütterem Haar und feierlichem Ausdruck. Er trug ein schwarzes Trauerband am Ärmel. In der Hand hielt er einen Zeigestock. Als er zu sprechen begann, merkte man, daß er nicht Engländer, sondern Amerikaner war.

»Mein Name ist Wychcote«, sagte er. »Ich bin der Public-

Relations-Abteilung beim Unterstaatssekretariat für Verteidigung zugeteilt.« Er machte eine Pause und bog den Zeigestock mit beiden Händen. »Willkommen in England, meine Herren!«

»Nonsens«, sagte einer halblaut.

Mr. Wychcote musterte seine Zuhörer mit ernstem Gesicht. »Dieses ist der erste Schritt zu Ihrer Orientierung. Ich werde mich kurz fassen.« Er hüstelte in die Hand. »Lassen Sie mich zunächst auf die Atomkatastrophe eingehen. Wir wußten seit langem, daß etwas Derartiges im Bereich der Möglichkeiten lag. Wir wußten, daß es sich ereignen könnte, und trafen alle nur erdenklichen Vorkehrungen dagegen. Dasselbe taten ihrerseits die Russen. So wurden verschiedene Programme für den Fall einer Katastrophe von beschränktem Ausmaß entwickelt.«

»Und was geht uns das an?« fragte eine hohe Stimme aus der Versammlung. »Wir sind keine Verteidigungsexperten. Wir sind Universitätsprofessoren.«

»Bitte, meine Herren, gedulden Sie sich.« Mr. Wychcote tupfte sich die Stirn mit einem Taschentuch. »Wie ich eben ausführte, behielten wir die Möglichkeit eines Unglücks ständig im Auge. Wir hatten sogar unter der Hand Fühlung mit der Sowjetunion aufgenommen. In der Tat wurden zwei Jahre, bevor das Unglück eintrat, diesbezügliche Beziehungen mit den Russen aufgenommen. Ein ständiges paritätisches Exekutivkomitee tagte inoffiziell und arbeitete ein Programm von Maßnahmen aus, als Unterlage für den Nationalen Sicherheitsrat und die entsprechende russische Körperschaft. Wir waren also nicht unvorbereitet, als das, was wir immer befürchtet hatten, tatsächlich eintrat.«

Professor Gull studierte die Landkarte von Großbritannien und fragte sich, ob Yorkshire oder das Schottische Hochland tatsächlich so öde und trostlos sei wie die kahle Ebene draußen. Denn Schottland konnte es nicht sein, dazu war es zu flach, und seines Wissens nach bestand Yorkshire aus grasbewachsenem Moorland. Oder?

Zu seiner eigenen Überraschung hörte er sich laut fragen:

»Ich denke, das Unglück ereignete sich in der Arktis?«

Ein Dutzend Köpfe wandte sich nach ihm um.

»Das war die offizielle Erklärung«, antwortete Mr. Wychcote. Er zögerte. »Sie haben Ihren Lunch in der Maschine eingenommen, meine Herren. Ich darf annehmen, daß Sie auch ein Beruhigungsmittel bekommen haben. Sie sind also vorbereitet auf das, was ich Ihnen jetzt mitteilen muß.« Er wandte sich der Landkarte zu. »Es hat sich nicht in der Arktis ereignet. Unglücklicherweise. Soweit die Untersuchungen Amerikas und der Sowjetunion ergeben haben, fand die Atomexplosion etwa hier statt.« Der Zeigestock deutete auf Edinburgh.

Die Professoren rutschten unruhig auf ihren Sitzen. Professor Gull tippte sich gegen die Ohren, um das lästige Dröhnen loszuwerden.

Wo Edinburgh lag, sah man auf der Karte eine Reißzwecke, von der eine Schnur herabhing. Mr. Wychcote nahm das Ende der Schnur zwischen Daumen und Zeigefinger und beschrieb damit einen Kreis, der ganz England und Irland einschloß. »Das war das Gebiet der Glutwelle«, sagte er.

Kein Laut war im Raum zu hören. Professor Gull studierte die Karte mit unverminderter Aufmerksamkeit. Der Umriß Großbritanniens erinnerte an einen sitzenden Hahn.

Mr. Wychcote ließ die Schnur los und wandte sich wieder der Versammlung zu. »Im Bruchteil einer Sekunde war alles vorbei«, sagte er. »Sechzig Millionen Menschen, meine Herren, zu Asche verwandelt.«

›Ausgeschlossen‹, dachte Professor Gull. Auf der Karte waren noch Städte und Dörfer, Eisenbahnlinien und Straßen, Häfen und Flugplätze. Sie war übersät damit. Das alles konnte unmöglich weggewischt sein. Diese Karte konnte doch keine Lüge sein.

»Ich wundere mich nicht über Ihr Schweigen, meine Herren«, setzte Mr. Wychcote fort. »Der Gedanke ist nicht zu fassen. Sogar wir, die wir seit zwei Jahren der furchtbaren Wirklichkeit gegenüberstehen, haben Mühe, sie für wahr zu halten. Und doch ist es die Wahrheit. Von größtem Nutzen sind dabei die Beruhigungstabletten, die überaus wirksam sind. Sie werden immer mehr davon nehmen müssen, bis Sie sich an die Tatsachen gewöhnt haben . . .«

Professor Gull gähnte. Er fühlte ein leichtes Bedauern, ein Beruhigungsmittel bekommen zu haben, wie ein Stier, den man zur Schlachtbank treibt. Auch andere gähnten und blickten verlegen um sich, weil ihre ganze Reaktion auf die furchtbare Mitteilung nur in einem Anfall von Müdigkeit bestand.

Mr. Wychcote sprach weiter, wobei er ein rascheres Tempo einschlug, so als hätte er das alles schon Dutzende von Malen auswendig hergesagt. »Vom Standpunkt geschichtlicher Notwendigkeit«, sagte er, »ergibt sich ein kleiner Trost. Denken Sie an die Seuchen des Mittelalters. Ihnen fiel regelmäßig nach grausamen Qualen ein Drittel bis die Hälfte der Bevölkerung zum Opfer. Denken Sie an die Eroberungs- und Religionskriege, ganz zu schweigen von den Folterungen, Hinrichtungen und dergleichen. Oder an den großen Brand von London 1666.« Er räusperte sich.

»Und wie war es mit dem Zweiten Weltkrieg? Mit dem ›Blitz‹ von 1940 und später mit der V 1 und V 2? Gebäude, ganze Häuserblocks stürzten zusammen, ehrwürdige Denkmäler sanken in Staub, die Straßen waren angefüllt mit Sterbenden und Verwundeten. Die Vorstellung dessen, was sich hier vor zwei Jahren ereignet hat, wird nur durch den Gedanken erträglich, daß es eine einzige Katastrophe war – anstelle der vielen früheren.« Er spitzte die Lippen und blickte sich feierlich um. »Ein Unglück, selbstverständlich. Ein furchtbares Unglück. Aber immerhin, im Vergleich mit den früheren Gewaltakten und Zerstörungen, von denen die englische Geschichte voll ist, kann man es ein ›menschliches‹ Unglück nennen. Im Bruchteil einer Sekunde war alles vorüber.« Er senkte den Kopf. »Niemand brauchte zu leiden.«

Das Schweigen hielt an. Jemand nieste.

»Und was war mit der Radioaktivität?« fragte jemand zaghaft.

»Ein weiterer ›menschlicher‹ Zug«, erwiderte Mr. Wychcote, »der Sprengkopf war, wie man sagt, ›sauber‹.«

Professor Gull stand auf. Das Beruhigungsmittel hatte seine

Wirkung getan, er fühlte sich weder erschüttert noch niedergeschlagen. Er war nur erbittert. Wie konnten sie England in Schutt und Asche verwandeln, bevor er es gesehen hatte!

»Machen Sie sich nicht lächerlich«, sagte er. »Sehen Sie aus dem Fenster. Was sehen Sie? Nichts. Eine Menge Staub und Dreck. Wollen Sie mir einreden, das sei England?«

Mr. Wychcote sah ihn nachsichtig an.

»Das ist nicht England«, setzte Professor Gull hastig fort. »Das kann es nicht sein. Hier liegt ein Irrtum vor. Sehen Sie, ich will zugeben, daß eine Atombombe imstande ist, ein ganzes Land zu zerstören, aber das läßt sich nicht geheimhalten. Wenn es sich um Albanien handelte, vielleicht, oder irgendein abseits gelegenes Gebiet wie Grönland, wo niemand hinkommt. Aber doch nicht England!«

Andere murmelten zustimmend. »Er hat recht, es kann nicht England gewesen sein.«

Mr. Wychcote sprach jetzt leise und mit trauererfüllter Stimme: »Glauben Sie wirklich, meine Herren, die Vereinigten Staaten hätten sich die Mühe und Kosten gemacht, Sie Tausende von Meilen hierherzufliegen, nur damit Sie sich ein Märchen anhören?«

Professor Gull setzte sich wieder und wischte sich über die Stirn. Die Fenster standen offen, aber im Raum war es stickig. Wölkchen von Staub schwebten von draußen herein. Undeutlich ging es ihm durch den Kopf, was dieser Staub gewesen sein mochte.

»... die Frage, die sich der Präsident und der russische Ministerpräsident als erste stellten, war: ›Was tun?‹« hörte man Wychcote sagen. »Selbstverständlich hatten sie sich sofort über den heißen Draht in Verbindung gesetzt. Ein schreckliches Dilemma, Großbritannien und Irland gab es nicht mehr. Wer war schuld? Flugzeuge beider Großmächte mit Atomsprengköpfen an Bord hatten sich auf ihren Routineflügen ständig über dem Pol befunden ... aber welches war explodiert, welches war außer Kontrolle geraten? Oder war eins gewaltsam zu einer Kursänderung gezwungen worden? Die Möglichkeiten waren ungezählt. Die Klärung der Schuldfrage konnte Jahre in Anspruch nehmen, wenn sie überhaupt möglich war. Außerdem war sie ein sekundäres Problem. Dank den Vorarbeiten des Ständigen Ausschusses lag den beiden Staatsmännern eine Reihe von Planstudien vor. Unter allen Umständen mußte das Unglück geheimgehalten werden. Wäre durchgesickert, was sich ereignet hatte, kann man sich die Folgen vorstellen. Eine Woge von Entsetzen und Hysterie hätte sich von Kontinent zu Kontinent fortgepflanzt.«

Mr. Wychcotes Zuhörerschaft, infolge des Beruhigungsmittels kaum noch aufnahmefähig, blinzelte ihn an und hatte Mühe, das Gähnen zu unterdrücken.

»Bedenken Sie ferner die politischen Auswirkungen, die Spannung«, setzte er fort. »Amerika und Rußland hätten sich gegenseitig beschuldigen müssen. Da es an Beweisen fehlte, hätten sie Erklärungen erfinden müssen. In einer Atmosphäre von Furcht und Mißtrauen hätte Gott weiß was passieren können. Provokation, Gegenprovokation, vielleicht ein Zwischenfall und dann – Eskalation.«

Mr. Wychcote stieß mit dem Zeigestock hart auf den Boden, worauf eine Reihe halb herabgesunkener Köpfe hochfuhr. »Um der Menschheit willen«, setzte er fort, »mußte das Unglück geheimgehalten werden. Großbritannien und Irland mußten von der Außenwelt abgeschnitten werden, aber so, daß es nicht auffiel. Deshalb mußte jede Nation isoliert werden oder, besser gesagt, gezwungen werden, nur mit ihren unmittelbaren Nachbarn im Verkehr zu bleiben, auch aus wirtschaftlichen Gründen, also Amerika mit Kanada, Frankreich mit Spanien, Rußland mit Osteuropa und so weiter.«

Professor Gull stellte eine zweite Frage: »Würden Sie uns bitte sagen, wo wir uns eigentlich befinden? Ich meine genau den Punkt, an dem wir im Augenblick sind?« Seine Stimme klang ungewöhnlich laut. »Etwa im Schottischen Hochland?« setzte er hinzu.

Mr. Wychcote schüttelte den Kopf. »Nein. Nicht in Schottland. Wir befinden uns in England.« Er machte eine Bewegung zum Fenster hin. »Das ist Oxford. Um es genau zu sagen, wir befinden uns auf dem Gelände von All Souls College.«

»Oxford?«

»Oxford«, sagte Mr. Wychcote.

»Sie wollen damit sagen, daß hier Oxford lag?« rief jemand.

»Hier ist es«, sagte Mr. Wychcote mit fester Stimme. »Wir müssen positiv denken, progressiv, kreatorisch.« Er richtete seinen Zeigestock auf das Fenster. »Der Turm dort drüben, meine Herren, ist Merton College.«

»Heißt das, daß er stehengeblieben ist?«

»Er ist wiederaufgebaut worden. Wiederhergestellt. Das ist der Grund, weshalb Sie nach England gekommen sind.« Mr. Wychcote schwang den Zeigestock wie einen Säbel. »Es handelt sich um die ›Operation Phönix‹. Wir und die Russen sind dabei, alles so aufzubauen, wie es einmal gewesen ist. Alles.«

Professor Gull wischte sich wieder über die Stirn. Dabei bemerkte er, daß er statt des Taschentuches einen Reiseprospekt in der Hand hielt. Er trug die Überschrift: »Besuchen Sie das historische Shrewsbury in dem altertümlichen Shropshire!«

Er lachte kurz und hart auf und versank dann in verlegenes Schweigen. Aber niemand drehte sich nach ihm um.

Auf Mr. Wychcote folgten Vertreter anderer Stellen, die Berge von Karten, graphischen Tabellen und statistischen Daten mitbrachten. Die Karten waren besteckt mit bunten Markierungen, die im einzelnen den Wiederaufbau Großbritanniens verdeutlichten. Die Professoren saßen teilnahmslos auf ihren Stühlen und kämpften gegen die Wirkung der Beruhigungsmittel an. Von Zeit zu Zeit schlief einer ein und mußte durch einen besonders dazu bestellten Diener höflich geweckt werden. Professor Gull war nicht sicher, ob er wach war oder nicht, die Stimmen der Sprecher klangen dünn und wie aus weiter Ferne, ihre Gesichter waren verschwommen, und er war nicht imstande, die Zahlen und Buchstaben auf den Karten zu unterscheiden. Der Gedanke an einen Wiederaufbau von Großbritannien beeindruckte ihn nur soweit, als er ihn für ›clever‹ hielt. In seiner Vorstellung nahm das Ganze Dimensionen an wie aus einer Spielzeugschachtel, kleine Modelle von Gebäuden und Bauwerken, die auf einem großen Tisch aufgeleimt waren.

Eine Teepause wurde eingelegt. Professor Gull trank zwei Tassen, was sein Unbehagen steigerte. Er trat auf den letzten Redner zu, einen dicken kleinen Beamten vom State Department, und faßte ihn am Ärmel.

»Wenn ich richtig verstanden habe, soll alles wiederhergestellt werden?«

»Alles.« Der Beamte lächelte ihn an und nickte dann den Umstehenden freundlich zu.

»Ist das nicht etwas phantastisch?«

»In gewissem Sinne vielleicht. Bestimmt ein ehrgeiziger Plan.«

»Und wie steht es mit London?«

»London selbstverständlich auch«, sagte der State-Department-Mann und biß in einen Keks. »London, York, Canterbury, Bristol, alle, das steht fest.«

»Und die Dörfer und Städte?« fragte jemand.

»Jedes einzelne Dorf«, sagte der Beamte in aller Ruhe. »Jede Stadt, ob klein oder groß, jedes Denkmal, jede Burg, jede Kirche, Kathedrale, jeder Wald, jede Schlucht und jedes Tal.«

»Unvorstellbar«, sagte Professor Gull.

»Bis auf die kleinste Kleinigkeit«, war die gutgelaunte Antwort. »Jeder Grashalm, jede Hecke und jeder Strauch, alle Landsitze, Paläste, Hütten und Schuppen. Alles. Stonehenge und die Kronjuwelen, das ›Old Vic-Theatre‹ und ›Holyrood Palace‹.«

»Staatlicher Irrsinn«, unterbrach der Wirtschaftswissenschaftler aus Harvard, der ebenso wie Professor Gull plötzlich hellwach zu sein schien.

»Geld spielt keine Rolle«, versicherte der State-Department-Mann und nahm einen zweiten Keks. »Wie Ihnen der Vertreter des Schatzamtes erklärt hat, ist das Raumfahrt-Wettrennen abgeblasen.« Plötzlich schien ihm klarzuwerden, daß die Philologen um ihn herum seinen leichten Ton nicht sonderlich schätzen könnten. Er legte die Stirn in Falten und wurde sachlich. »Aber eine andere Aufgabe steht heute an erster Stelle. Die Vereinigten Staaten und die Sowjetunion, meine Herren, haben sich in einem Geheimabkommen feierlich verpflichtet, die furchtbare Eintragung in den Annalen der Geschichte auszuradieren.« Er legte den angebissenen Keks auf das Tablett zurück und verschränkte die Arme. »Der kalte Krieg gehört der Vergangenheit an. Die totale Wiederherstellung Großbritanniens ist die Aufgabe der Gegenwart.«

Niemand sprach ein Wort.

»England wird wieder auferstehen«, sagte er abschließend. »Es muß auferstehen. Und es wird. Sie werden dabei helfen. Schottland ebenfalls. Für Irland«, setzte er hinzu, »sind zur Zeit allerdings noch keine Mittel bereitgestellt.«

Noch immer herrschte Schweigen. Die Professoren rieben sich die Augen und blickten unbehaglich auf die Tabellen und graphischen Tafeln an der Wand.

»Und was ist mit der Bevölkerung?« fragte jemand.

»Wie Sie von der Soziologischen Kommission gehört haben«, erinnerte geduldig der Mann vom State Department und wünschte im stillen, die Beruhigungsdosis könnte irgendwie verringert werden. In der jetzigen Form war die Informationsarbeit zu schleppend. »Neue Generationen werden gezeugt, geboren und aufgezogen werden«, sagte er. »Alle Städte und Dörfer werden wieder bevölkert, in den Wäldern wird es wieder Vögel, in den Parks Hirsche und auf den Feldern Füchse geben. Auch Insekten und sogar Würmer. Nichts wird dem Zufall überlassen. Alles gehört zur ›Operation Phönix‹. Hunderte von Spezialisten beider Nationen sind schon an Ort und Stelle, und weitere Hunderte folgen. Sie, meine Herren, bilden nur eine kleine Gruppe, so wertvoll Ihre Arbeit ist. Die ersten Dörfer stehen schon, wie Sie gehört haben, und die ersten Bäume sind angepflanzt.«

»Unmöglich«, bemerkte einer.

»Schwierig, gewiß. Zeitraubend selbstverständlich. Und kostspielig. Aber unmöglich?« Der Mann vom State Department erlaubte sich ein kleines Lächeln. »Schließlich haben die Holländer in kurzer Zeit Rotterdam und die Deutschen ihre zerbombten Städte fast über Nacht wiederaufgebaut. New York wird sozusagen fortwährend aufgebaut. Nein, meine Herren, die materielle Seite ist die leichteste. Es ist die Planung, die schwer ist.« Er warf einen Blick auf die Uhr. »Aber es ist Zeit für Ihren kleinen Ausflug nach Oxford. Nach Ihrer Rückkehr werden Sie dann hören, welcher Abteilung Sie zugeteilt werden. Und vergessen Sie nicht, beim ersten Anzeichen von Beunruhigung weitere Pillen! Wir haben genug davon.«

In der nächsten Stunde wurden Professor Gull und seine vierzig Kollegen durch den Staub des alten England von Baracke zu Baracke geführt, um die Pläne für den Aufbau von ›Neu-England‹ in Augenschein zu nehmen. Anscheinend war Oxford das Hauptquartier der Amerikaner, während sich das der Russen in York befand. Da das Projekt aber gemeinschaftlich durchgeführt wurde, gab es auch in Oxford Russen, die in ihren Stabswagen und Jeeps herumflitzten, neben den Amerikanern, die in Zelten der Bauabteilung an Blaupausen und Zeichnungen arbeiteten und unter Wolken von Staub mit Hubschraubern an- und abflogen. Die Gruppe konnte an diesem Nachmittag förmlich zusehen, wie ›Merton College‹ hochwuchs, Stein um Stein, während Inspektoren der Baupolizei die Pfähle einschlugen und das benachbarte ›Corpus Christi College‹ absteckten.

Nach der Rückkehr zum Informationsbüro wurde die neue Gruppe vor eine riesige Wandtafel mit der Aufschrift ›Operation Phönix‹ geführt. Darunter sah man nebeneinander zwei Kästen mit der Inschrift: ›U.S. Nationaler Sicherheitsrat‹ und ›Präsidium des Obersten Rates der Sowjetunion‹. Von beiden Kästen ging ein kompliziertes Netz von Linien und kleineren Kästen aus, die zeigten, wie die Mittel der beiden Großmächte für den Aufbau Großbritanniens eingesetzt werden sollten.

»Dieses ist die historisch-politische Plankommission«, sagte der Instrukteur und deutete auf einen Kasten. »Hier werden die grundlegenden Entscheidungen ausgearbeitet, die dann der Koordinierungskommission zur Genehmigung zugehen«, sein Finger fuhr zu einem höher gelegenen Kästchen, »die ihrerseits eine Bestätigung des Exekutivausschusses und des

Amtes für Vorrangigkeit einholen muß...« Seine Stimme dröhnte, und sein Finger fuhr mit unfehlbarer Sicherheit von Kasten zu Kasten. Einige Zuhörer standen noch immer unter der Wirkung der Drogen, waren überdies vom Ausflug ermüdet und schnarchten in ihren Sesseln.

Eine Glocke ertönte. Ein Diener teilte die Zuweisungsscheine aus, die angaben, wo sich jeder zu seinem Einsatz zu melden hatte.

Professor Gull bekam einen Schein, auf dem sein Name und der Vermerk stand: »Zugeteilt der Futurologischen Sektion, Baracke 12 B.« Einen ähnlichen Schein erhielt sein Nachbar, ein behender kleiner Professor namens Hoop, der einen gepflegten weißen Schnurr- und Kinnbart besaß.

»Sonderbar«, sagte Dr. Hoop. »Mein Fachgebiet sind die Normannen in England. Was hat das mit Zukunft zu tun? Das ist doch sehr merkwürdig«, fügte er hinzu, als er und Professor Gull hinausgingen, um ihre Abteilung zu suchen. »Überhaupt ist mir nicht klar, was diese ganze Futurologische Sektion soll. Der Zweck der ›Operation Phönix‹ ist doch der Wiederaufbau? Wie will man denn etwas wiederaufbauen, was es noch nie gegeben hat?«

»Es gibt auch, soviel ich weiß, eine Sektion ›Prähistorisches England‹«, sagte Professor Gull.

»Allerdings.«

»Dann wäre eine Posthistorische Sektion nicht weniger berechtigt«, meinte Professor Gull. »Diesbezüglich«, setzte er hinzu, »würde mich gar nichts wundern.«

Die Baracke 12 B bot ein Bild intensiver Tätigkeit. Etwa zwanzig Funktionäre arbeiteten an langen Holztischen, die unter Papieren, Schreibmaschinen und Telephonapparaten fast verschwanden. Professor Gull und Dr. Hoop wurden in ein Privatbüro am Ende der Baracke geführt, wo sie dem Abteilungsleiter vorgestellt wurden, einem jungen, athletisch gebauten Vertreter der Universität Yale, namens McAmis.

»Willkommen in der Futurologischen Sektion, meine Herren!« sagte Dr. McAmis herzlich. »Heute wird nicht mehr gearbeitet, aber morgen früh geht es mit Volldampf los.« Er grinste und zeigte seine schneeweißen Zähne. »In erster Linie sind wir eine Planungs- und Koordinierungsabteilung.«

»Entschuldigen Sie«, sagte Professor Gull, »aber eine Frage wurde bei unserer Einführung überhaupt nicht behandelt. Es hieß, England sei zerstört worden, was ich noch immer nicht begreifen kann, und wir müßten es vollständig wiederherstellen, was ich ebensowenig begreife. Aber am allerwenigsten begreife ich, wozu es wiederhergestellt werden soll.«

Dr. McAmis schien verdutzt. »Wozu? Mein Gott, wir müssen es eben wiederherstellen. Wir können es ja nicht im Abgrund verschwinden lassen und dann Schwamm drüber...«

»Aber es ist ja im Abgrund verschwunden.«

»Allerdings, das ist das Furchtbare, das Problem, vor dem wir stehen. Aber wir können nicht die Hände in den Schoß legen und den Kopf hängen lassen. Wir müssen uns ins Zeug legen«, sagte Dr. McAmis, »und es so schnell wie möglich wiederaufbauen. Wir müssen es völlig wiederherstellen, bis ins kleinste Detail. Das Embargo wird nicht ewig dauern. Einmal muß es aufgehoben werden, und dann muß England stehen. Sonst ist das ganze Vorhaben gescheitert.«

»Unglaublich.«

»Nehmen Sie noch ein paar Beruhigungstabletten«, riet Dr. McAmis. »Und dann stürzen Sie sich in die Arbeit. Das ist die einzige Methode, um über die ersten Tage hinwegzukommen. Danach – nun, Sie werden fasziniert sein von den neuen Ideen, mitgerissen von der Arbeitsbegeisterung und dem guten Teamwork bei uns. So kommen Sie schon durch. Uns allen hier sitzt noch der Schrecken in den Gliedern, meine Herren, aber wir können uns nicht leisten, uns davon unterkriegen zu lassen. Vor uns liegt eine Arbeit, die getan werden muß, Programme, die erfüllt, Termine, die eingehalten werden müssen, eine unaufhörliche Verantwortlichkeit. Wir müssen England so wiederaufbauen, wie es gewesen ist, und das in Rekordzeit und unter strengster Geheimhaltung. Geheimhaltung und Naturtreue, das sind unsere Losungsworte.«

Professor Gull schüttelte den Kopf. »Von Naturtreue kann

hier wohl kaum die Rede sein, das Ganze ist doch ein gigantischer Schwindel.«

»Ich muß Sie davor warnen, negativen Gedanken Raum zu geben«, sagte Dr. McAmis. »Restaurieren hat nichts mit Fälschen zu tun. Auch die Engländer haben ihre durch den ›Blitz‹ beschädigten alten Gebäude restauriert. Und bedenken Sie die Alternative: können Sie sich im Ernst eine Welt ohne England vorstellen?«

»Das kann ich allerdings nicht.«

»Es ist eine furchtbare Aufgabe, sicher. Wir stehen unter einem entsetzlichen Zeitzwang. Aber wir müssen es schaffen, meine Herren. Die Entscheidung auf höchster Ebene ist gefallen, und jeder zivilisierte Mensch muß mithelfen. Wir haben gar keine andere Wahl. Dazu kommt«, setzte McAmis hinzu, »daß die Philologie endlich den ihr gebührenden Platz erhält.«

»Was meinen Sie damit?« fragte Dr. Hoop.

»Also sehen Sie, die Raumfahrtprojekte sind gestrichen, Physiker und Techniker spielen keine Rolle mehr. Sie zählen überhaupt nicht mehr. Bei der ›Operation Phönix‹ sind die Philologen an vorderster Front. Vor uns steht die Aufgabe unserer Generation, die Philologen sind die einzigen, die sie bewältigen können! Was die Futurologische Sektion betrifft«, setzte er fort, »so ist die Geschichte einfach. Es wird dreißig bis vierzig Jahre dauern, bis England wieder auf eigenen Füßen steht, bevölkert und aufgebaut, so daß es imstande ist, wieder seine eigene Geschichte zu produzieren. Bis dahin müssen wir diese Arbeit übernehmen.«

»Geschichte produzieren?« fragte Dr. Hoop.

»Jawohl. In der Geschichte darf es keine Lücke geben. Es ist Sache der andern Planabteilungen, hier eine Stadt, dort ein Dorf zu bauen, im mittelalterlichen Stil wie früher, aber für uns kann es keinen Stillstand in der Zeit geben. Wir in unserer Sektion, meine Herren, haben es mit allem zu tun, was sich nach dem Unglücksfall ereignet hat.«

»Nach dem Unglück hat sich bekanntlich gar nichts ereignet«, bemerkte Professor Gull.

»Eben. Also müssen wir die Ereignisse liefern, die sich hätten ereignen können, wäre das Unglück nicht eingetreten. Das ganze Unternehmen dient doch dem Nachweis, daß es nie ein Unglück gegeben hat.«

»Es wird also die ganze Zeit über ein England gegeben haben«, sagte Dr. Hoop.

»Ausgezeichnet! Sie sehen ein, daß man das zukünftige englische Volk nicht in der Geschichte dieser Epoche herumsuchen lassen kann, ohne etwas zu finden. Nein, es muß alles, alles das vorfinden, was seine Vergangenheit ausmacht – in lückenloser Folge. Sie müssen nachschlagen können, wer in dem und dem Jahr Ministerpräsident war, welche Gesetze vom Parlament verabschiedet wurden, mehr noch, die Dokumente müssen vorliegen, die es beweisen, zum Beispiel die alten Exemplare der Londoner ›Times‹ und des ›Punch‹ aus der Zeit.«

»Großer Gott«, rief Professor Gull aus.

»Es ist eine phantastische Arbeit«, setzte Dr. McAmis fort. »Allein das Programm, in dem jede Einzelheit berücksichtigt werden muß.« Seufzend schüttelte er den Kopf. »Denken Sie nur an alles, was gedruckt worden wäre. Hier bei uns werden die Publikationen nur programmiert, der Druck wird in London besorgt, wo die Maschinen stehen. Der Rückstand ist ungeheuer. Die Auflage der ›Times‹, die innerhalb von zwei Jahren erschienen wäre, läßt sich nicht über Nacht herstellen. Dazu kommt der ›Guardian‹ und alle übrigen. Zum Glück brauchen wir nicht die gesamte Auflage jeder einzelnen Ausgabe nachzudrucken, nur soviel, um die zukünftigen Bibliotheken zu versorgen. Hier ein Beispiel, wie unendlich kompliziert die Aufgabe ist. Nehmen Sie eine Nummer der Literarischen Beilage der ›Times‹. Nehmen wir an, sie hätte dreißig Buchbesprechungen enthalten. Verstehen Sie, worauf ich hinauswill?«

»Nein«, sagte Dr. Hoop.

»Schön, was ist mit diesen dreißig Büchern? Wo sind sie? Sie müssen vorhanden sein, wie alles, oder nicht? Selbstverständlich. Also müssen wir sie produzieren, Romane, Biographien, politische Schriften, wissenschaftliche Untersuchungen, Memoiren.«

»Auch Lyrik?« fragte Professor Gull.

»Natürlich auch Lyrik. Das ist sogar das leichteste. Sie können einen Computer so programmieren, daß er Gedichte verfaßt, das wird bereits von der Testgruppe der ›Operation‹ für uns gemacht. Aber mit Romanen geht es nicht. Bei der ungeheuren Häufung der Arbeit legen wir gerade jetzt auf Gedichte das größte Gewicht. Künftige Generationen werden den Eindruck bekommen, daß unsere Zeit ausgesprochen lyrisch gewesen ist.«

Professor Gull blickte auf Dr. Hoop, dessen Schnurrbart zitterte, als wollte er niesen. Dann blickte er auf Dr. McAmis, dessen hübsches Jungengesicht nichts als Ehrlichkeit und Energie ausstrahlte, und schließlich sah er aus dem Fenster, auf die trostlose braune Einöde.

»Und was ist nun genau gesagt unsere Aufgabe?« fragte er.

»Geschichte zu schreiben. Die Geschichte der Zukunft. Ehrlicherweise muß man sagen, daß Sie über die alte traditionelle Geschichtsschreibung hinausgehen müssen. In Wirklichkeit müssen Sie Geschichte machen.«

»Machen vielleicht, aber nicht Geschichte. Jedenfalls keine wirkliche Geschichte.«

»Es wird das einzig Wirkliche sein. Sie müssen es von der positiven Seite ansehen, als Aufgabe, die Sie bewältigen müssen. Sie und Ihre Kollegen in der Futurologischen Abteilung werden die einzigen zuverlässigen Geschichtsschreiber sein, die es je gegeben hat – ich meine, seit Geschichte überhaupt niedergeschrieben worden ist«, sagte Dr. McAmis. »Alle Daten und Tatsachen, die Sie brauchen, werden Ihnen geliefert werden. Die Sektion ›Dokumente‹ verfügt über alle Einrichtungen, um Erlässe, Akten, Reden, Privatkorrespondenzen, Urkunden, Zeitschriftenartikel und sogar Photos herzustellen. Wir verfügen auch über Standbilder und Filme. Ihre Aufgabe besteht lediglich darin, die künftige Geschichte so natürlich und einleuchtend wie möglich abzufassen.«

»Ich habe Geschichte nie einleuchtend gefunden.«

»Eben deswegen müssen wir eine unbegreifliche Geschichte begreiflich machen. Es wird Sie interessieren zu erfahren,

Professor Gull, daß die Abteilung Politik für die zweite Zukunftsdekade ein liberales Kabinett vorgesehen hat – das auszugestalten wird Ihre Aufgabe sein ... Also, meine Herren, Sie haben beide einen anstrengenden Tag hinter sich. Ich denke, wir machen jetzt Schluß«, sagte Dr. McAmis und erhob sich. »Morgen früh geht es dann an die Arbeit. Lassen Sie sich nicht entmutigen, meine Herren. Es ist eine gewaltige Aufgabe, zweifellos, aber wir müssen Geduld haben und uns eins nach dem andern vornehmen, Rom wurde auch nicht an einem Tage erbaut, wie Sie wissen.«

»Was halten Sie von der ganzen Geschichte, Hoop?« fragte Professor Gull. Sie hatten ihr Abendessen im Kasino eingenommen und saßen in ihren Kojen in einem der Zelte, in Erwartung, daß das Licht ausgeschaltet wurde.

»Höchst bemerkenswert«, sagte Dr. Hoop, der sich die Schuhe ausgezogen hatte und sie jetzt sorgfältig putzte. »Sie haben enorm viel in kurzer Zeit erreicht, finden Sie nicht?« Er hielt einen Schuh auf Armeslänge von sich ab und besah ihn kritisch. »Beim Abendessen hörte ich, daß Stratford-on-Avon praktisch im Herbst fertig sein wird, bis auf die Bäume und das Gras.«

»Das ist nicht genau das, was ich meine.« Professor Gull blickte über die zwölf anderen Insassen ihres Zeltes, die Karten oder Schach spielten. Ein paar lasen, und andere beschäftigten sich eingehend mit dem Material, das sie von ihren Dienststellen mitgebracht hatten.

»Kommt Ihnen das alles nicht – unsauber – vor?«

»Lieber Freund«, sagte Dr. Hoop und knöpfte seine Manschetten auf. »Es war die einzig mögliche Lösung. Versetzen Sie sich in die Lage des Präsidenten. Diese entsetzliche Sache passiert – bumm!« Er legte die Manschettenknöpfe auf das Kopfkissen und zwinkerte Gull gutgelaunt zu. »Es ist die Aufgabe des Präsidenten, ein womöglich noch größeres Unglück zu verhüten. Welche andere Wahl blieb ihm vernünftigerweise?«

»Das weiß ich nicht. Ich bin nie Präsident gewesen. Ich

als Historiker weiß nur, daß ich mich nicht an einen Tisch in der Futurologischen Sektion setzen kann, um anderen Leuten etwas vorzulügen. Die Wahrheit ist etwas Kostbares, Hoop. Man sollte damit nicht spielen.«

»Die Wahrheit muß dem Leben dienen, Gull. Zuerst kommt das Leben.«

»Um der Wahrheit willen haben Menschen ihr Leben hingegeben.«

»Ja, wirklich? Das wundert mich«, erwiderte Dr. Hoop, »Menschen sind für alles mögliche gestorben, ich weiß, aber ich zweifele, daß die Wahrheit dazugehörte. Auf jeden Fall, wenn wir nicht England aufbauen, machen es die Russen – und ich wette, daß es dann eine Pfuscherei wird.«

Er nahm einen Kleiderbügel vom Wandkasten und untersuchte ihn eingehend, bevor er seine Krawatte aufhing. »Verstehe nicht, warum sie keine Spiegel in diesen Kästen haben!« schimpfte er halblaut. Zum Glück hatte er einen Taschenspiegel in der Aktenmappe und prüfte darin seinen Kinnbart. »Ich denke, wir gehen zu Bett. Passen Sie auf, Gull, Sie werden sich besser fühlen, wenn Sie eine Nacht gut geschlafen haben.«

Aber Professor Gull schlief die Nacht nicht gut. Ihn störte das Schnarchen der andern und der heulende Wind um das Zelt. Lange Zeit lag er wach und dachte an England, das nur noch in seinen Reiseprospekten existierte. Er dachte auch über die Futurologische Liberale Regierung nach, die ihm zugewiesen worden war, und fragte sich zerstreut, woher er alle die Liberalen nehmen sollte, um die Ministerien damit zu besetzen. Dann fiel ihm ein, daß er diese Liberalen selbst erfinden mußte. Er konnte sie haufenweise erfinden, wenn er wollte, zähe, dunkle, kleine Typen aus Wales und den ›Marches‹, leidenschaftliche Redner, verschlagene, unwiderstehliche Verhandlungspartner. Er konnte sie förmlich sehen, wie sie im Unterhaus hin und her liefen . . . seine Phantasie riß ihn fort. Jawohl, er, Gull, war sehr wohl imstande, die Liberale Partei wieder auferstehen zu lassen, er konnte ihr wieder zu ihrem alten Glanz verhelfen, er konnte sie sogar zu politischer Größe führen. Seine Liberalen der Zukunft, sie würden sich brillant schlagen, sie würden Witz, Energie, ja Genie besitzen! Sie würden Großbritannien stolz einem neuen goldenen Zeitalter entgegenführen!

Er setzte sich im Bett auf, schwitzend und beschämt. Mit welchem Recht hatte er zu Dr. Hoop etwas von historischer Wahrheit gepredigt, wenn er, kaum daß er die Augen geschlossen hatte, seiner egoistischen Phantasie die Zügel schießen ließ? Er zog eine Grimasse und rieb sich den Kopf. Egal, alles war Irrsinn, Hirngespinste. Eine Zeitlang lauschte er dem Schnarchen im Zelt. Der Teufel des Hochmuts blähte auch diese friedvollen Schläfer auf.

Das Schnarchen wurde ihm lästig. Er zog seinen Morgenrock über und bahnte sich seinen Weg zum Ausgang, öffnete den Vorhang und trat hinaus.

Der vom Wind aufgepeitschte Staub ließ den Mond unnatürlich groß und in lavendelfarbenem Licht erscheinen. Er sah aus wie ein geschwollenes, aber gutmütiges Auge, das auf die Masse der Zelte, Baracken und Fahrzeuge und den wuchtigen Bau von ›Merton College‹ herabblickte. Über der Ebene sprang und tanzte der Wind und fegte noch mehr Staub auf, wirbelte ihn zu Gebilden, die für einen Augenblick in dem lavendelfarbenen Mondschein wie Geister der alten Collegegebäude aussahen – Turmspitzen, die zu Türmen zusammenfielen, die ihrerseits versanken, dann forttrieben, um wieder als Dome zurückzukehren, als zerfallene Dächer mit wankenden Schornsteinen, die überraschend wieder zu Turmspitzen wurden.

Ein Mann ging in der Nähe spazieren. Als er Gull bemerkte, kam er heran, höflich hustend, um sich bemerkbar zu machen. Dann begann er eingehend über das Wetter zu reden. »Hier ist es viel milder als in York«, sagte er.

»Haben Sie in York gearbeitet?« fragte Professor Gull.

»Ja. Ich bin Russe. Kürzlich bin ich Ihrer Römischen-Ruinen-Sektion zugeteilt worden.«

»Ich verstehe.« Professor Gull sah ihn interessiert an, obwohl er ihn in der Dunkelheit kaum erkennen konnte. Der Russe rauchte eine Zigarre, und Professor Gull bedauerte,

Horst Hussel
Es kommt aus dem Wasser und endet auf Land

seine Pfeife nicht bei sich zu haben. »Sagen Sie, hat Ihre Regierung die gleiche Auffassung wie unsere von diesem – hm – Projekt?«

»Gewiß.«

»Ohne Unterschied?«

»Nur geringfügig. Wir sind vielleicht seriöser. Das müssen wir sein, verstehen Sie, weil wir der englischen Tradition nicht so nahestehen wie Sie. Obwohl mein Englisch vielleicht etwas steif ist, werden Sie bemerkt haben, daß meine Aussprache, wie ich sagen darf, annehmbares Oxford ist.«

»Sie ist ausgezeichnet.«

»Danke«, sagte der Russe. »Das ist das Ergebnis unablässiger Schulung. Ich brachte einen Monat in Leningrad zu, auf einer Spezialschule, bevor ich herkam. Ich wurde zu einem englischen Gentleman umgeschult – oder vielleicht sollte ich sagen, zu einem englischen Gentleman slawischer Abstammung. Es war ein verdammt harter Drill, kann ich Ihnen versichern. Wir durften nur Englisch lesen, sprechen und denken, Tag und Nacht. Burkes ›Peerage‹ war für uns eine leichte Lektüre. Zum Frühstück Kippers, Weißbrot und unseren Tee und jeden Sonnabend Fußball.«

»Ein hartes Training für einen Spezialisten, der seine Arbeit erledigt und dann wieder verschwindet.«

»Verschwindet? Wir können nicht verschwinden, alter Freund, wir sind nicht hergekommen, um Unterkünfte für sechzig Millionen Menschen zu bauen und sie dann ihrem Schicksal zu überlassen. Wir müssen hierbleiben, um sie für die Engländer instand zu halten, bis neue Generationen herangewachsen sind.«

Professor Gull erschauderte, als ein scharfer Windstoß um die Zeltecke blies. Das erste Frühlicht färbte das Gerüst um ›Merton College‹ rötlich. »Ich habe nicht die Absicht zu bleiben«, sagte er. »Ich bin unter Vorspiegelung falscher Tatsachen hierhergebracht worden. Ich habe mit alldem nichts zu tun.«

»Sie haben sehr viel damit zu tun«, erwiderte der Russe. »Wer hat denn ›Merry Old England‹ in die Luft gesprengt?

Sie. Und ich habe dabei geholfen. Und wer muß es wiederaufbauen? Wir natürlich.«

»Ich habe England nicht in die Luft gesprengt.«

»Haben Sie Steuern gezahlt?«

»Mir blieb nichts anderes übrig.«

»Aha, dann haben Sie es in die Luft gesprengt.«

Professor Gull hatte keine Lust, sich in eine Diskussion einzulassen. »Selbst wenn Sie recht hätten«, sagte er, »so heißt das nicht, daß ich England wiederaufbauen muß.«

»Und warum nicht? Es ist ein schöpferischer Akt, etwas wiederaufzubauen. Außerdem gibt es da noch eine praktische Seite. Die ›Operation Phönix‹ bindet große gesellschaftliche Kräfte, die sonst für Kriegszwecke hätten verwendet werden können. Die Mittel zum Aufbau der Kathedrale von York werden wenigstens nicht dazu verwandt, den Palästinensern Gewehre in die Hand zu drücken. Der Wiederaufbau Englands hat sich bereits segensreich auf die internationalen Spannungen ausgewirkt. Letztlich könnte es sogar wünschenswert erscheinen, eine Nation nach der andern auszulöschen und sie dann wieder auf die Beine zu stellen. Erstens würde es die Überbevölkerung abbauen und zweitens ein Ventil für den menschlichen Aggressionstrieb sein, beides zugleich.«

»Das ist ein Witz und nicht einmal ein guter.«

»Die Geschichte hat sich ganz andere Witze geleistet«, sagte der Russe, »und sogar schlechtere.«

»Ich halte es für unmoralisch, leichtfertig über solche Dinge zu reden.«

»Die Scherze von heute sind die Wirklichkeiten von morgen, Sir. Aber Moral hat mit der ganzen Frage nichts zu tun. In erster Linie ist es eine Sache der Logik. Die Katastrophe Englands war der Höhepunkt einer logischen Entwicklung, oder nicht? Die Geschichte hat ihre eigene Logik. Eine furchtbare Logik.«

»Sie hat überhaupt keine Logik.«

»Überlegen Sie doch!« rief der Russe aus. »Was würde aus dem Glauben an das Schicksal ohne historische Logik? Und ohne diesen Glauben geraten wir ins Uferlose!«

Er warf den Stummel seiner Zigarre fort. »Nein, eine so trostlose Auffassung kann ich nicht akzeptieren. Ich stehe auf dem Standpunkt, daß die Katastrophe Englands logisch notwendig war, als Ausdruck des Dualismus unseres Zeitalters – beispiellose Verwüstung gekoppelt mit ebenso beispiellosem Wiederaufbau. Es mußte einfach so kommen. Schade, daß es nicht Albanien war«, setzte er hinzu, »aber vielleicht haben wir das nächste Mal mehr Glück.«

»Kein guter Marxist würde so reden«, bemerkte Professor Gull streng. »Vom marxistischen Standpunkt ist dieses ganze Projekt eine Schande.«

»Nicht im geringsten. Das ist gerade das Schöne daran. Ein guter Marxist-Leninist glaubt an den Primat der Umwelt über die Erbanlagen. Er weiß, daß der Mensch die klassenlose Gesellschaft errichten kann. Und was ist das Ziel der ›Operation Phönix‹, Sir? Doch die Anwendung dieser großen Wahrheit, nur umgekehrt, zur Wiedererrichtung einer Klassengesellschaft. Ein Triumph des Marxismus-Leninismus!«

Im Zelt machte sich der Morgen bemerkbar, einige gähnten, reckten sich und begannen sich für den Tag fertigzumachen. Professor Gull ging zu seiner Koje, wobei er sah, daß die Zeltwände mit Reiseplakaten, nackten Pin-up-girls und Scherzen wie Hotelschildern: ›Bitte nicht stören‹ geschmückt waren. Alle waren voller Energie und in bester Laune. In einer Ecke war eine Kissenschlacht im Gang, während in einer anderen zwei Akademiker in gestreiften Pyjamas sich damit vergnügten, einem noch schlafenden Kollegen bunte Bänder in den Bart zu flechten.

»Gull, darf ich Sie mit Dr. Knowles bekannt machen«, sagte Dr. Hoop und stellte ihm einen der Zeltinsassen vor. »Doktor Knowles beschäftigt sich mit Genetik. Er hat mir gerade eine Menge über das Mutterschaftsproblem erzählt.«

»Wiederbevölkerungsprogramm«, korrigierte Dr. Knowles mit einem Lächeln. »Wir haben bereits sechs Hospitäler in Betrieb, Professor Gull, alle mit dem nötigen Personal. Die gegenwärtige Produktion beträgt zwar nur ein Dutzend Säuglinge täglich pro Hospital, aber wir sind in schnellem Aufbau. Hospital VI – das ist in Leeds, und tatsächlich ist es im Augenblick Leeds –, Hospital VI hat erst gestern die letzte Einweisung erhalten. Fünfhundert junge werdende Mütter aus Dänemark. Eine einzige Ampulle aus dem Labor reicht hin, um alle zu schwängern.«

Professor Gull verschlug es die Sprache.

»Natürlich mache ich das nicht. Wir können nicht fünfhundert Babies vom gleichen Spender in die Welt setzen.«

Dr. Knowles nahm ein Hemd vom Wandschrank und zog es über. »Alles ist auf das genaueste geplant. Die Mischung erfolgt nach einem komplizierten Programm, das wir mit Hilfe eines Computers aufgestellt haben. Es geht dabei um das richtige Verhältnis zwischen Angelsachsen und Wikingern«, er band sich seine Krawatte, »und Dänen und Franko-Normannen und so weiter.« Er knöpfte seine Manschetten zu und sah Professor Gull freundlich an. »Dazu noch ein kleiner Schuß Griechen und Makkaronis hier und da.«

»Sind diese – hm – Mütter angestellt?«

»Natürlich. Sie bekommen sogar ein sehr hohes Gehalt, damit sie gesund bleiben.«

»Und was wird aus den Babies nach der Geburt?«

»Wir haben schon ein paar Dörfer in verschiedenen Gegenden, verstehen Sie. Der erste Schub geht nach Stratford. Sie sind etwa ein Jahr alt. Die Mütter können sie begleiten, wenn sie wollen. Wir unterstützen das. Es handelt sich dabei nicht nur um eine Frage des Herzens«, sagte Dr. Knowles, »sondern auch der Pflegeeltern. Natürlich gibt es keine Väter, im modernen Heim ist die Mutter der Mann. Was wir brauchen, sind handfeste Mammies.«

»Ich bin überzeugt, daß Sie recht haben.«

»Natürlich werden wir nicht nur aus den Hospitälern versorgt. Sie sind die kontrollierte Versorgungsquelle, aber wir importieren auch eine ganze Menge Kleinkinder, die auf der linken Seite des Bettlakens geboren sind, wie man sagt. Vorausgesetzt, daß wir die Väter kennen und für tauglich befunden haben.«

»Sie meinen – von diesen Bastarden?« fragte Professor Gull.

»Genau. So gesehen wird die ganze verdammte zukünftige Bevölkerung Englands aus Bastarden bestehen. Aber Wilhelm der Eroberer war auch einer. Das paßt sehr gut, nicht wahr?«

»Alles paßt wundervoll«, sagte Professor Gull.

Er trauerte um England. In seinem Kopf fühlte er eine sonderbare Leere, als ob ein Teil seines Gehirns gleichfalls pulverisiert worden sei. Nachts, wenn er in seiner Koje saß, nahm er seine Reiseprospekte und blätterte bekümmert darin. Gegen Abend stapfte er durch die Wüste, die einmal Oxfordshire gewesen war, erklomm den kahlen Rücken von ›Boars Hill‹ oder wanderte am Ufer der trägen, verschlammten Isis entlang, und dort schluchzte er laut auf. Er war vereinsamt. Niemand schien seine Gefühle zu teilen. Jedermann war tätig, sachlich und von Arbeit besessen.

»Das alles ist schierer Irrsinn, Hoop!«

»Das ganze Leben ist Irrsinn, Gull.« Dr. Hoop war in bester Stimmung. Er hatte Leitartikel für die Londoner ›Times‹ zu schreiben, was er sehr viel amüsanter fand als seine alten Normannen.

»Man beleidigt das Andenken Englands.«

»Nachahmung ist die aufrichtigste Form von Verehrung.«

»Übrigens, das alles geheimzuhalten ist ein Ding der Unmöglichkeit«, sagte Professor Gull. »Die Kinder, die in diesen neuen Dörfern heranwachsen, werden selbstverständlich herausfinden, was wirklich los ist. Das Projekt ist doch erst zur Hälfte durchgeführt, wenn sie erwachsen sind. Was glauben Sie, werden sie sich denken, wenn sie Arbeiterkolonnen beim Aufbau von ›Blenheim Palace‹ oder bei der Aufrichtung von ›Marble Arch‹ sehen?«

»Sie werden denken wie echte Engländer, Gull, weil sie so erzogen worden sind. Wenn die Geschichtsbücher und die Lehrer ihnen sagen, daß ›Blenheim‹ 1722 fertiggestellt wurde, dann ist es das Datum, das sie glauben werden, gleichgültig, was sie wirklich vor sich sehen.«

»Also Gehirnwäsche.«

»Möglich. Aber, keine Generation ist anders erzogen worden. Auch Sie nicht und ich nicht, Gull. Warum glauben wir an das Jahr 1722 bei Blenheim?«

»Weil es die Wahrheit ist – oder war.«

»Weil es uns eingetrichtert worden ist. Ebenso widerspruchslos werden die neuen Generationen das glauben, was ihnen beigebracht wird.«

»Einige vielleicht doch nicht«, beharrte Professor Gull, selbst nicht sehr überzeugt.

Er versuchte es mit dem Gegenmittel, das ihm Dr. McAmis empfohlen hatte, er stürzte sich in die Arbeit. Er erfand Dutzende von liberalen Führern, verfaßte im Schweiße seines Angesichts ihre Lebensläufe, versah sie mit Eltern, Frauen, Kindern, Schulen, verschaffte ihnen brillante Karrieren, in die er sorgfältig hier und da Rückschläge einbaute – eine Scheidung, eine schwere Krankheit, einen Bankrott oder Skandal. Eigentlich hätte er seine Schöpfungen lieben müssen wie die Kinder, die er nie gehabt hatte. Der glänzende Aufstieg der Liberalen Partei hätte für ihn die Genugtuung sein können, die ihm das Leben vorenthalten hatte. Es war ein Spiel, aber eins, das er nicht gut spielte. Es waren nur müde Tiraden, die er seinen kraftstrotzenden jungen Liberalen in den Mund legte. Ihr Witz erstarb schon in seiner Feder. Ihre schneidigen Überfälle auf die Wahlkreise der Tories und Labour-Leute wurden bei ihm zu nie endenden Belagerungen und ihre leidenschaftlichen politischen Artikel langweilige Traktate.

»Es tut mir leid«, sagte er schließlich zu Dr. McAmis, »ich kann nicht mehr.«

Dr. McAmis sah ihn mitfühlend an. »Sie brauchen eine Pause, Gull. Wie wäre es mit einer Woche Brighton? Sie legen gerade die letzte Hand an den ›Royal Pavillon‹. Es lohnt sich, das zu sehen.«

»Nein, darum handelt es sich nicht. Ich möchte nach Hause, nach Amerika.«

Dr. McAmis spielte mit einem Stift. Der Sommer war gekommen, und durch das offene Fenster hörte man den

Lärm einer Dampframme vom nahe gelegenen ›Sheldonian Theatre‹. Ein Lastwagen mit jungen Bäumen fuhr vorbei, die für den Hirschpark von ›Magdalen College‹ bestimmt waren.

»Ich kann mir nicht helfen, ich bleibe unbeteiligt dabei«, setzte Professor Gull hinzu. »Es mag alles gut und richtig sein, ich weiß es nicht. Ich zweifle offen gesagt daran – jedenfalls, ich habe beschlossen, meine Anstellung aufzugeben. Wenn möglich, sofort.«

Dr. McAmis kritzelte Männchen auf einen Block, ohne etwas zu sagen.

»Ich würde am liebsten heute noch gehen«, sagte Professor Gull.

»Das können Sie nicht«, sagte Dr. McAmis.

»Was kann ich nicht?«

»Sie können nicht gehen. Niemand kann gehen.«

Professor Gull starrte ihn an.

»Tut mir leid, Gull«, setzte Dr. McAmis hinzu.

»Sie belieben... zu scherzen.«

»Dieses ist ein Krieg, Gull«, sagte Dr. McAmis und schob sein Kinn vor. »Gott sei Dank kein heißer, aber trotzdem ein Krieg. Sagen Sie ›globaler Ausnahmezustand‹ dazu, sagen Sie, was Sie wollen. Entscheidend ist, daß wir alle Soldaten sind. Und Soldaten können nicht ihre Sachen packen und gehen, wenn es ihnen paßt.«

»Soll das heißen, daß Sie mich nicht fortlassen, wenn ich gehen will? Das... das ist Freiheitsberaubung, McAmis. Davon hat niemand ein Wort gesagt, als ich die Stellung antrat.«

»Offenbar aus Gründen der Geheimhaltung.«

»Aber das ist doch lachhaft.« In Professor Gulls Kopf begann es zu hämmern. Er nahm die Brille ab und steckte sie in die Brusttasche. »Sie können mich doch nicht gewaltsam hier festhalten.«

»Wir sitzen alle im selben Boot, Gull. Sie sind Junggeselle, aber ich habe Frau und drei Kinder drüben in New Haven. Es wird mindestens noch ein Jahr dauern, bis die Familien nachkommen können. Denken Sie, mir ist das angenehm, von meinen Angehörigen getrennt zu sein?« Dr. McAmis seufzte tief auf. »Aber ich bin mir klar, daß dieser Zustand bestimmte Opfer fordert – und ich bin bereit, sie zu bringen.«

Professor Gull atmete schwer. Er hatte das Gefühl, als ob die Dampframme auf seinen Schädel einhämmerte. »Ich bin kein Soldat«, sagte er gepreßt. »Ich bin Geschichtsprofessor. Ich habe mein Leben der Erforschung und Lehre der geschichtlichen Wahrheit geweiht.«

»Das haben wir alle getan, Gull. Aber nicht jeder eignet sich gerade für Futurologie. Vielleicht gehören Sie dazu. Sie könnten sich unter Umständen in der präkatastrophalen Arbeit wohler fühlen. Nehmen wir an, wir überwiesen Sie an die Victorianische Sektion – da brauchten Sie nichts zu erfinden, sondern könnten rekonstruieren.«

»Worin besteht der Unterschied? Welche Möglichkeiten gäbe es noch?«

»Es gibt Dutzende von Möglichkeiten. Wenn Sie das Elisabethanische Zeitalter oder das Jacobitische vorziehen... dann wären da noch die Mittelalterlichen Sektionen oder...«

»Und wenn ich überhaupt ablehne, mich an jeder Art von Humbug zu beteiligen, der meiner wissenschaftlichen Überzeugung ins Gesicht schlägt, gleichgültig um welche historische Epoche es sich handelt?«

Dr. McAmis sah Professor Gull vorwurfsvoll an. »Auch ich bin Wissenschaftler, wie Sie wissen, ich und neunundneunzig Prozent aller Philologen in der ›Operation Phönix‹ widmen sich einer Aufgabe, die ein bißchen höher steht als das eigene Steckenpferd und unsere persönlichen Neigungen. Wir dienen dem Wohl der ganzen Menschheit.«

»Und was ist mit dem restlichen einen Prozent?«

»Sie werden der Leistungsabteilung zugeteilt – Aufforstung, Reinigung von Teichen und Flüssen, Fahrzeugwartung. Ich glaube nicht, daß das Ihr Fall wäre, Gull.«

»Also Arbeitskolonnen«, sagte Professor Gull. »Zwangsarbeit, Konzentrationslager.«

»Ich würde es nicht so bezeichnen. Sehen Sie«, sagte Dr. McAmis, »ich könnte Ihnen bestimmt Arbeit in einer der

Dokumentarabteilungen verschaffen. Das wäre ein Posten zum Ausruhen.«

Professor Gull dachte an seinen Stolz und seine Hühneraugen und sagte nichts.

»Was machen Sie da, Gull?«

»Ich packe, Hoop. Ich gehe.« Professor Gull begann Hemden und Krawatten einzupacken. »Ich sage der Zukunft adieu. Ich bin an die Dokumentarsektion in London versetzt.«

»Sie werden uns fehlen.«

»Ich fürchte, ich habe nur wenig zur Arbeitsmoral der Gruppe beigetragen. Und es ist auch nur ein schwacher Trost für mich, daß ich nicht mehr zu lügen und betrügen, sondern nur noch zu fälschen brauche.«

»Aber Gull! Sie sind Perfektionist. Das ist Ihr Problem. Geschichte ist immer ein Gemisch von Wahrem und Falschem gewesen. Auch Fälschungen waren ihr nicht unbekannt. Jede Generation von Historikern hat das halbe Leben damit zugebracht, die Verdrehungen und Irrtümer ihrer Vorgänger zu korrigieren. Auch wir, die wir jungfräulichen Boden umpflügen, werden zweifellos eine Saat ausstreuen, an deren Früchten sich unsere Nachfolger die Zähne ausbeißen werden.«

Gull klappte seinen Koffer zu. »Komisch, aber dieser Gedanke stimmt mich heiter, Hoop. Daß künftige Wissenschaftler sich mit unsern Fehlern werden herumschlagen müssen! Nach und nach werden sie den wahren Sachverhalt, die wirkliche Geschichte Stück für Stück zusammensetzen.«

»Ich bin vollkommen Ihrer Meinung.«

»Und dann wollen Sie nicht einsehen, daß das, was Sie hier treiben, sinnlos ist?«

»Durchaus nicht. Eines Tages wird das keine Rolle mehr spielen. Am geschichtlichen Zusammenhang wird dann in England nicht mehr zu rütteln sein. Die Entdeckung, daß es einmal eine Katastrophe gegeben hat, wird zwar großes Aufsehen erregen, etwa wie die Entdeckung Darwins über den Ursprung des Menschen, aber praktisch für das englische Volk ohne Bedeutung sein. Nein, Gull«, sagte Dr. Hoop, »überlassen Sie der Zukunft die Sorge für die Vergangenheit. Heute und hier haben wir eine Arbeit vor uns, die getan werden muß.«

In der Maschine nach London saßen noch andere Fluggäste. Wie Professor Gull waren sie versetzt worden, weil sie sich geweigert hatten, auf ihrem Fachgebiet für das Projekt zu arbeiten. Der Gedanke, endlich unter Gleichgesinnten zu sein, versetzte ihn in beste Stimmung, und er knüpfte während des Fluges verschiedene Unterhaltungen an.

»Wie ich annehme, sind Sie gegen die Wiederherstellung«, wandte er sich an einen Professor.

»Absolut dagegen. Eine Schande für die Menschheit.«

»Mir aus dem Herzen gesprochen.«

»Was wäre das für eine Gelegenheit gewesen! Amerika und Rußland hätten völlig freie Bahn! Auf dem Gebiet der Städteplanung hätten wir geradezu Wunder schaffen können! Wir hätten eine durch und durch moderne, wissenschaftlich rationalisierte Gesellschaft schaffen können. Und was tun wir? Wir bauen den ganzen alten Plunder mit unhygienischen, unpraktischen Einrichtungen wieder auf. Ein verantwortungsloser Wahnsinn!«

Professor Gull pflichtete ihm bei, wechselte aber, sobald er konnte, seinen Sitzplatz und sprach seinen neuen Nachbarn an.

»Warum ich dagegen bin?« antwortete der Mann. »Welch eine Frage! Weil es eine Herabwürdigung meiner wissenschaftlichen Bedeutung ist.«

»Genau meine Meinung«, sagte Professor Gull.

»Meine Stellung als führende Autorität über Gladstone ist unbestritten, wenn ich das sagen darf. Und wer wird zum Leiter der Gladstone-Unterabteilung gemacht? Ein kleiner Anfänger, einer von diesen politischen Strebern, ein Kriecher, ein Bursche ohne jedes Verdienst.« Er starrte Professor Gull zornig an. »Natürlich konnte ich unmöglich unter einem solchen Burschen arbeiten.«

»Ich sehe«, sagte Professor Gull und empfahl sich. Bei den andern hörte er ähnliche Geschichten. Einer hatte sich beleidigt gefühlt, weil man seinen Plan zur Errichtung einer biologisch vollkommenen Gesellschaft abgelehnt hatte. Ein anderer, ein Spezialist für irische Geschichte, hatte dagegen protestiert, daß Irland nicht in den Aufbauplan einbezogen war, und ein dritter hatte sich geärgert, daß man seinen Vorschlag, Großbritannien zu einem internationalen Asyl für Minderheiten zu machen, nicht angenommen hatte.

»Und wie ist Ihre Auffassung«, fragte der letztere Professor Gull.

»Ich glaube, man sollte die Wahrheit sagen«, erwiderte er. Er wunderte sich selbst darüber. »Die Wahrheit«, wiederholte er. Ja, das war es. So einfach, so zwingend. Nichts als die Wahrheit.

»Was Sie nicht sagen«, bemerkte der andere, unterdrückte ein Gähnen und wandte sich wieder seiner Zeitschrift zu.

Professor Gull suchte sich einen Einzelplatz. Er sah aus dem Fenster und entdeckte auf der endlosen leeren Ebene Zeichen menschlicher Geschäftigkeit, Staub aufwirbelnde Jeeps, Ingenieure, die eine Straße absteckten, etwas weiter entfernt eine Abteilung Arbeiter, die eine Brücke über einen Bach schlugen. Und noch etwas. Über der verbrannten Erde breitete sich eine geisterhafte Landkarte des alten England mit einem Gewirr von Strichen und Punkten aus. Die dunklen Linien bezeichneten die großen Fernstraßen, verwaschene Flecke, in denen sich noch ein Straßennetz abzeichnete, waren Städte und die scharfen, geraden Linien die Eisenbahnen gewesen. Nur von den Menschen, die einmal in den Städten gelebt und über die Straßen gefahren waren, war nichts mehr zu sehen. Ein Schauer überlief Professor Gull. Die Menschen waren verschwunden und mit ihnen, wie ihm schien, die Wahrheit.

Aber mußte nicht auch die Wahrheit wiederhergestellt werden, oder nicht? Hatte sie nicht einen Anspruch auf einen Platz in der ›Operation Phönix‹? Schließlich dienten, dachte Professor Gull, alle Wissenschaftler, die das Projekt durchführten und leiteten, der Wahrheit. Man konnte wohl erwarten, daß sie sich dieser Verpflichtung bewußt blieben. Man mußte sie nur damit konfrontieren. Oder waren sie so von ihrer großen Aufgabe beherrscht, daß sie die Frage als unwichtig beiseite schieben würden? Professor Gull seufzte. Er wußte keine Antwort. Er wußte nicht mehr ein noch aus, und sein Kopf schmerzte noch immer. Er blickte auf die Themse hinunter, die sich durch eine wüste Landschaft schlängelte, an den Schatten einstiger Städte vorbei. Ob das Henley war? Dort stand ein Dorf, ein wirkliches, ganz neues Dorf mit Flächen von frischem Grün und jungen Bäumen. Wahrscheinlich waren die Häuser noch leer. Aber schon im nächsten oder übernächsten Jahr würden die ersten Kinder hier einziehen, heranwachsen und zur Schule gehen. – Wer würde sie unterrichten? Was würde man ihnen beibringen? Es würde eine doppelte Geschichte geben, eine, die in den Schulbüchern stand und in der Schule gelehrt wurde, und eine, die weiterlebte wie ein heimlicher Mythos, eine Legende, die eine Generation der andern zuflüsterte, obwohl sie offiziell ignoriert oder als Märchen erklärt würde. Aber sie würde weiterleben, eine nicht auszurottende Häresie, bis eines fernen Tages...

»London Airport«, sagte die Stimme des Piloten im Lautsprecher. Wenige Sekunden später setzte die Maschine auf.

Man verfrachtete die Fluggäste in einen Kleinbus, der durch die von den ankommenden und abfliegenden Maschinen aufgerührten Staubwolken davonholperte. Es waren Hubschrauber, schwere Frachtmaschinen, schnelle kleine Jets mit Planungsbeamten an Bord und altmodische Transportflugzeuge, mit denen Techniker in alle Himmelsrichtungen befördert wurden.

Die Straße nach London war gepflastert. Die City selbst verlor sich in einem Nebel von Staub. Während der Bus sich schwerfällig darauf zu bewegte, glaubte Professor Gull in einiger Entfernung einen Bau zu sehen, der ihm von unzähligen Fotografien und Bildern vertraut war.

»Mein Gott!« rief er aus. »Das sieht aus wie der Tower von London!«

»Was hatten Sie denn erwartet?« fragte ihn ein irischer Ingenieur. »Das Tadsch Mahal?«

»Aber – es kommt einem unglaublich vor, daß er in so kurzer Zeit wiederaufgebaut worden ist.«

»Er ist jedenfalls in noch kürzerer Zeit kaputtgemacht worden.«

London bäumte sich im Todeskampf seines Aufbaus. Seine Wiedergeburt war eine Schlacht. Arbeiterbataillone stürmten in Staub und Rauch vor, unterstützt durch Panzerverbände von Lastwagen und Traktoren. Von Zeit zu Zeit krachten die Dynamitladungen der Ausschachtungskommandos wie schwerer Kanonendonner. Auf der lehmfarbenen Themse schwamm eine ganze Armada von Lastkähnen, und über allem schwirrten Hubschrauber mit Architekten und Ingenieuren, die ihre Streitkräfte über Funk dirigierten. Einige Straßen hatten eine Decke, andere waren nichts als schlammige Pfade, die meisten überhaupt noch nicht erkennbar. Überall war man dabei, neue Gerüste aufzustellen. Hunderte von Maschinen schaufelten, gruben, baggerten und hämmerten, Inspektoren mit unter den Arm geklemmten Packen von Blaupausen sausten auf Fahrrädern, Motorrädern oder Jeeps umher.

Der Busfahrer schien nicht zu wissen, wo er war. Er fluchte, schüttelte die Fäuste gegen Fahrzeuge, die seinen Weg kreuzten, und lehnte sich immer wieder aus dem Fenster, um nach dem Weg zu fragen, ohne sichtbaren Erfolg. Der Bus schwankte umher, die Fahrt wurde zu einer improvisierten ›Sight-Seeing-Tour‹ durch London, bei der sich immer neue überraschende und gänzlich verschiedene Ausblicke boten.

›St. Paul's‹, das noch auf seinen Aufbau wartete, war ein riesiger Trümmerhaufen von Steinen und Holz. Wo ›Westminster Abbey‹ gestanden hatte, diskutierten zwei Architekten, bis zu den Knöcheln in Schlamm, über einer Blaupause. Quer über ›Trafalgar Square‹ lag die Nelson-Säule, in Erwartung von Kränen, die sie wiederaufrichten sollten. Das einzige größere, wenigstens äußerlich vollendete Bauwerk war der Tower. Vor dem Haupteingang stand sogar schon wieder ein ›Beefeater‹ in voller Pracht, und über den Rasen hüpften ein paar Raben mit gestutzten Flügeln. Er erhob sich allein am Rande einer unabsehbaren kahlen Ebene, die sich nach Osten erstreckte, und in die sich noch nicht einmal eine der Plangruppen gewagt hatte. In ›Fleet Street‹ waren ein paar Häuserblocks praktisch fertiggestellt. Auch ein ›Pub‹ für die immer durstigen Arbeiter war geöffnet. Ab und zu bebte der Boden: auch die Untergrundbahn funktionierte wieder.

Fasziniert starrte Professor Gull auf dies Schauspiel wie auf eine Vision. Da war der ›Strand‹, ein großer Schuttplatz von Bauabfällen, in den die Lastwagen ihre Radspuren eingedrückt hatten. In seiner Mitte erhob sich die Kirche von ›St. Clement Danes‹, noch ohne Turm. Sie diente als Hauptquartier für die russische und amerikanische Militärpolizei, die den Verkehr regelte. Auf der Freitreppe stand ein Sowjetoffizier und rauchte. Ein Stück weiter, an der Stelle der ›Courts of Justice‹, waren Dutzende von Löwen aufgeschichtet, Löwen jeder Größe und Form, aus Metall, Stein und Zement, vergoldet oder silbern, einige liegend, andere aufgerichtet, in Bas- oder Hochrelief. Ein Arbeiter spritzte einen mit einem Sandstrahlgebläse ab, vermutlich, um ihm ein verwittertes Aussehen zu geben. Anderswo lagen reihenweise steinerne Wasserspeier und Säulen, Stapel von Straßensperren und Verkehrsschildern, Haufen von Portlandsteinen mit der Bezeichnung ›18. Jahrhundert, vorgealtert‹, Gittertore und Zäune, Ziegelsteine, Straßenlampen, Hydranten und ein aus Versehen dazwischengeratenes Pissoir.

Schließlich hatte der Busfahrer den Weg zu seinem Bestimmungsort in ›Kensington Gardens‹ gefunden und begann, seine Passagiere vor verschiedenen Baracken abzusetzen. Professor Gull stieg an einer Baracke aus, die die Aufschrift trug: ›Dokumente – Personal‹. Drinnen standen lange Reihen von Karteischränken, an denen sechs oder sieben Angestellte arbeiteten, und mehrere Schreibtische. An einem saß ein junger Mann, der Gull höflich Platz zu nehmen bat.

Gull war müde und durcheinander. Er hatte nur einen Wunsch: eine Tasse Kaffee und ein ruhiges Plätzchen, um zu schlafen. Er merkte, daß er sich zwingen mußte, auf die

Fragen seines Gegenübers klare Antworten zu geben. Die Karteischränke bedrückten ihn. Sie schienen noch erdrückender als der Tower die Unaufhaltbarkeit der ›Operation Phönix‹ zu beweisen. In jedem der Kästen gab es Dutzende von Aktenbündeln. Es mochten Tausende sein. Was sie an menschlicher Energie und menschlichem Willen enthielten, ließ sich rechnerisch nicht erfassen. Und dieses war nur eine Sektion.

»Bei Ihrem akademischen Bildungsgang«, sagte der Beamte, »beabsichtigen wir, Ihnen die Stellung eines Kontrollbeamten zu geben. Ihre Aufgabe ist, eine Gruppe von Technikern zu leiten, die mit der Anfertigung von Dokumenten beschäftigt sind. Die Anforderungen, die von den verschiedenen Sektionen wie der Victorianischen, der Jacobitischen usw. einlaufen, werden auf die Kontrollbeamten verteilt, die ihrerseits die Einzelheiten mit den Spezialisten auszuarbeiten haben. Wir verfügen über Fachkräfte für Pergamente, Zeichnungen, künstliches Altern und anderes, je nachdem, was verlangt wird. Sind die Dokumente fertiggestellt, müssen sie vom Kontrollbeamten überprüft und genehmigt werden, worauf sie den Sektionen zugehen, die sie angefordert haben.«

»Eine ziemlich große Verantwortung.«

»Allerdings. Man muß ein scharfes Auge und einen klaren Kopf haben. Eine große Hilfe sind dabei auch geschichtliche Kenntnisse. Wir besitzen bereits eine umfangreiche Sammlung authentischer Dokumente. Allerdings ist es manchmal auch schon zu Pannen gekommen.«

»Welcher Art?«

»Falsche Daten, falsche Namen, so in dieser Art. Manchmal sieht auch das Pergament noch zu neu aus.«

»Korrigieren Sie das alles?« fragte Professor Gull.

»Ja, natürlich, wir können nicht jeden Schnitzer durchgehen lassen.«

»Es ist also zu vermuten, daß Fehler unentdeckt bleiben?«

Sein Gesprächspartner sah mißvergnügt aus. »Das geben wir nicht zu. Unser Ziel ist Perfektion. Das ist unsere Pflicht, Sir. Was nicht vollkommen echt ist, ist – also – nicht geeignet. Das Projekt würde dadurch lächerlich werden.«

»Das wäre allerdings furchtbar«, sagte Professor Gull.

Die Vorstellung munterte ihn auf. Er sah sich jetzt freundlicher in der Baracke um. »Aber einige Dokumente sind sicher nicht echt, wie? Sie können, sagen wir, eine perfekte Reproduktion der ›Magna Charta‹ herstellen, weil es davon Hunderte von Faksimiles gibt. Wie aber ist es mit weniger bekannten Dokumenten, von denen es nur ein Original gegeben hat?«

»Die stellen uns allerdings vor Probleme«, gab der andere zu. »Wir tun, was wir können. Wir stellen zunächst Muster her, wobei wir uns aller verfügbaren Quellen bedienen, Memoiren von Gelehrten, die sie gelesen haben, Beschreibungen und Zitate, wie sie sich in Büchern und Manuskripten finden, und dergleichen.«

»Das Endprodukt kann demnach nicht echt sein. Es ist vielleicht wissenschaftlich nicht wertlos, vielleicht sogar ein vorzüglicher Ersatz, aber nicht echt.«

Der Beamte runzelte die Stirn. »Alle Dokumente sind offiziell für echt erklärt worden, Professor Gull.«

»Auch die für die Futurologische Sektion?«

»Die noch mehr als die anderen.«

»Natürlich.« Professor Gull lächelte. Er fühlte sich so glücklich wie seit langem nicht. Der Sinn der ›Operation Phönix‹ forderte 100 Prozent Echtheit, und da das unmöglich war, weil alles gefälscht war – fiel dieser Sinn in sich zusammen und damit das ganze Projekt.

»Ich nehme an, zu Ihrer Abteilung gehört eine Revisionsstelle, die alle Dokumente prüft, bevor sie weitergeleitet werden«, sagte er.

»Nur in besonderen Fällen. Es darf nicht zur Gewohnheit werden, dazu ist die Zahl der Dokumente zu groß. Wir müssen uns auf das Gutachten unserer Kontrollbeamten verlassen und natürlich auf das Urteil der Wissenschaftler in den verschiedenen Sektionen.«

»Ich verstehe.« Professor Gull gab einen Seufzer der Befriedigung von sich. Hier war ein Riß in den Mauern von ›Phönix‹. Vielleicht ließ er sich erweitern. Durch ihn hatten sich schon ab und zu Fehler eingeschlichen. Was würde geschehen, wenn man sie absichtlich und in immer größerer Zahl hineinschmuggelte?

»Haben Sie noch irgendwelche besonderen Fragen?« sagte der Beamte.

»Nein. Alles klingt perfekt.« Professor Gull fühlte sich wie verjüngt. Er rieb sich die Hände, dann fiel ihm ein, daß er keine Freude zeigen, sondern eine ernste, sachliche Haltung einnehmen mußte. Ihm schwebte vor, der Seele Englands und der Wahrheit treu zu bleiben. Eine heilige Verpflichtung. Trotzdem konnte er eine freudige Aufwallung, ja selbst eine gewisse Euphorie nicht unterdrücken. Seine Chance war gekommen, und er war entschlossen, sie bis zum letzten auszunutzen.

Er ließ sich Zeit. Mehrere Wochen hindurch widmete er sich seinen Pflichten als ›Dokuments-Supervisor‹. Die unter seiner Aufsicht stehenden Techniker produzierten, was verlangt wurde: Wirtschaftsbücher mittelalterlicher Landgüter, Gerichtsprotokolle aus der Plantagenet-Zeit auf Pergament, Tagebücher von Landpfarrern, Briefe, Rechnungen, Belege, römische Ziegelsteine, Regierungserlasse aus neuerer Zeit, dörfliche Kirchenbücher, sogar Ritzzeichnungen, wie man sie an den Wänden öffentlicher Bedürfnisanstalten findet. Professor Gull vertiefte sich in seine Arbeit. Er erwarb sich die Achtung seiner Untergebenen und das Vertrauen seiner Vorgesetzten. Als Zeichen der Anerkennung erlaubte man ihm, fünf Seiten der großen Chronik von Holinched herzustellen, welche die Sektionsleiter ihm besonders ans Herz legten, wobei sie ihm zu verstehen gaben, daß man ihn beim nächsten großen Vorhaben, der Folioausgabe von Shakespeare, nicht übergehen würde.

Seinen Geburtstag, der in den November fiel, benutzte er für seine erste Eigenschöpfung. Es war eine kurze Mitteilung Dr. Johnsons an Boswell, ohne besondere Bedeutung, abgesehen davon, daß sie sich peinlicherweise auf Abschnitte des Boswellschen Tagebuches bezog, die als verschollen galten. Die Techniker leisteten eine saubere Arbeit bei Dr. Johnsons Mitteilung, und Professor Gull schob sie in das Paket für

Oxford, das verschiedene von dort angeforderte Johnsonianien enthielt. Dann machte er sich an die nächste Arbeit, ein paar verblichene, aber noch leserliche Fragmente der verschollenen Teile des Boswellschen Tagebuches. Weitere Eigenprodukte folgten rasch nacheinander. Ein Tagebuch König Johanns mit einigen sauren Bemerkungen über die Runnymede-Barone, 43 Liebessonette von Isaac Newton, ein lateinischer Brief aus Pergament aus der Feder eines ländlichen Lords, der die Schuld Richard III. an der Ermordung der kleinen Prinzen bewies, und schließlich ein Elisabethanischer Theaterzettel, der vor Alter fast zerfiel und drei Stücke von Shakespeare ankündigte, von denen kein Mensch je etwas gehört hatte.

Professor Gull war nie so in Schwung gewesen. Seine Phantasie, die bei dem Liberalen Kabinett der Zukunft völlig versagt hatte, lief jetzt, wo er Fälschung auf Fälschung nach Oxford schickte, auf vollen Touren. Die Frage war nur, wie viele dieser Erzeugnisse er ihnen noch unterschieben konnte, ehe sie dahinterkamen. Aber das war nicht so wichtig, der Theaterzettel allein hätte für seine Zwecke genügt.

Eine Woche verging, und nichts rührte sich. Keine Untersuchung, kein Brief, kein Anruf. Professor Gull wurde kühner. Er fertigte Dokumente an, die bewiesen, daß alle Werke Shakespeares von Bacon und alle Werke Bacons vom Earl of Oxford stammten. Daß nicht Wilhelm der Normanne, sondern Königin Victoria illegitimer Herkunft war, daß in Wirklichkeit die Spanische Armada Drake besiegt hatte, Gladstone ein Bigamist und Cromwell eine Frau gewesen war.

Schließlich traf die erwartete Vorladung ein. Der stellvertretende Sektionschef trat eines Morgens bei ihm ein. »Nun, wie stehen die Dinge, Gull?« fragte er jovial.

»Ich fälsche mich so durch«, erwiderte Professor Gull.

»Der Direktor der Abteilung Geschichte rief mich übrigens vor ein paar Minuten an. Ich glaube, er möchte Sie sprechen. Warum, hat er nicht gesagt. Er sagte nur, er hoffe, Sie könnten die Nachmittagsmaschine nach Oxford noch erreichen.«

Professor Gull nickte und fing an, seinen Schreibtisch abzuschließen. Dabei dachte er, daß seinethalben auch die andern ruhig ihre Schreibtische abschließen könnten, bereute aber sofort seinen durch nichts gerechtfertigten Optimismus. Die ›Operation Phönix‹ war ein zu riesiger Drache, um auf einen Streich zu fallen – und er war leider kein St. Georg. Trotzdem pfiff er den ganzen Weg bis zum Flugplatz vor sich hin und sandte London eine übermütige Kußhand zu, als die Maschine nach Norden davonschaukelte.

Die Türme von Oxford leuchteten in der Sonne. Er konnte sie schon von weitem sehen. Es waren jetzt sieben College-Gebäude – und weitere waren in Bau. Mehrere Straßenzüge waren schon erkennbar. Hier und da sproß grüner Rasen, auf dem junge Bäume standen, die wegen des winterlichen Windes angebunden waren. Auf der Landebahn neben ›Christ Church‹ verkündete eine Holztafel auf russisch und englisch, daß Oxford am 15. November zu 17% wiederhergestellt sein würde (gegenüber Cambridge mit 3%, wie eine Fußnote besagte).

Der Amtssitz des Direktors der Abteilung Geschichte war in der Bodley-Bibliothek untergebracht. Es war ein kleiner Raum mit alter Eichenholztäfelung und einem kleinen Kamin. Über dem Kamin hing ein Porträt des Gründers, Sir Thomas Bodley, auf dem einige Stellen glänzten, weil die Farbe noch nicht ganz trocken war. Professor Gull kannte die meisten Anwesenden, die sich bei seinem Eintritt höflich erhoben. Alle waren Sektionschefs und hervorragende Historiker, unter ihnen auch sein ehemaliger Chef Dr. McAmis von der Zukunft. Alle trugen Talare (der Direktor sogar eine ornamentale Kette) und hatten ein Portweinglas vor sich, als wären sie schon jahrelang Internatsleiter in Oxford.

Die Versammlung in den majestätischen Talaren war von eindrucksvoller Feierlichkeit. Professor Gull murmelte sich ein ›Mut‹ zu und schüttelte jedem die Hand.

»Etwas Port, Gull?« fragte der Direktor.

»Danke, gern.« Er nahm einen kräftigen Schluck. Auf einem Tisch beim Fenster lagen, wie er sehen konnte, verschiedene seiner Produkte, das Boswell-Tagebuch, der lateinische Brief über König Richard, der gespenstische Leichenbefund Cromwells.

»Nun aber, Gull«, sagte der Direktor, als der gemütliche Teil vorüber war, »mit Rücksicht auf Ihren früheren Rang innerhalb der akademischen Gemeinschaft haben wir Sie herkommen lassen. Einen gewöhnlichen Supervisor hätten wir einfach auf einen niedrigeren Posten versetzt. Aber Sie sind immerhin ordentlicher Professor. Wir sind gespannt, zu erfahren, was Sie eigentlich mit diesen – hm – Erfindungen bezweckt haben.« Er machte eine Bewegung zu dem Tisch am Fenster. »Nehmen wir z. B. diese Sache mit Cromwell. Geht das nicht etwas zu weit? Selbst für einen kleinen Scherz?«

»Es war kein Scherz, Sir«, erwiderte Professor Gull. Mit Interesse vermerkte er, daß sein Gegenüber und bis zu einem gewissen Grade auch alle andern in den letzten Monaten auffallend viel englischer geworden waren. Ein Russe, der Leiter einer der Sektionen Mittelalter, hatte sich ein Monokel eingeklemmt und rief bei jeder Gelegenheit »By Jove«.

»Kein Scherz?« sagte der Direktor gedehnt. Er kniff die Augen zusammen und rieb sich gedankenvoll die Nase. »Ja, zum Teufel, was haben Sie sich dann dabei gedacht?«

»Nichts. Ich bin nur dem Geist der ›Operation Phönix‹ treu geblieben.«

»Der Geist der ›Operation Phönix‹ ist Echtheit, Gull«, sagte der Direktor. »Was hat das mit Ihren Possen zu tun?«

»Ihre Worte überraschen mich, Sir«, sagte Professor Gull ruhig. »Sie werfen mir vor, ich triebe Possen? Ich hingegen versichere Ihnen, daß meine Dokumente volle Gültigkeit haben.«

»Lachhaft!« sagte der Chef der Sektion Stuart, der wegen des Cromwellschen Leichenbefundes besonders böse war.

»Und da Sie mich gefragt haben, wird es mir ein Vergnügen sein, Ihnen überzeugend zu beweisen, daß alle meine Erzeugnisse genau auf der Linie der ›Operation Phönix‹ liegen.«

»Werter Kollege«, sagte der Direktor, »wir wissen neue Ideen und Initiativen und dergleichen zu schätzen, aber Sie können von uns nicht erwarten, daß wir diesen Unsinn schlucken. Liebesgedichte von Newton und dieser Angriff gegen Gladstone – das sind Narrenpossen und nichts anderes, Gull!«

»Meine Dokumente sind nicht weniger authentisch als die meisten andern auch«, sagte Professor Gull. »Was ist zum Beispiel mit denen, die ergänzt werden mußten? Sind sie etwa echt? Es sind Fälschungen.«

»Wissenschaftliche Arbeit, Gull, aber keine Fälschungen. Diese Dokumente beruhen auf Tatsachen.«

Professor Gull wandte sich an Dr. McAmis. »Was ist mit den Dokumenten für die Futurologische Sektion? Auf welchen Tatsachen beruhen sie?«

»Allerdings, das sind Neuschöpfungen«, sagte Dr. McAmis.

»Wie meine.«

»Ihre sind reine Erfindung, faustdicke Lügen.«

»Zwischen Vergangenheit und Zukunft ist ein Unterschied, Gull«, sagte der Direktor. »Mit solchen Argumenten können Sie Ihre Fälschungen nicht rechtfertigen.«

»Meine Dokumente sind nicht Fälschungen«, beharrte Professor Gull. »Sie widersprechen früheren Dokumenten, das ist richtig. Aber das ist auch bei andern der Fall, die Sie ausdrücklich angefordert haben.«

»Ich weiß, was Sie sagen wollen. Aber Sie sind schon wieder auf dem Holzweg. Sie spielen auf Quellenmaterial an, und das wirft die Frage nach der anerkannten Interpretation bestimmter geschichtlicher Vorgänge auf. Hier handelt es sich nicht um Einbildungen. Es hat sie vor dem Unglück gegeben. Der Fall der kleinen Prinzen im Tower ist ein Beispiel. Es spricht ebensoviel für wie gegen König Richard. Ich gebe zu, da sind Widersprüche. Aber, verdammt noch mal, das sind alte, sozusagen traditionelle Widersprüche. Gull, wie kommen Sie dazu, neue zu erfinden?«

»Wirklich? Was aber ist mit den Dokumenten, die nie gefunden worden sind?«

»Wie bitte?«

»Ich meine die Dokumente, die bis zum Unglück als verschollen galten.«

Der Direktor sah Professor Gull streng an. »Hören Sie, Gull . . .«, begann er.

»Nehmen wir an, das Unglück hätte nicht stattgefunden«, setzte Gull fort. »Gut. Wäre nicht denkbar, daß solche Dokumente eines Tages doch wieder aufgetaucht wären, auf den Dachböden von Landsitzen in Truhen und Schränken oder in irgendeinem Mauerloch oder dergleichen?«

»Möglich.«

»Natürlich wären sie! Das war immer so. Kaum ein Jahr verging früher, ohne daß eine bedeutende Entdeckung dieser Art stattfand. Und wie viele dieser Dokumente widersprachen früheren, so daß die Wissenschaft gezwungen war, ihre Ansicht über historische Ereignisse zu revidieren! Oder irre ich mich?«

Der Geschichtsdirektor fing an, mit seiner Kette zu spielen. »In einigen Fällen schon«, murmelte er.

»Gut, was ist nun mit diesen verschollenen Dokumenten? Jedes Jahr müssen soundso viele überraschend zum Vorschein kommen! Wo sind sie? Was ist im Rahmen der ›Operation Phönix‹ diesbezüglich geplant?«

Die Professoren wechselten unbehaglich ihre Stellung und sahen sich verstohlen an.

»Es ist nichts Diesbezügliches geplant«, setzte Professor Gull fort. »Daher habe ich für meinen bescheidenen Teil diese Lücke auszufüllen versucht. Sie mögen mit meiner anfänglichen Auswahl nicht einverstanden sein, aber Sie müssen zugeben, daß meine Idee richtig ist.«

Der Brust des Direktors entrang sich ein tiefer Atemzug. »Ich gebe gar nichts zu, Gull. Oberflächlich betrachtet scheint Ihr Argument in gewissem Sinne einzuleuchten, aber – verflixt noch mal – im Grunde stimmt es nicht.«

»Inwiefern?« fragte Gull. Im Raum herrschte peinliches Schweigen. Der Direktor der Geschichte betrachtete stirnrunzelnd seine Fingernägel, und der russische Spezialist für das Mittelalter stieß ein neues »By Jove« aus.

»Meine Dokumente mögen nie existiert haben«, sagte Professor Gull. »Das will ich nicht bestreiten. Worauf es mir an-

Alfred Kubin
Täglich Tanz!

kommt, ist, daß sie existiert haben könnten. Und selbst wenn sie nicht existiert haben, so gibt es ohne Zweifel ähnliche, und diese wären im Laufe der Zeit entdeckt worden, wenn das Unglück nicht dazwischengekommen wäre. Man kann diese alten verschollenen Dokumente nicht deshalb von der Veröffentlichung zu wissenschaftlichen Zwecken ausschließen, weil eine enge Auslegung der ›Operation Phönix‹ es nicht zuläßt. Wie steht es z. B. mit den verschollenen Shakespeare-Stücken?«

»Es gibt keine«, sagte der Direktor und wischte sich den Schweiß von der Stirn.

»Woher wollen Sie wissen, daß es sie nicht gegeben hat? Nur weil man sie bis zum Tage des Unglücks nicht gefunden hat? Was, glauben Sie, hat Shakespeare in seinen letzten Lebensjahren in Stratford getan? Und wenn er mehrere neue Stücke geschrieben hätte? Ein Dichter, so dem Theater verbunden wie er, legt nicht plötzlich die Feder aus der Hand. Shaw schrieb, wie Sie wissen, noch mit 90. Bis dahin hätte Shakespeare noch ein Dutzend Stücke schreiben können. Oder seine Memoiren!«

Der Chef der Elisabethanischen Sektion stürzte seinen Portwein in einem Zug hinunter.

»Nehmen Sie Boswells Tagebücher«, setzte Professor Gull unbarmherzig fort.

»Aber die gibt es ja!« rief der Direktor.

»Richtig. Nehmen wir an, sie wären nicht gefunden worden, bevor das Unglück eintrat. Welch furchtbarer Verlust für die Geschichte und die Literatur! Und wie, meine Herren, hätten Sie vor den kommenden Generationen dagestanden, wenn Sie sie unterschlagen hätten?«

»Wie, zum Teufel, hätten wir etwas unterschlagen können, von dem kein Mensch etwas wußte?«

»Aha«, sagte Professor Gull, »Ihre Aufgabe aber wäre es gewesen, für das Auftauchen der Tagebücher zu sorgen! Das ist auch heute Ihre Aufgabe, die Ihnen keiner abnimmt. Wenn Sie es aber unterlassen, für das Vorhandensein verschollener Dokumente zu sorgen, und ablehnen, sie aufzufinden beziehungsweise herzustellen, so kommt dieses, wie ich die Dinge sehe, einer Unterschlagung gleich. Sollte Shakespeare, was keineswegs unwahrscheinlich ist, noch eine Reihe von Stücken geschrieben haben, so würde Ihre Haltung das, was vielleicht des großen Barden größte Werke waren, auf ewig dem Nichts überliefern.«

»Diese Stücke gibt es nicht!« schrie der Elisabethanische Sektionschef.

»Im Augenblick nicht«, gab Professor Gull zu. »Aber muß es sie deswegen nie gegeben haben?«

Die Mundwinkel des Sektionschefs der Elisabethanischen Sektion begannen zu zucken.

»Kommen wir auf Boswell zurück«, sagte Professor Gull. »Wir wissen, daß nicht alle Tagebücher gefunden wurden. Wo ist der Rest? Warum arbeitet man nicht daran?«

Der Chef der Mittel-Hannoveranischen Sektion stöhnte laut auf.

»Ich würde meinen rechten Arm dafür geben, aber wir können uns doch nicht einfach an den Schreibtisch setzen und sie schreiben!«

»Doch, das können Sie. Sie müssen es sogar. Das gehört zur ›Operation Phönix‹. Sonst wäre die Wiedererrichtung Großbritanniens niemals komplett. Sie können diese Lücken nicht unausgefüllt lassen. Jetzt oder nie, meine Herren! Ich bin überrascht, daß dieser Seite des Projekts bis jetzt noch keine Aufmerksamkeit geschenkt worden ist.«

Der Direktor, dem sichtlich der Schweiß ausbrach, beantragte an dieser Stelle eine Unterbrechung der Diskussion. »Verflucht noch mal, das ist mehr, als ich verkraften kann. Ich mache einen Spaziergang, um einen klaren Kopf zu bekommen. In zehn Minuten machen wir weiter.«

In der Pause trat Dr. McAmis an Professor Gull heran. »Entschuldigen Sie, wenn ich ganz offen bin, aber Sie gehen von einer absurden Annahme aus.«

»Ich stimme Ihnen vollkommen zu.«

»Bewußte Fälschungen von Dokumenten – das kann Gott weiß wohin führen.«

»Genau meine Meinung.«

»Sobald man beginnt, die Wahrheit zu vergewaltigen«, sagte Dr. McAmis, »kann niemand voraussehen, was alles danach kommt.«

»Mein Standpunkt.«

»Das Projekt läuft Gefahr, eine Farce zu werden.«

»Sehr richtig.«

»Ich meine damit, daß niemand weiß, wo die Grenze zwischen Wahrheit und Unwahrheit liegt. Das ganze Vorhaben würde wirr und fragwürdig werden, und kein Wissenschaftler, der auf sich hält, wird noch etwas damit zu tun haben wollen.«

»Das ist es. Ich freue mich, daß Sie das einsehen.« Professor Gull ließ seine Blicke durch den Raum wandern, wo die Sektionschefs, die nicht spazieren gegangen waren, aufgeregt miteinander flüsterten.

»Warum stimmen Sie mir fortgesetzt zu, Gull?« fragte Dr. McAmis. »Waren Ihre Ausführungen etwa nicht ehrlich gemeint?«

»Natürlich nicht. Wäre ich ehrlich gewesen, hätte mir kein Mensch zugehört. Ich mußte aus meinem Cromwell und Gladstone eine kleine ›cause célèbre‹ machen, um mir Gehör zu verschaffen.«

Professor Gull sah Dr. McAmis verschmitzt an. »Aber jetzt ist alles klar. Ich habe meinen Standpunkt vertreten, und sobald er Allgemeingut geworden ist, wird jeder begreifen, wo das Grundübel des Projektes liegt, genau wie Sie jetzt.«

Dr. McAmis machte einen gequälten Eindruck. »Sie waren nicht ehrlich?«

»Nicht im geringsten.«

»Oh«, Dr. McAmis versank in Grübeln über Professor Gulls Unaufrichtigkeit. »Dann beginne ich zu begreifen, worauf Sie hinauswollen. Aber selbst dann haben Sie in einigen Punkten recht. Z. B. diese Sache mit den fehlenden Shakespeare-Stücken. Es wäre tatsächlich eine Schande, wenn...«

Der Direktor trat wieder ein und setzte sich. »Meine Herren«, sagte er, und alle andern setzten sich gleichfalls. Er blies die Backen auf und rückte seine Brille zurecht. »Also, Professor Gull, wir verdanken Ihnen eine lebhafte, anregende Debatte. Sie haben uns veranlaßt, erneut über den Sinn der ›Operation Phönix‹ nachzudenken, und wir sind Ihnen verbunden dafür. Was mich betrifft, so kann ich Ihren extremen Standpunkt in keiner Weise teilen. Gewiß, wir könnten bei der Rekonstruktion der unauffindbaren Boswell-Tagebücher etwas mehr tun – das wäre nicht so schlimm –, aber alles andere unter keinen Umständen! Die Geschichte mit Gladstone kommt überhaupt nicht in Frage –!«

»Verzeihen Sie – wollen Sie damit sagen, daß Sie meinen Boswell in Betracht ziehen könnten, aber nicht meinen Gladstone?« fragte Professor Gull überrascht. »Wo ist da der Unterschied?«

»Ich sagte nicht, daß wir Ihren Boswell nehmen würden. Wenn wir überhaupt irgendeinen Boswell nehmen, so einen Boswell, der von einer Kommission unserer Spitzensachverständigen für Boswell ausgearbeitet sein müßte. Sie werden als erster zugeben, daß Boswell gar nicht Ihre Epoche ist, Gull.«

»Aber das Prinzip...«

»Ja, ja, das Prinzip, ich wage zu sagen, daß wir überhaupt keinen Boswell nehmen könnten außer den Boswell von Boswell. Es wäre nicht korrekt.« Der Direktor wandte sich an den Mittel-Hannoverianer, einen führenden Boswell-Kenner. »Stimmt's?« Der Mittel-Hannoverianer befeuchtete seine Lippen, sagte aber nichts.

»Nein, es wäre nicht korrekt«, fuhr der Direktor fort. »Es könnte zwar ganz spaßig sein«, setzte er hinzu. Dann merkte er, daß er sich zu einer Ungehörigkeit hatte hinreißen lassen, errötete und räusperte sich. »Haben Sie noch irgend etwas hinzuzusetzen, Gull?«

Professor Gull erhob sich rasch. »Sie scheinen meinen Standpunkt doch nicht ganz erfaßt zu haben. Ich dachte, Sie würden sofort sehen.«

»Entschuldigen Sie.« Der Chef der Jacobitanischen Sektion stand auf. Es war ein korpulenter Herr, mit einem Augurenlächeln auf dem rosigen Gesicht. »Wenn Sie mir gestatten würden, Professor Gull, an Ihrer Stelle das Wort zu ergreifen«, sagte er, »wäre ich vielleicht imstande, die Frage zu klären. Ich glaube zu verstehen, was Sie beabsichtigen.« Er nickte Professor Gull freundlich zu, und Gull nahm höchst erleichtert wieder Platz. Der Jacobitaner rieb sich die fleischigen Hände und überschaute die Versammlung mit erfahrenen, wohlwollenden Blicken. »Gull hat sich mit uns einen kleinen Scherz erlaubt, meine Herren«, sagte er, »aber, was er will, ist durchaus ernst zu nehmen. Er zielt nämlich mitten ins Herz der ›Operation Phönix‹. So ist es doch, Gull?«

»Absolut«, antwortete Professor Gull erleichtert.

»Mitten ins Herz«, wiederholte der Jacobitaner. Er wandte sich dem Direktor zu. »Lassen wir im Augenblick Boswell beiseite und richten wir unsere Blicke auf das Große. Mit ›Große‹«, setzte er hinzu, »meine ich nichts weniger als den Sinn des ganzen Projekts. Was ist dieser Sinn? Liegt er nicht darin, die Kontinuität der britischen Geschichte zu wahren?«

»Ich nehme an – in gewisser Weise«, sagte der Direktor.

»Und worin besteht diese geschichtliche Kontinuität?« forschte der dicke Jacobitaner weiter, der seine Rolle als Fürsprecher Dr. Gulls offensichtlich genoß. »Ist sie nicht die ununterbrochene Folge der Ereignisse, von der vorgeschichtlichen Epoche geradenwegs bis zur fernsten Zukunft, wie sie an den Schreibtischen der Sektion von Dr. McAmis vorgeplant wird?«

»Ja, gewiß«, stimmte der Direktor bei.

»Besteht nun diese Kontinuität nicht aus zwei Teilen? Die Wiederherstellung der Vergangenheit, der Geschichte, die gewesen ist – und der Neuschöpfung in die Zukunft, also der Geschichte, wie sie sich weiterentwickelt hätte?«

»Man könnte so sagen«, gab der Direktor zu.

Der Jacobitaner begann gewichtig hin und her zu gehen. Unter seinen Schritten krachte der Boden. »Geschichte heißt Wahrheit, nicht wahr?«

»Bestimmt. Wenigstens im idealen Sinne.«

»Und die Aufgabe der Futurologischen Sektion ist, etwas Wahres zu schaffen.«

»Nun ja...«

»Das heißt, Wahrheit, die wahr geworden wäre.«

»Ich kann dem nicht widersprechen«, sagte der Direktor.

»Nennen wir es eine *wahrscheinliche Wahrheit*«, sagte der Jacobitaner. »Was meinen Sie dazu, Gull?«

»In Ordnung«, sagte Professor Gull.

»Sehr gut«, erklärte der Jacobitaner und zwinkerte Gull zu. »Wahrscheinliche Wahrheit, das ist es. Und da das gesamte Projekt eine Einheit bildet, und da Geschichte eine ununterbrochene Kette von Ereignissen bildet, so ist wahrscheinliche Wahrheit die Grundlage des Ganzen.«

»Aber, aber...«, machte der Direktor unsicher.

Der Jacobitaner wandte sich Dr. McAmis zu.

»Dr. McAmis, würden Sie so gut sein, uns den Namen des gegenwärtig amtierenden britischen Ministerpräsidenten zu nennen?«

»Hm – Donaldson«, erwiderte Dr. McAmis. »Ein Konservativer.«

»Danke. Und warum gerade Donaldson?«

»Auf Beschluß einer Kommission«, sagte Dr. McAmis abweisend. »Es schien nach allem die plausibelste Lösung.«

»Das heißt also, wäre das Unglück nicht eingetreten, so hätte Donaldson sehr wohl Premier werden können. Wir haben also Donaldson als Ministerpräsidenten auf der Grundlage einer wahrscheinlichen Wahrheit. Nun zu einem Beispiel aus der Vergangenheit, da für die Gegenwart kein Gegenbeweis möglich ist. William Pitt. Daß er 1800 englischer Ministerpräsident war, ist ebenfalls nur wahrscheinlich wahr.«

»Was meinen Sie mit ›wahrscheinlich wahr‹?« fragte der Direktor.

»Ich meine, daß alle geschichtlichen Tatsachen, ob vergangene oder gegenwärtige, bis zum Beweis des Gegenteils nur wahrscheinlich wahr sind.«

»Verflucht noch mal, Pitt war aber Ministerpräsident. Es ist doch unmöglich, etwas anderes zu beweisen.«

»Vollkommen richtig!« grollte der Jacobitaner. »Auf genau das ist Gull die ganze Zeit über losgesteuert. Logischerweise haben Pitt und Donaldson geschichtlich die gleiche Grundlage – die wahrscheinliche Wahrheit. Trotzdem schlagen wir dieser Logik bei unserer praktischen Arbeit ins Gesicht. Richtig, Gull?«

»Richtig«, sagte Professor Gull.

»Was wollen Sie damit sagen – der Logik ins Gesicht schlagen?« fragte der Direktor.

»Soll ich es ihm sagen, Gull?« fragte der Jacobitaner.

»Ja, bitte«, sagte Professor Gull.

»Sehr gut.« Der Jacobitaner trat einen Schritt zurück und verschränkte die Arme. »Meine Herren«, erklärte er, »wir haben es mit eingefrorener Geschichte zu tun.«

Niemand sagte etwas, Professor Gull wischte sich die Hände an seiner Hose ab. Der Direktor machte den Mund mehrmals auf und zu, und einer der Russen nahm eine Prise. Der Chef der Sektion Plantagenet ergriff als erster das Wort.

»Würden Sie das bitte näher erklären?«

»Sehr einfach«, sagte der Jacobitaner. »Wenn wir die Rekonstruktion von Dokumenten ablehnen, die vor dem Unglück unentdeckt geblieben sind, so stellen wir damit die Gültigkeit des ganzen Projekts in Abrede. Schlimmer noch, wir lassen die Geschichte eintrocknen. Jede Forschung wird bedeutungslos. Natürlich läßt sich nichts mehr entdecken. Worüber sollen Doktorarbeiten also noch geschrieben werden?«

»Großer Gott«, rief der Direktor aus.

»Wer möchte seine Karriere noch einer solchen Geschichte widmen?« fragte der Jacobitaner. »Ich bestimmt nicht. Wer möchte sich überhaupt damit beschäftigen? Niemand. Und schließlich, wer kann daran noch glauben?«

»Halt – nicht weiter!« rief der Direktor erregt. »Sie mögen etwas aufgedeckt haben. Wir wollen nichts überstürzen, am besten setzen wir eine Kommission ein, um die ganze Angelegenheit zu prüfen und einen Bericht darüber abzugeben.«

»Ich bin dafür«, sagte der Mittel-Hannoverianer. Verschiedene andere stimmten ebenfalls zu.

»Eine Seite daran spricht mich besonders an«, sagte

Dr. McAmis, »und zwar die Sache mit den einander widersprechenden Dokumenten. Soweit es die Futurologische Sektion angeht – wir könnten mehr davon brauchen. Ich denke dabei nicht so sehr an die Verfasser von Doktorarbeiten – obwohl man sie nicht übersehen sollte –, sondern an die Realistik der Geschichtsschreibung. Geschichte darf nicht zu eindeutig werden. Es würde unecht wirken.«

Die Versammlung endete in einem Stimmengewirr, als die Sektionschefs über die möglichen Vorteile der Gullschen Argumente zu diskutieren begannen. Gull selbst war auf seinem Stuhl sitzen geblieben, putzte seine Brille und blickte verwirrt um sich. Die Dinge hatten sich nicht wie von ihm gewünscht entwickelt. Weit entfernt von ›erschlagen‹, schien dem Drachen ein zweiter Kopf gewachsen zu sein.

Der Jacobitaner trat an ihn heran und gab ihm einen freundschaftlichen Schlag auf die Schulter. »Der Tag gehört uns, Gull. Einen Augenblick war ich besorgt, aber dann – also, wie gefiel Ihnen der kleine Trick mit der wahrscheinlichen Wahrheit?«

»Ihre Logik war bemerkenswert«, sagte Professor Gull. »Aber die Schlußfolgerung, die Sie zogen, war nicht ganz, was ich...«

»Keine falsche Bescheidenheit«, mahnte der Jacobitaner scherzhaft vorwurfsvoll. »Das Verdienst gebührt ausschließlich Ihnen, Gull. Ich habe nur Ihre Motion unterstützt, sozusagen. Es hat mich gefreut, Ihnen dienlich zu sein.« Er lachte in sich hinein und wackelte davon, um sich ein Glas Portwein zu besorgen.

Professor Gull fragte sich, was er tun sollte, als der Chef der Elisabethanischen Sektion vertraulich lächelnd an ihn herantrat. »Sie haben erfrischende Ansichten, Gull«, sagte er.

Professor Gull hatte plötzlich das Gefühl, weinen zu müssen.

»Dieses Einfrieren von Geschichte«, setzte der Elisabethaner fort, »das ist ein bemerkenswerter Gedanke. Ich z. B. war vor mehreren Jahren hier auf einer Urlaubsreise – noch vor dem Unglück – und stieß zufällig auf einen Hinweis, der für das Vorhandensein mehrerer Briefe des Earl of Oxford sprach. Unglücklicherweise mußte ich abreisen, bevor ich sie gefunden hatte. Aber –«, er räusperte sich und senkte die Stimme, »– ganz unter uns, Gull, glauben Sie wirklich, daß Shakespeare imstande war, alle diese Stücke zu schreiben? Ein paar Komödien vielleicht und die meisten Königsdramen. – Aber ›Lear‹ und ›Hamlet‹?«

Professor Gull murmelte etwas Unverbindliches.

»Es war immer mein Traum, den wirklichen Verfasser nachzuweisen«, setzte der Elisabethaner fort. »Ich klammere mich nicht an den Earl, durchaus nicht. Ich bin völlig unvoreingenommen. Ich halte auch nichts davon, die Stücke selbst auf mögliche Hinweise zu untersuchen. Mit dieser Methode läßt sich alles beweisen. Nein, was zählt, sind authentische Unterlagen, kalte, harte Daten und Angaben aus der Zeit, sonst nichts.«

Mehrere Professoren beschäftigten sich eingehend mit den Erzeugnissen Professor Gulls. Der Mittel-Hannoverianer prüfte kritisch die Fragmente von Boswell, und der russische Mediävist untersuchte die pergamentene Streitschrift gegen König Richard. Aus der Gruppe um den Direktor waren erregte Stimmen zu hören:

»Gull hat recht. Wir täten gut daran, in Zukunft sicherzugehen und nur authentische Dokumente wiederherzustellen.«

»Aber was wird später? Wir müssen auch an die Zukunft der Vergangenheit denken!«

»Unser Geschichtsbild ist zu starr. Geschichte muß um jeden Preis flexibel sein.«

»Wie Gull sagte – jetzt oder nie!«

»Sehr schön, verflucht noch mal«, hörte man die Stimme des Direktors, »aber wie soll man das kontrollieren? Ich meine, Sie können nicht jeder Mutter Sohn einfach auf sein Steckenpferd loslassen, das wäre das Chaos!«

»Man muß eine Revisionsabteilung ins Leben rufen.«

»Eine Kommission!«

»Komitees in jeder Sektion.«

Professor Gull konnte sich nicht länger beherrschen. Er packte den nächstbesten Talar. »Sie verstehen nichts!« rief er laut. »Alles ist Lüge, das Ganze! Das wollte ich sagen!«

Der Kreis um den Direktor öffnete sich, alle strahlten ihn freudig an. »Meine Absicht war«, sagte Professor Gull schwer atmend, »Ihnen die Verlogenheit des Projekts selbst zu demonstrieren.«

»Das haben Sie doch getan, Gull«, sagte der Direktor begütigend. »Ich würde allerdings nicht Verlogenheit sagen, Unvollkommenheit scheint mir gemäßer.«

Der Chef der Stuartianer-Sektion schüttelte Professor Gull die Hand. »Ich möchte mich bei Ihnen entschuldigen, Gull«, sagte er. »Dieser Leichenbefund von Cromwell – ich habe mich schlecht benommen, ich weiß, es tut mir leid. Das war kleinlich von mir. Ich habe einfach Ihre Ideen nicht begriffen.«

»Sie haben sie nur zu gut begriffen«, sagte Professor Gull entmutigt.

»Wir sind tief in Ihrer Schuld. Sie haben das Projekt neu und verpflichtend bestätigt.«

»Das fürchte ich auch.«

Der Stuart-Chef lächelte. »Oh, seien Sie unbesorgt, diese Sache, daß Cromwell eine Frau war, werden wir Ihnen bestimmt nicht abkaufen. Das ist denn doch zu abwegig. Aber es gibt da ein paar Lücken im Leben des alten Knaben, die man dichtmachen müßte, natürlich nur aufgrund von Dokumenten. Ich meine, wir sind es unsern Nachfolgern schuldig, zu tun, was wir können.«

Professor Gull nickte. Aber als die Sektionschefs über die Durchführung des neuen Programms zu diskutieren begannen, drehte er sich um. Er zitterte und atmete schwer. In seinen Augen standen Tränen. Gleichzeitig konnte er ein Lachen nicht unterdrücken.

Zufällig fiel sein Blick auf das noch frische Porträt über dem Kamin. Er mußte lachen. Sir Thomas Bedley, ein Lid gesenkt, zwinkerte ihm verständnisvoll zu. Und Professor Gull zwinkerte zurück.

»Willkommen daheim, Gull«, sagte Dr. Hoop.

»Danke, aber ich bleibe nicht lange, nur ein paar Tage.«

Prof. Gull ließ sich auf seiner Koje nieder und band sich die Schuhe auf. Mit Einbruch der kalten Jahreszeit waren die Philologen aus den Zelten in feste Häuser umgezogen. Dr. Hoop und seine Zeltgenossen waren in das Sheldon-Theater eingewiesen worden. Überall standen Heißluftstrahler, aber die meiste Hitze stieg sofort in die riesige Kuppel.

Professor Gull wickelte sich eine Decke um die Schultern zum Schutz gegen den Zug. Er erzählte Dr. Hoop von seinen Erlebnissen und seinen Plänen für die Herstellung von verschollenen Dokumenten, welche die Häuptlinge der Geschichtsabteilung unerwartet angenommen hatten, um sie für ihren Zweck zu gebrauchen. »Jetzt bin ich so etwas wie ein Held«, schloß er. »Sie haben mir sogar eine Stellung in ihrer neuen Revisionskommission angeboten, welche die Mittel zur Herstellung alter Dokumente genehmigen soll.«

»Unverhofft kommt oft«, stimmte Dr. Hoop bei.

»Ich war ein Narr, Hoop. Einen andern Ausdruck gibt es nicht dafür. Ich habe die Agilität der menschlichen Einbildungskraft unterschätzt. Darüber bin ich gestolpert.«

»Sie sind auf jeden Fall großartig gestolpert.«

»Stimmt. Es klingt phantastisch, aber ich sehe mich jetzt selbst als eine Art von Sammelstelle aller britischen Tugenden, wahrscheinlich die einzige.« Professor Gull erschauerte vor Kälte und wickelte sich enger in die Decke. »Mein Leben ist bisher ereignislos verlaufen. Ich habe still für mich gearbeitet, ohne großen Erfolg. Und trotzdem, wenn die Gelegenheit kam und ich glaubte opponieren zu müssen, habe ich nie gekniffen. Ich wurde zu einem britischen Löwen, ich war, wenn Sie mir gestatten, großartig. Ich brüllte, Hoop. Und obwohl ich die Sache meistens nur schlimmer machte, tröstet mich der Gedanke, wie ich mich gehalten habe.«

»Ende gut, alles gut, Gull.«

»Vielleicht haben Sie recht. Aber wie es auch ausgehen mag, mein großer Augenblick ist vorüber.«

»Was haben Sie vor?«

»Ich denke, ich lasse mich pensionieren«, sagte Professor Gull entschlossen. »Das können sie mir nicht abschlagen. Ich verlange es als Belohnung.«

Er nieste, und aus der Kuppel hallte sein Niesen als schwaches Echo zurück. »Es ist immer mein Wunsch gewesen, mich in England zur Ruhe zu setzen. Ein Traum von mir. Das werden sie mir doch zugestehen... Wollen Sie noch ein Stück spazieren gehen, bevor das Licht ausgeschaltet wird?«

»Nein, danke, mir ist es zu kalt.«

Professor Gull wickelte sich seinen Schal um den Hals und zog die Mütze ins Gesicht. Draußen trieb kalter Nebel durch die Straßen. Sterne waren kaum zu sehen. Die steinernen Gesichter der Caesaren an der Außenseite des ›Sheldon‹ waren naß wie von Tränen. Ein einsamer Radfahrer, der quietschend vorüberfuhr, hinterließ eine dunkle Spur auf dem schimmernden Pflaster. Professor Gull wanderte durch den Nebel, ab und zu stehenbleibend, um seine Brille zu putzen und in die Hände zu hauchen. Undeutlich sah er, wie Oxford wuchs, wie die alten College-Gebäude an der gleichen Stelle in die Höhe schossen, wo sie früher gestanden hatten. In einigen brannte schon Licht, sie beherbergten Universitätsprofessoren, wie seit je. Bald würden auch die Studenten kommen, sommersprossig und schwatzhaft, und die alten ›Dons‹ würden wieder über ihren Weingläsern sitzen, und amerikanische Touristen würden den Hirsch von ›Magdalen College‹ fotografieren, und eine Menschenmenge würde sich zu ›Eights Week‹ über das Geländer ergießen.

Er lehnte sich gegen das massive Fundament von ›Radcliff Camera‹ und starrte zu den dunklen Türmen von ›All Souls‹ empor. Alles war ungewiß. Vielleicht hatte sich dieses alles schon einmal zugetragen, vielleicht war dieses schon das zweite Mal oder das zehnte? Und vielleicht war auch das England, das heute so emsig wiederaufgebaut wurde, nichts weiter gewesen als eine Einbildung, ein Traum...

Professor Gull trat in den Ruhestand. Er wurde Englands erster Rentner. Obwohl ihm ein schmuckes Landhaus in einem Dorf bei Cotswold zur Verfügung gestellt worden war, verbrachte er die meiste Zeit auf Reisen. Jahrelang gab es kaum eine größere öffentliche Zeremonie, der er nicht beiwohnte. Als die Kathedrale von Salisbury wiedereingeweiht wurde, konnte man Professor Gull andächtig im Kirchenschiff knien sehen. Als der letzte Monolith in Stonehenge aufgerichtet wurde, erschien er auf seinem Fahrrad mit einem Lunch-Paket an der Lenkstange. Bei der Krönung des jungen Henry X. saß er in der vordersten Reihe der ›Abbey‹, die für Abgeordnete reserviert war. Als die Strecke London–Edinburgh wieder in Betrieb genommen wurde, kaufte er die erste Fahrkarte (2. Klasse). Er war ein häufiger Gast in allen Kur- und Badeorten. In Cheltenham trank er die Heilquelle und stapfte in Knickerbockers über die Promenade, in Brighton badete er im Kanal, und in Blackpool spielte er Golf. Mit der Zeit wurde er zu einer kleinen Autorität auf dem Gebiet ländlicher Kirchenarchitektur und bewahrte manchen Architekten vor einem Reinfall. Zu Haus gärtnerte er so fleißig, wie ihm mit zunehmendem Alter möglich war, hielt sich eine Wirtschafterin und einen Hund und las viel Geschichte und Literatur (wobei er strikt ablehnte, die Ergänzungsausgabe der verlorengegangenen Shakespeare-Stücke auch nur in die Hand zu nehmen, die nach und nach in gutem Druck und mit sorgfältigen Anmerkungen erschienen war).

Er bewahrte sein altes Interesse für die Liberale Partei, und wenn er einen Beitrag für eine wissenschaftliche Zeitschrift schrieb, so drehte es sich immer um Fragen der Liberalen vom Beginn des Jahrhunderts. Gegenüber der modernen Partei, die es wieder gab und die sich bemühte, an die Regierung zu kommen, bewahrte er ein würdiges Schweigen. Er verfolgte ihr Geschick in der ›Times‹, ging aber allen Versuchungen aus dem Wege, sich über sie zu äußern. Seine letzte größere Arbeit war ein Vortrag über Politik in Eton. Mit Wärme sprach er über die großen Männer der Vergangenheit, lehnte aber ab, sie mit gegenwärtigen politischen Führern zu vergleichen, obwohl seine jungen Zuhörer immer wieder darum baten. »Wir müssen das Urteil der Geschichte abwarten«, sagte Professor

Gull feierlich. Dann kicherte er in sich hinein, stieg vom Rednerpult, schwenkte seinen Spazierstock und verschwand, immer noch kichernd, in Richtung auf das nahe gelegene ›Windsor Castle‹, das, wie er allen erzählte, er noch einmal vor seinem Tode sehen wollte.

Ray Bradbury

Die letzte Nacht der Welt

»Was würdest du tun, wenn du wüßtest, daß heute die letzte Nacht der Welt wäre?«

»Was ich tun würde? Meinst du das im Ernst?«

»Ja, absolut.«

»Ich weiß nicht. Ich habe nie darüber nachgedacht.«

Er goß Kaffee ein. Im Hintergrund spielten die beiden Mädchen im Licht der grünen Sturmlaternen mit Bauklötzen auf dem Teppich des Wohnzimmers. Der angenehme, reine Duft des frisch aufgebrühten Kaffees lag in der Abendluft.

»Es wäre gut, wenn du dir jetzt einmal darüber Gedanken machtest«, sagte er.

»Das kannst du nicht ernst meinen!«

Er nickte.

»Ein Krieg?«

Er schüttelte den Kopf.

»Nicht die Wasserstoff- oder die Atombombe?«

»Nein.«

»Oder ein Krieg mit biologischen Waffen?«

»Nichts dergleichen«, antwortete er, während er langsam seinen Kaffee umrührte. »Ich möchte es ganz einfach so sagen: ein Buch wird geschlossen.«

»Ich glaube, das verstehe ich nicht.«

»Auch ich verstehe es nicht ganz; es ist mehr ein Gefühl. Manchmal schreckt es mich, ein andermal wieder gar nicht, und der Gedanke läßt mich völlig ruhig.« Er blickte zu den Mädchen hinein, deren blonde Haare im Lampenlicht schimmerten. »Ich habe dir bisher nichts gesagt. Zum ersten Mal kam er vor vier Nächten.«

»Wer?«

»Der Traum. Ich träumte, daß alles zu Ende gehen würde, und eine Stimme bestätigte es; keine Stimme, an die ich mich erinnern kann, aber es war jedenfalls eine Stimme, und sie sagte, daß jegliches Leben hier auf der Erde enden würde. Am nächsten Tag dachte ich kaum noch daran, aber am Nachmittag sah ich im Büro, wie Stan Willis aus dem Fenster starrte, und ich sagte, ich gäb was drum, Stan, wenn ich wüßte, was du denkst, und er antwortete, er hätte letzte Nacht einen Traum gehabt, und noch bevor er mir seinen Traum erzählte, kannte ich ihn.

Genausogut hätte ich ihm seinen Traum erzählen können, aber er erzählte ihn mir, und ich hörte zu.«

»Und es war derselbe Traum?«

»Derselbe. Ich sagte es Stan, und er schien davon nicht einmal überrascht zu sein. Im Gegenteil, er atmete sichtlich auf. Danach begannen wir, das ganze Büro durchzukämmen. Das war nicht etwa geplant. Wir hatten uns nicht dazu verabredet, wir gingen einfach los, jeder für sich, und überall hatten die Leute die Blicke auf ihre Hände oder Schreibtische gesenkt oder sahen aus dem Fenster. Ich sprach mit einigen. Stan ebenfalls.«

»Und sie hatten alle geträumt?«

»Alle. Denselben Traum – ohne jeden Unterschied.«

»Und du glaubst daran?«

»Ja. Ich bin mir nie einer Sache sicherer gewesen.«

»Und wann wird sie enden? Die Welt, meine ich.«

»Für uns irgendwann in dieser Nacht, und während die Nacht weiter um die Welt geht, wird alles andere mitgehen. Im ganzen wird es vierundzwanzig Stunden dauern, bis alles zu Ende ist.«

Sie saßen eine Weile, ohne ihren Kaffee anzurühren. Dann hoben sie langsam die Tassen und tranken, sich dabei in die Augen sehend.

»Haben wir das verdient?« fragte sie.

»Darum dreht es sich ja gar nicht; die Dinge sind einfach nicht so gelaufen, wie sie hätten sollen. Übrigens stelle ich fest, daß du nicht einmal an dieser Sache zu zweifeln scheinst. Warum nicht?«

»Ich glaube, ich habe meine Gründe dafür«, erwiderte sie.

»Dieselben wie alle in meinem Büro?«

Sie nickte langsam.

»Ich wollte eigentlich nichts sagen. Ich träumte es letzte Nacht. Und die Frauen in unserem Häuserblock redeten heute untereinander darüber. Sie haben es auch geträumt. Ich dachte, es sei nur ein zufälliges Zusammentreffen.«

Sie nahm die Abendzeitung in die Hand.

»In der Zeitung steht nichts davon.«

»Warum auch, es weiß ja jeder.«

Er lehnte sich in seinen Sessel zurück und sah sie an. »Fürchtest du dich?«

»Nein. Früher habe ich das immer geglaubt, aber jetzt habe ich keine Angst.«

»Wo bleibt dieser sogenannte Selbsterhaltungstrieb, über den so viel geredet wird?«

»Ich weiß nicht. Man regt sich nicht besonders auf, wenn man das Gefühl hat, daß die Dinge sich logisch entwickeln. Dies hier ist logisch. Nach dem Leben, das wir geführt haben, war nichts anderes zu erwarten.«

»Sind wir denn so schlecht gewesen?«

»Nein, aber auch nicht besonders gut. Und ich glaube, darin liegt unser Fehler – wir haben uns zuviel mit uns selbst beschäftigt, während ein großer Teil der Welt nichts Besseres zu tun hatte, als lauter schreckliche Dinge anzurichten.«

Im Wohnzimmer lachten die Mädchen.

»Ich habe immer gedacht, die Leute würden vor einem solchen Ereignis schreiend durch die Straßen rennen.«

»Man schreit nicht, wenn man dem Unausweichlichen gegenübersteht.«

»Weißt du, außer dir und den Kindern würde ich nie etwas vermissen. Meine Arbeit, die Stadt – nichts außer euch dreien habe ich je wirklich geliebt. Ich würde nichts anderes vermissen – außer vielleicht den Wechsel im Wetter und ein Glas kaltes Wasser, wenn es sehr heiß ist, und vielleicht den Schlaf. Wie können wir hier nur so ruhig sitzen und so darüber reden?«

»Weil es nichts anderes zu tun gibt.«

»Du hast recht, natürlich; denn sonst würden wir es tun. Wahrscheinlich ist dies das erste Mal in der Geschichte der Welt, daß jedermann genau weiß, was er in der kommenden Nacht tun wird.«

»Ich würde gern wissen, was all die andern in den nächsten Stunden, heute abend, tun werden.«

»Irgendeine Vorstellung besuchen, Radio hören, vor dem Fernsehgerät sitzen, Karten spielen, die Kinder zu Bett bringen, schlafen gehen – wie immer.«

»In gewisser Weise ist das etwas, worauf man stolz sein kann: wie immer.«

Sie schwiegen einen Augenblick, während er sich eine frische Tasse Kaffee eingoß. »Warum nimmst du an, daß es heute nacht geschehen wird?«

»Weil es so ist.«

»Warum geschah es nicht in irgendeiner Nacht des vorigen Jahrhunderts, oder vor fünf Jahrhunderten, oder zehn?«

»Vielleicht, weil noch nie der 22. Februar 1988 gewesen ist, noch nie in der Weltgeschichte, und heute ist er da; weil dieses Datum wichtiger ist als jedes andere Datum zuvor; weil in diesem Jahr die Dinge überall in der Welt so und nicht anders sind, und weil darum das Ende kommen muß.«

»Auch heute nacht fliegen strategische Bomberkommandos, die nie wieder landen werden, auf ihren vorgeschriebenen Routen in beiden Richtungen über den Ozean.«

»Das ist einer der Gründe, warum.«

»Also«, sagte er und stand auf, »was wollen wir tun? Das Geschirr abwaschen?«

Sie wuschen das Geschirr ab und stellten es mit besonderer

Sorgfalt in den Schrank. Um acht Uhr dreißig brachten sie die Kinder zu Bett, gaben ihnen den Gutenachtkuß, knipsten die kleinen Lampen an ihren Betten aus und ließen die Tür einen kleinen Spalt weit offen.

»Ich möchte gern wissen...«, sagte er, als er aus dem Schlafzimmer der Kinder gekommen war, mit der Pfeife in der Hand stehenbleibend und zurückblickend.

»Was?«

»Ob sich die Tür völlig schließen wird, oder ob sie einen kleinen Spalt weit offen bleibt, damit etwas Licht hereinfallen kann.«

»Ich würde gern wissen, ob die Kinder etwas wissen.«

»Nein, natürlich nicht.«

Sie saßen und lasen Zeitungen und unterhielten sich und hörten Radiomusik; dann setzten sie sich an den Kamin und sahen in die Glut, während die Uhr halb elf, elf und halb zwölf schlug. Sie dachten an all die andern Leute auf der Erde, die auch diesen Abend verbrachten, jeder auf seine Weise.

»Also dann«, sagte er schließlich.

Er gab seiner Frau einen Kuß.

»Wir sind jedenfalls immer gut miteinander ausgekommen.«

»Willst du weinen?« fragte er.

»Ich glaube nicht.«

Sie gingen zusammen durch das Haus und drehten überall das Licht aus und traten in ihr Schlafzimmer; in der kühlen, dunklen Nachtluft zogen sie sich aus und deckten die Betten auf. »Die Laken sind so frisch und sauber.«

»Ich bin müde.«

»Wir sind *alle* müde.«

Sie stiegen in die Betten und legten sich hin.

»Nur einen Augenblick«, sagte sie.

Er hörte sie aus dem Bett steigen und in die Küche gehen. Einen Augenblick später war sie wieder da.

»Ich hatte vergessen, den Wasserhahn abzudrehen«, sagte sie.

Er fand das so komisch, daß er lachen mußte.

Sie lachte mit, denn ihr wurde jetzt auch bewußt, wie

komisch das war. Als sie endlich aufhörten zu lachen, lagen sie still nebeneinander, Hand in Hand, die Köpfe aneinandergelegt.

»Gute Nacht«, sagte sie einen Augenblick später.

»Gute Nacht«, sagte er.

Fredric Brown

Beispiel

Miss Macy rümpfte die Nase. »Warum regen sich alle so auf? Sie tun uns doch nichts – oder?«

Anderswo, in den Städten, herrschte blinde Panik. Nicht im Garten von Miss Macy. Sie schaute in aller Ruhe zu den ungeheuren, kilometerhohen Gestalten der Eindringlinge empor.

Sie waren vor einer Woche gelandet. In einem Raumschiff von hundertfünfzig Kilometer Länge waren sie sanft in der Wüste von Arizona niedergegangen. An die tausend davon waren aus diesem Raumschiff herausgekommen und gingen nun herum.

Indessen, wie Miss Macy andeutete, taten sie niemandem etwas und beschädigten auch nichts. Ihre Körperdichte reichte nicht ganz hin, um Menschen überhaupt etwas anhaben zu können. Stieg einer auf jemanden oder auf das Haus, in dem man sich befand, so trat plötzliche Finsternis ein, und solange er seinen Fuß nicht bewegte und weiterging, konnte man nichts sehen; das war alles.

Sie kümmerten sich nicht um Menschenwesen. Alle Versuche, mit ihnen in Verbindung zu treten, waren fehlgeschlagen, ebenso wie alle Heeres- und Luftwaffenangriffe auf sie. Auf sie abgefeuerte Granaten explodierten mitten in ihnen und taten ihnen nichts. Nicht einmal die Wasserstoffbombe, die man auf einen von ihnen abgeworfen hatte, während er ein Wüstengebiet durchquerte, hatte ihn im geringsten gestört.

Sie ignorierten uns einfach vollkommen.

»Und das«, sagte Miss Macy zu ihrer Schwester, die auch eine Miss Macy war, da keine von ihnen einen Mann hatte, »beweist doch, daß sie keine bösen Absichten gegen uns hegen – oder nicht?«

»Das will ich hoffen, Amanda«, entgegnete Miss Macys Schwester. »Aber sieh nur, was sie jetzt treiben.«

Es herrschte klarer Himmel – oder vielmehr, er hatte geherrscht. Ein Himmel von hellem Blau, und die beinahe menschenähnlichen Köpfe und Schultern der Riesen, anderthalb Kilometer hoch, waren ganz klar zu sehen gewesen. Nun aber sah Miss Macy, die dem aufwärtsgerichteten Blick ihrer Schwester gefolgt war, wie es neblig wurde. Jede der zwei großen Gestalten, die man wahrnahm, hatte eine Art Spritzenbehälter in der Hand, aus dem Wolken eines nebelartigen Stoffes kamen, die langsam zur Erde niedersanken.

Miss Macy runzelte wieder die Stirn. »Wolken machen. Vielleicht besteht darin ihre Unterhaltung. Wolken können uns doch nichts anhaben. Warum machen sich die Leute solche Sorgen?«

Sie kehrte zu ihrer Arbeit zurück.

»Ist das flüssiger Dünger, was du da sprühst, Amanda?« fragte ihre Schwester.

»Nein«, sagte Miss Macy. »Ungeziefervertilgungsmittel.«

Arno Schmidt

Schwarze Spiegel

I

(1. 5. 1960)

Lichter? (ich hob mich auf den Pedalen) —: — Nirgends. (Also wie immer seit den fünf Jahren).

Aber: der lakonische Mond längs der zerbröckelten Straße (von den Rändern her haben Gras und Quecken die Teerdecke aufgebrochen, so daß nur in der Mitte noch zwei Meter Fahrbahn bleiben: das genügt ja für mich!)

Weiter treten: starrt die spitze Silberlarve aus m Wacholder — also weiter —

Des Menschen Leben: das heißt vierzig Jahre Haken schlagen. Und wenn es hoch kommt (oft kommt es einem hoch!!) sind es fünfundvierzig; und wenn es köstlich gewesen ist, dann war nur fünfzehn Jahre Krieg und bloß dreimal Inflation.

Rücktritt: (und es quietschte beim Halten; morgen muß ich mal Alles durchölen). Ich richtete den Karabinermund vorsichtshalber gegen das schmierige Wrack: die Fenster dick verstaubt; erst als ich mit dem Kolben darauf schlug, ging die Wagentür ein wenig auf. Hinten leer; eine Skelettdame am Steuerrad (also wie immer seit den fünf Jahren!); nun: wünsche Glückseligkeiten! Aber es wurde auch gleich dunkel, und ich traute dem Kreatorium immer noch nicht: ob Farnhinterhalt, ob Vogelspötterei: ich war bereit mit zehn Schuß im Vollautomatischen: also weiter trampeln.

Senkrecht überm Straßenkreuz: auf der kleinen hübschen Abendfläche erhoben sich einmal zärtliche Staubschleier, in denen Herr Windstoß Pirouetten schlug: und wo lang nun?! Drüben war eine Schilderei; ich latschte müde hin, »Holzindustrie Cordingen« stands über höllisch hellgelb und schwarz geringelten Pfählen. Daneben am verwobenen Rain eine Spitzsäule. Ich rätselte ein bißchen an der eingegrabenen Legende: ach so: ein T. P.! Und ich lachte schwächlich: mir hat mal ein Schupooffizier erzählt, und treuherzig dazu, daß die Polizei alle halben Jahre auch sämtliche trigonometrischen Punkte kontrollieren müßte, ob sie noch vorhanden seien. Und da der eine viertels in einem Fußweg stand, hätte er, zusammen mit den interessierten Bauern, das Ding anderthalb Meter nach rechts in' Wald gesetzt, wo er Niemanden mehr störte, und dann jahrelang still weiter das »Vorhandensein« gemeldet! Seit der Zeit mißtraue ich den säkularen Ergebnissen der Geodäten, betreffend die weitere Auffaltung des Alpenmassivs, oder die Hebung Norddeutschlands: cherchez les constables! — Ja aber nach rechts oder links?

Also: capita aut navim. Der Penny fiel, und Edward the Seventh, fidei defensor, und auch sonst noch mancherlei, wies mich nach rechts: Bon! (Und mein kleiner zweirädriger Anhänger klapperte und huppte).

Ein Bahnübergang (die Schranken seidank hoch) und immer mehr Gefälle. Eine Tommy-Brücke (halb verfault; noch vom zweiten Weltkrieg her) über den geschlängelten stillen Wasserlauf (schöner Teich zur Rechten, mit letztem Abendgelb getäfelt); dann bog die Straße links ein, und ich glitt mit müder Eleganz, à la Herr der Welt, in die Kurve: si quis, tota die currens, pervenit ad vesperam: satis est.

Ich nahm die Brechstange hinten heraus, und die Pistole: »SUHM« stand an der Tür, und daneben eine Toto-Reklame. Ich hieb die schwere Meißelspitze ins Holz, oben; dann unten; das Schloß sprang mit Gebell, flash and report.

Wie immer: die leeren Schalen der Häuser. Atombomben und Bakterien hatten ganze Arbeit geleistet. Meine Finger preßten mechanisch, unaufhörlich, an der Dynamotaschenlampe. In einer Kammer ein Toter: sein Gestank hatte Zwölfmännerstärke: also wenigstens im Tode Siegfried (nebenbei selten, daß es noch roch; war ja alles schon zu lange her). Im ersten Stock lagen fast ein Dutzend Gerippe, Männer und Frauen (an den Beckenknochen kann mans unterscheiden). Also sechs Männer (bzw. Knaben); fünf Frauen und Mädchen.

Draußen: Früher wars wohl adrett genug gewesen; jetzt schlotterte der Garten ums hohle Haus. Schöne starke Kiefern aber. Graue Mauer, von der graue Kräuter nickten, auch Lupinen und Wegerich. Aus grauen Mauern machte man Häuser; aus Häusern Städte, aus Städten Kontinente: wer fand sich da noch durch! Bloß gut, daß Alles zu Ende war; und ich spuckte aus: Ende! Koppelte den Anhänger los und zerrte ihn mir nach über die Schwellen (gleich rechts rein; wozu Umstände).

Es raschelte im Nebenzimmer: ein Fuchs! Der rothaarige Hausvogt glitt keß um alle Möbel, hinaus, in die einäugige Nacht. Ich rollte die Decken auf; holte Wasser vom Bach; die Kerze blakte überm Küchentisch, als ich auf der Karte suchte. (Auch der Ofen zog noch, und der zerhackte Stuhl sott das trübe Wasser bis es stöhnte; wo war der Tee wieder — ach so). Warnau hieß das Bächel stellte ich zwischen Biskuits und Cornedbeef fest (Käse möchte ich wieder mal essen: Kräuterkäse; Schweizer, Edamer: ach meinetwegen stinkigen Limburger!)

Nebenan im Fuchsheim: Fotos an den Wänden; Familienbilder mit hausmachernem Lächeln. (Und speckig bin ich: wenn ich n Bindfaden dreimal auf dem Oberschenkel hin- und herrolle, hab ich garantiert ne Kerze in der Hand. — Also morgen große Pause und Waschen!)

Ein Klavier: ich klaubte eine Handvoll Mißtöne zusammen und acherontisches Geschwirre, no use. Orpheus benötigte ich dringend: der hätte mir Holz und Kohle herleiern können. Oder ne Badewanne. Ich fluchte kurz und ging nochmal nach oben.

Manche hatten tatsächlich noch Ausweise auf den beinernen Brüsten: für wen wohl? Und von verschollenen Autoritäten ausgefertigt, selbst wenn sie echt waren. Einem Mädchen sah ich lange ins Paßfoto, unters wellige Haar, auf die Bluse: und jetzt lagen ein paar gebogene Knochen neben mir, auch die Haare noch, ja, dunkelblonde; am Ende werde ich allein mit dem Leviathan sein (oder gar er selbst). Es bellte leise ums Haus; die Füchslein mochten wohl draußen schleichen, und ich tastete doch nach dem Handbeil (kurz vor Mainz, in Gaubickelheim, war ich einmal sechs Wölfen begegnet!)

Decken aufgerollt und in die ewigen Jagdgründe der Phantasie: den fliegenden Holländer und Odysseus müßte man in einer Geschichte identifizieren. Wind begann und die großen Kiefern redeten tief und brausig. Es bleibt immer nachdenklich genug, daß die Menschheit tatsächlich alle drei Geometrien für ihr Weltbild verwendet hat: zu Homers Zeiten die euklidische (Ökumene als Ebene); dann Kosmas, dessen Terrarium eigentlich ein Stück Pseudosphäre repräsentiert, mit dem »Berg des Nordens« als Pol, und die auch jahrhundertelang gegolten hat; und endlich die Geoidoberfläche; interessant. Der Mond erschien traurig und glänzend im Fenstervier. Seit fünf Jahren hatte ich keinen Menschen mehr gesehen, und war nicht böse darüber; das heißt. Lesen konnte man bei der mattgelben Helle auch nicht; ich holte ein Buch aus dem Köfferchen: nein, nur den Titel »Satanstoe«; ich schüttelte bedauernd die Hände (war zu faul, das Licht nochmals anzuzünden). Am besten schlafen. — Die Uhr? Tickte auf dem Fensterbrett. Nicht mehr denken. Auch der Fuchs mochte schlafen wollen, denn es wisperte hinter den Wänden wie Tierlein und Wildstroh. War gesichert.

Nacht (und ovaler Stein in ebenhölzerner Fassung): und ich konnte und konnte nicht einschlafen! Fluchte einfältig. Zuerst wollte ich nicht, aber dann trank ich doch (etwas);

Energie ist Glückssache; und zeigte mich sogleich, stets ein Windbeutel hohen Ranges, fähig und unverdrossen zu jeder Absurdität. Ruhig behing ich mich mit zwei Waffen und

mischte mich in die Nacht: haderte mit Zweigen, ahmte Menschenstimmen nach, wurde Moosen gut; den Wind mochte ich aus einem Gebüsch aufgestört haben, denn er sprudelte unwillig Blättriges, jagte ein paarmal im Umkreise, und verscholl erst dann rauschend forstein. Selbst die kleinsten Kiefern stachen schon katzenwild um sich, wenn man sie zu plump anfaßte (muß mich auch rasieren, morgen früh). Einmal stank es derart, daß ich sofort das Gewehr herunter nahm: das konnte keine anständige Pflanze mehr sein, so roch es nur in der Zoologie! Aber ich ging doch nicht näher drauf zu, sondern eulte weiter im Hochwald; schon wurden die Stämme seltener, Sträucher gitterten am Rand. Ich trat gebückt über den Graben, und sah aufs leere Moor, wilde Weite, süß und eintönig, in der schwarzen Strahlung, bis ich die Schultern in der Jacke rieb. Das ist das Schönste im Leben: Nachttief und Mond, Waldsäume, ein stillglänzendes Gewässer fern in bescheidener Wieseneinsamkeit — so hockte ich lange und müßig mit rechtsgeneigtem Kopf; manchmal fiel ein Sternfunken stundenweit hinter Stellichte; manchmal beschlich mich eine schlacksige Windin und zerwarf mir die Haare, wie ne halbwüchsige fleglige Geliebte; sogar als ich einmal in die Büsche mußte, kam sie noch nach.

Das himmlische Barbierbecken hing schon an einem Kiefernarm, als ich darunter hinbummelte. War hohe Zeit, »nach Hause« zu latschen, denn im Osten gaste es bereits grau und striemig; und die Sträucher standen hohläugig krumm und überwacht, auch unpassend, umeinander (und mich) herum. Der Morgen widerte mir entgegen; denn

eine Morgensonne so vollschlank und schwiegermütterlich rüstig im nett gruppierten Käte-Kruse-Gewölk erschien, daß ich wütend einen Stein übern Bahndamm danach schmiß: weißgott, wie frisch gestärkt sah das Gelumpe aus! — Dann in die Decken (wobei Fuchsens wieder erwachten, und sich über den neuen unruhigen Mieter beschwerten). — Herakles: antiker Mistkutscher (und nach der Leistung konnte ich endlich einschlafen).

Der Himmel rauschte unablässig über mich; meine Haare bebten, als ich mich am Fenster rasierte. Sogar frische Wäsche hatte ich in einem Schrank gefunden; das Rad war durchgesehen; und mit ein paar kecken Scherenschnitten hatte ich mir auch das Hinterhaar gelichtet: sind wir nicht Knaben hübsch und fein?! Also war ich reif für einen Dorfbummel, mit Feuerrohr und Axt. (Dann nahm ich doch noch vorsichtshalber das Doppelglas mit).

Siedlungshäuser, recht geschmackvoll gebaut und angeordnet; auch viele Kiefern hatte man stehen lassen, so daß ich beifällig den Mund spitzen mußte (und links unten warbelte immer das Flüßchen entgegen, bis es sich durch einen kleinen Wiesengrund entfernte, unter einer Eisenbahnbrücke hindurch, sehr nett!). Oben wurde's kahler, die Mauern nackter; ein winziger Schaukasten zeigte zwei Radioapparate vor; dann bog die Straße schon wieder nach rechts, und ich blieb verdrossen auf dem freien Plätzchen stehen: es ist ja immer derselbe Quark!

Ein Baräckchen: »Gemischtwarenhandlung«. Da ging ich hinein (vielleicht war doch noch etwas eßbar); aber in dem armseligen Räumchen ruhte auch nur noch Staub auf giftgelben Bonbons, Kaffee war längst verduftet, die Konservenbüchsen aufgetrieben und zerplatzt (drei mit Rindfleisch steckte ich ein; nachher mal probieren). Mit dem Fuß wühlte ich unterm Ladentisch: aha: Flaschen! Essig, Essig, Öl (das kann ich ja mitnehmen!), Essig, Essig (was haben die bloß mit dem ewigen Essig gemacht!?); endlich eine Buddel Münsterländer, 32 Prozent, und ich wiegte abschätzig den Kopf: na, rin in' Sack! (Mehl und Brot ist die Schwierigkeit! Aber das ist fast nicht zu machen!) So warf ich ein böses Gesicht um mich, ging ein Weglein nach unten und stand schon wieder bei meinem Rad (wie gut, daß die Bereifung Vollgummi war, sonst hätte ich längst zu Fuß gehen müssen). Na, ne kleine Rundfahrt tut den Beinen gut.

Ein Sportplatz: Das Gras ging mir bis zum Gürtel, und auch die 400-Meter-Bahn rundherum war fast ganz zugewachsen. Vorn am Eingang gilbte noch ein Papier im Kasten, Schreibmaschinenzettel vom Schriftführer Struve: Spielgemeinschaft Benefeld-Cordingen, die Aufstellung für nächsten Sonntag (den sie nicht mehr erlebt hatten!): Rosan, der linke Verteidiger, Mletzko und Lehnhardt die Außenstürmer, Nieber in der Mitte; ach, du lieber Leviathan, weiß und rot mochte ihr lustiger Dreß gewesen sein, oder gelb und schwarz; na, da raschle nur weiter. Drüben die Straße hinunter standen auch noch ein Dutzend Häuschen.

Beim Grammophonspielen: (»singender klingender Melodienreigen« hätten sie bedenkenlos im Südwestfunk gesagt) und ich erschrak des Todes: Duke Ellington sein Gesicht!! (Dafür kann er ja vielleicht nischt; aber dann noch solch akustischen Abfall zu produzieren: dadurch wirds ein Makel).

„*Kennen Sie den alten Scheich von Pakistan?*“ — »Pakistan?« zweifelte tonlos ein flinker Chor,

„*Der sich all die vielen Frauen hält* —“ — »Frauen hält« — Ich spielte die Platte gleich nochmal, so süß heulte es aus den Luftröhren der Nihilisten, und dann

„*Ich liebe Dich!!*“ betheuerte (mit »h«) ein Männerchor so infernalisch dröhnend, daß es mir eiskalt über den Rücken lief; na, fünf Minuten noch.

„*Ich fürcht mich so / im Dunkälln — : nach Haàus zu gehn . . .*“ Nun, es war Zeit, dem tapferen Blödsinn ein Ende zu machen; Mozart war mir zu schade dazu, so tats denn »Sousa, Washington Post«: „Sie hat ein Kind — sie hat ein kínd-lí-chés-Gé-müt“: „daradattá, daradattá: da-dá“: Mann inne Tünn, was kann man Alles in der meilleur des mondes possibles erleben, bzw. veranstalten! Ich versetzte dem Namensschild des Inhabers, freilich war es ein Zahnarzt, einen komplizierten Tritt, und verließ das Lokal, in dem es noch immer blechbläserisch wumpte: „sie hat ein’

Floh — sie hat ein fló-rén-tí-nér-Hút: daradattá, daradattá ....“

So sott die wilde Maisonne, daß ich mich unten aufs Pflaster setzte, mitten auf den Asphalt, und die Füße streckte (Rad stand im Schatten, ja? — Warum eigentlich?). Aber ich war dann doch zu unruhig und raffte mich wieder hoch: ein Fahrrad zu führen ist wunderbar! Und diese leeren Orte noch schöner; auf der Kreuzung fuhr ich acht Kreise; als ich den Rücktritt nahm, stand ich wie eine Mauer.

Illustrierte: die Pest unserer Zeit! Blödsinnige Bilder mit noch läppischerem Text: es gibt nichts Verächtlicheres als Journalisten, die ihren Beruf lieben (Rechtsanwälte natürlich noch!). Die »Gondel«: fast nackte Mädchen besahen still und unschuldig ihr Geschenkel, und da mußte ich doch schlucken, und einige Häuser zurückreiten.

Duliöh! so blieb ich vor dem Schild stehen und nickte hocherfreut: Mensch, 8 miles von hier war ein englisches Verpflegungslager gewesen, und ich sah auf dem Conti-Atlas nach. Wenn da noch Einiges vorhanden wäre, bedeutete das längeren Aufenthalt in dieser Gegend für mich, und ich sah mich mit erneutem Interesse um. Am besten schnell was essen und dann gleich los, ohne Anhänger. Aber dann sah ich das Postamt und ging da noch erst mal kurz revidieren.

Zack: das Handbeil oben in den Türspalt, dehnen und biegen, und schon zersprangen mittschiffs die Riegel: ein kleiner Vorraum. Gegenüber die Telefonzelle; ich schritt kalt hinein und raffte den Hörer zum Ohr: „Mnja?!“; Utys meldete sich; »tote« Leitung, also auflegen, sorgsam, auflegen.

Interieurs: Drei Schalter, braun umholzt; drei Pulte, eine Bank für die Kundschaft, maid in waiting. Mit einem Satz war ich auf dem Zahlbrett und hinüber, im Allerheiligsten. In Büchern blättern. Einschreiblisten, Geld war gezahlt, Stempel ragten von ihren dörrenden Kissen, Tinte trockte rot und schillergrün, nutzlos hingen die milchernen Lampenkugeln, albern, antiquiert wie ein Blinddarm. War auch die örtliche Telefonzentrale gewesen; mollige Mädchenhüften hatten über jenem staubstumpfen Polster geritten (also war das Muster scheußlich!! Blau mit gelben breiten Unblumen. Und der Geistersopran: Sprechen Sie noch?!)

Vielfaltiger Mappe entnahm ich wichtig eine Postkarte (um noch dem erloschenen Gesetz meine Verachtung zu bezeigen), die grüne 10-Pfennig-Marke war schon aufgedruckt: eigentlich könnte ich eine schreiben, und ich spreizte überlegende Finger, schon im Sitzen. (Falls wirklich außer mir noch ein Mensch am Leben war. Und zufällig hierher kam. Und die Karte sah ...); und schon schrieb ich

An Herrn Klopstock (»Gottlieb« oder so), Superintendent, Schulpforta bei Naumburg — und die Postleitzahl machte mir doch Skrupel: Naumburg: das war doch schon drüben in der ehemaligen deutschen deimokratischen Republik; na, machen wirn Fragezeichen in den Kreis, Ordnung muß sein.

„*Anbei den Messias zurück*". Und Unterschrift. (Genügt vollkommen für den Fall.)

Als ich sie in den Schlitz schob, fiel mir der Briefkasten darunter ein; sofort ging ich herum und öffnete die hölzerne Box mit einem Fußtritt als Schlüssel (war nur Sperrholz, 5 mm). Da lagen zirka 50 Briefe und Karten: weiß, fahl, graublau und grün, alle mit Namen, Zahlen, Daten, Liebste glaub an mich, und Lotterieanzeigen (einen Brieföffner brauchte ich nicht).

„*Vielen Dank* für Ihren lieben Brief. Und Ihr Mann muß immer noch auf Wache gehen. Nun, einmal muß es ja wieder besser werden ..." (das »muß« unterstrichen; hier zwängte ich den Kopf ins Genick und feixte durch alle Öffnungen) ... „... Lux hat sieben Junge gehabt ..." (»Lux«: eine große sandbraune Schäferhündin; wußte ich intuitiv, und nickte anerkennend; las aber nicht weiter, da sie die Kleinen doch bloß — — na ja).

„*Gestern ging ich* am Hause Deiner Eltern in der Brüderstraße vorbei, und habe, im Schatten der Kirche, lange ins Lampenlicht gestarrt, bis die Fenster neidisch und scheinheilig anliefen, wie Nachbarsaugen; die kranke bleiche Abendluft kam, kalt und süß, wie eine schlanke grauhaarige Geliebte, »zart und schwerfällig« fiel mir ein, und »Nebel«, ach unser Leben.“ Ich runzelte strenge und bitter Brauen und Mund und sann ins gesplitterte Holz, stöhnte durch die Nüstern, nickte, lachte höhnisch, weiter: „. . . Morgen lasse ich »das hier« im Stich, und fahre zu Dir! Lange kann es ohnehin nicht mehr dauern, und wir wollen wenigstens noch eine Stunde zusammen . .“

Ich faltete schamhaft den Bogen wieder, und grüßte mit Haupt und Hand den Kollegen Schattenreisenden: fahr nur zu Deiner Johanna! Hoffentlich hast Du sie noch erreicht, ehe die Wasserstoffbombe neben Eure Umarmungen schwebte, einmal lebt ich wie Götter und mehr bedarfs nicht (ist aber auch cosa rara, und das wiederum eine Oper von Martini).

Noch eine Postkarte: „Erbitte mir . . . . an Sie heran treten zu dürfen . . . .“ Rhabarber, Rhabarber . . . . kurzum: der wollte die Schreibmaschine nicht bezahlen. Geld. Geld. Na, es wurde mir zuviel, und zwar bald. So stand ich denn auf und verließ lautlos pfeifend die Situation.

Kauen (zwei von den Büchsen waren noch gut!), und die halbe Feldflasche voll Tee genügt vollkommen; eine Stunde brauch ich höchstens bis hin. — Ob ich den Anhänger mitnehme? Der Rucksack genügt aber auch; nachher ist Alles leer, oder zerstört, oder verfault, oder? Ich kratzte mich, wütend vor Unentschlossenheit, am Kopf; ach Quatsch, bloß den Rucksack. Alles andere wird sich an Ort und Stelle ergeben; ist ja schließlich keine Entfernung.

Autores fideles und autores bravos (wie die Spanier bei den Indios unterscheiden): mir fiels ein, als ich den Cooper aus dem Gesäck holte: wir sind beide bravos. (Ähnlich wie beim Schopenhauer und Buddha ohne Übergang aus einem Verbrecher ein Heiliger wird, hat mich das Leben aus einem Pedanten zum Vaganten gemacht;

nicht ohne daß sichs manchmal noch wunderlich genug mischt. — Und »Satanstoe« ist gut: sogar witzig und kulturhistorisch plastisch; sehr fein!)

Immer den rotblauen Schildern nach (und die Landschaft scharf im Auge behalten): schön, die weiten wirren Wälder, und leeren Wiesen; ein lichtgrüner Buchentunnel zur Rechten (muß bis zur Rückkehr warten: aber schön ists!)

Verfluchter Mist!: schon wieder lag ein Telegraphenmast über der Straße und die Drähte wirrten sich durch den gelben Löwenzahn. (Wenn ich die Strecke wirklich öfter fahren sollte, muß ich das nächste Mal Säge und Axt mitnehmen: so ein Krampf! — Bloß gut noch, daß es kein stählerner Überlandmast war, sonst hätte ich das Gerümpel gar wegsprengen müssen!)

Sechs: verwilderte Pferde, wie? Oder! Ich schraubte blitzschnell am Mitteltrieb: Tatsache: Pferde! Sie gingen still am Waldrand und grasten, griffen mit breiten Lippen zu: ich war bloß 300 Meter weg. — Das ist selten! Einmal hab ich, bei Fulda, eine kleine Rinderherde gesehen, und, nach größter Mühe, ein Stück schießen können. — Also Wild hats auch hier!

Ein Nest: Walsrode (Zwei Straßen, Schilder, alberne Rechtsanwälte, albernere Richter, bloß gut, daß Alles ein Ende hat!)

Ein Beamter hätte überleben müssen; so Einer, der den Notizzettel durchstreicht, ehe er ihn zerreißt und wegwirft: ach, ihr Lumpen! Ich warf gleich einen verdorrten Blumentopf durch die Fensterscheiben des Amtsgerichts, und wartete, die rifle auf der Patronentasche, auf das erste entrüstete Sekretärsgesicht — — schade! Ein' Fuß auf dem heißen Bordstein; den andern auf der linken Pedale: Vielfältiges zog mir durch den wolkenschweren Sommersinn, nicht zu singen, in keinen Lais, nicht zu sagen, in keinem Satzgebände. Einmal neigte ich den Kopf, das Haupt, vor August Stramm: dem großen Dichter! (Auch Albert Ehrenstein, sagt was Ihr wollt!)

Kurz dahinter: Durchfallerscheinungen.

Die Straße war wunderbar und ich flitzte wie von der Bogensehne. Ein einsamer Bahnhof ohne Ort: DÜSHORN, und ich nickte anerkennend: ohne Ort! Das ist immer ausgezeichnet. Und gleich dahinter

die Wellblechhallen: (war rechts eingebogen; viele Gänge; kiesige Wege; die Vorlegeschlösser sprengte ein Schuß)

Die Wellblechhallen: Biskuitkanister: und ich schnitt gleich einen auf: Alles noch gut; und das schmeckte! — Wieviel mochten das sein: Fünftausend? Oder Zehn?! — Mein Schritt klopfte in den hohen Metallgewölben, gedämpft zwischen Regalen; aus Lattenkisten blinkten Büchsenköpfe; süße feste Marmelade grub ich mit dem Taschenmesser aus vergoldeten Zylindern: auch noch untadelig!

Bekleidung? Na, das ist nicht so wichtig (aber hübsch sah das linde Gelbgrün aus); höchstens ne Decke.

Ein Büro mit Schreibmaschinen: hm.

Ein kleiner Bau: Schnaps und Munition! Was war das tertium comparationis?: Feuer? Aber die Patronen waren meist grün und feucht, obschon wohlgefettet. 80 Schuß schienen o. k.; die nahm ich mit.

In einem Faß der Hahn: und funktionierte gar! Mißtrauisch: soll ich kosten? (Besser nicht; die Gifte sind in Alles eingedrungen; eigentlich darf man nur Glasflaschen mit Stanniolköpfen trauen). Also goß ich den Becher seufzend auf den gerillten Zement. — Rauchen tu ich nicht mehr (seit 43); also nützen mir die zahllosen Packungen auch nichts, Craven A mit Korkmundstück: far väl!

Wind? (Ich sah vorsichtshalber einmal hinaus): blauer Wind rauschte endlos ums Haus in großen Fahnen; auch die einzelnen Wolken bewegten sich faltig und bauschig und unruhig. — Aber das Lager war tadellos: davon kann man jahrelang leben! — Ich schnallte einen Kekskanister auf den Gepäckträger und fuhr nachdenklich zurück, im Rucksack allerlei hors d'oeuvre.

Unter der linden an der haide (eigentlich: im Buchentunnel zwischen Walsrode und Ebbingen): Der Leberkäse war gut; Sphärengeschmack; von dem hol ich mirn ganzen

Anhänger voll: habt ock verfluchten Dank! »Ihr Hunde: mein Geld«; das sind alles schlesische Redensarten)

Und die zahllosen Granitklötzchen summten unter mir, linksherum, rechtsherum; nach sieben Minuten war ich keuchend wieder auf dem Asphaltband zwischen Ebbingen und Cordingen: beamtenhaft wiesen leinölfarbene Schilder in alle Richtungen der Rennbahn: oh, ihr Vernünftigen! Weit und grünlich die Spätnachmittagswiege, durchbäumt, Waldstücke überall, und der Wind war frisch und wies mich flötend zur Heimat wiesenein; und ich glitt, wiegend und über harten Stampfschenkeln, die wellige Teerbinde entlang: es lebe die Einsamkeit!

Unfertig (auf halbem Weg rechts hatten sie angefangen zu bauen). Ich ging zum Brunnenschacht und lehnte mich über die feuchte hallende Röhrung (stand das Rad noch da? — Ja).

In der modernen Ruine: das hatte wahrscheinlich die Küche werden sollen. Das: vielleicht ein Stall? Die Wohnräume gaben Aussicht auf die Wälder ums Ostermoor. Ging gegen Abend, und die Sonne bei Wolkenufern; doch blieb es warmundhelle, und leuchtete nur langsam ab; Gräser und Straßenraine, zerfallendes Licht: und weit drüben ein Häherpaar pendelnd über den Forsten.

Tiefe Traurigkeit: Ich strich mit der Hand über das mühsam Gemauerte; mein Mund bog sich nach unten, die Füße hafteten im Dielenlosen: das war nun das Ergebnis! Jahrtausendelang hatten sie sich gemüht: aber ohne Vernunft! Hätten sie wenigstens durch legalisierte Abtreibung und Präservative die Erdbevölkerung auf hundert Millionen stationär gehalten; dann wäre genügend Raum gewesen, abendlicher, wie jetzt über jenen lieblichen Gründen und dämmernden Fluren, Licht und Pflanzen schlossen den Hainbund. Aber alle »Staatsmänner«, die Waschweiber, hatten dagegen geeifert, mit welchem Buchstaben ihr Name auch anfing — ach, es war doch gut, daß Alle weg waren: ich spuckte leberkäsig aus, so viel ich konnte, daß unten der Sauerampfer zitterte: nein!!

Es war doch richtig so — Dann bummelte ein Rad die Straße hügelab (links die Apfelallee in eine Kolonie Hünzingen; rechts die Filiale von Trempenau) »nach Hause«. (Ich fürcht mich nicht im Dunkeln nach Haus zu gehn). Und wer die flying fortress will, bekommt den blockbuster obendrein.

Malepartus (aber die Wirte schienen indigniert ausgezogen; na: ewig bleib ich nicht!) Ist denn kein Papier im Hause; ich erbrach die Schreibtischfächer, daß es knallte; eine lederne geprägte Mappe, ein Mensch ärger Dich nicht (wie zum Hohn), und ich wurde zusehends ungehalten; endlich ein Buch: Rilke, Geschichten vom lieben Gott, du kommst mir gerade recht; und ich riß der Goldschmiedsprosa sogleich die benötigte Anzahl Blätter heraus: schon der Titel empörte mich; feinsinniges Geschwafel; auch so ein Pneumatomache: geh zu den Guacharos!

Diesmal flanierte ich nach der entgegengesetzten Richtung, auf den Fabrikschornstein zu. Ein Fußsteig führte nach links bis zum Bahndamm, gleich neben der Brücke, und da sah ich schon, daß eins der Geleise hinter ins Fabrikgelände lief, also ihm nach, über die torfbraunen Schwellen.

Holz, viel Holz! In mächtigen Bretterstapeln unter Schuppen; in Sperrholzplatten, aneinandergelehnten. Auch Balken, aber weniger. Im Hof noch Riesenstämme, elefantengrau, Buchen zumeist, von 80 bis 100 Zentimeter Durchmesser: schade um die schönen Bäume. War aber alles superb trocken das Zeug, würde im Winter brennen wie Gift. — Na ja; ich erhob mich seufzend (ob der vorgestellten Schinderei beim Sägen und Hacken solcher Mengen) und schlenderte nachdenklich aus der Umzäunung, vor der wiederum steif die Zebrabeine des bewußten Schildes warteten: das war also die Holzindustrie.

Birken aus denen der Saft lief. Irgendwo (auch irgendwann) hatte ich gelesen, daß man tatsächlich Wein draus machen kann. »Birkenwein«, mädchenröckiges, wehendes Wort (auch feinsinnig werden, eh? Und ich bummelte empört weiter über die Schwellen).

Was war das?: ach so. Im Glas sah man sogar die primitive Leiter des Hochstandes genau, und ich träumte mich einen Augenblick hinauf, wo der Wind Haut und Haare glatt strich, weit umher nur die glänzenden einsamen Wipfel; Natty hatte schon recht: Wälder sind das Schönste! Und ich war erst Anfang Vierzig; wenn Alles gut ging (?) konnte ich noch lange über die menschenleere Erde schweifen; ich brauchte Niemanden! —

Der Bahnhof: Lütt und proper. Güterwagenrot: da standen sie, einzeln und in Ketten, und ich mußte wieder daran denken, wie im vorletzten (zweiten) Weltkrieg wir Kriegsgefangene zu Fünfzigen in die Dinger gesperrt waren; die Holländer schmissen mit Dreck und Ziegelbrocken, daß die Wände knackten, furchtbar und langweilig. Auf einem Nebengleis eine kleine Draisine, und ich versuchte zum Spaß meine Kräfte daran: rollte verhältnismäßig leicht (aber es ging wohl auch ein wenig bergab).

Das Karawanserai gegenüber: Bierplakate in lebhaften Emailfarben. Zur Zierde ein neckisch gläserner Bücherschrank in dem gefällig der Schlüssel stak; ich klappte eins der Bändchen auf: „. . . Man erschlage ihn / Mit einer Keule doppelten Gewichts . . .“ und ich entfloh sofort. (Noch auf dem Flur zischte mir die Lachluft aus breiten Lippen: wahrscheinlich hatte es damals im hunnischen Lager die »leichte Feldkeule 53« gegeben; sowie auch die »doppelte FK 17« für Schwergewichte: wohin kann einen Rhetor sein Wortvorrat verführen!)

Unten: eine Mühle neben zwei schönen Teichen; der Brükkensteg durchgefault, aber ich balancierte über die Balkenköpfe. Kleiner Platz mit einer ungewöhnlich hohen Thuja, mindestens 15 Meter maß sie; ein größerer Hof; zur Linken die lange Schuppen- und Garagenreihe: was sollte ich in den Menschenhöhlen? Wieder die ewigen Skelette betrachten? Wieder denken: das mag ein Dicker gewesen sein, der zufrieden am Abendwürstchen kaute; dies ein Leptosomer mit Baskenmütze und Menjoubärtchen; dort ein Trottel mit kahlem Eierkopf; hier eine christlich orientierte Jungfrau mit oder ohne Brille. Ein kleiner Straffer, mit Postbotengang und philosophischer Stummelpfeife (der aber doch heimlich ins Toto setzte). — — Auch drohte ein kurzer Platzregen, und ich schnürte ab, nach Norden, zum Hauptquartier (Zeltbahn übers Rad und Anhänger decken). Rechts hatte noch eine Kreissäge gestanden.

Dämmerung: für eine phantastische Erzählung fiel mir ein: kleine geflügelte Giftschlangen, die, zumal im Dunkeln, umherschwirren; schreckliche Folgen (und erfand gleich den ältlichen Titel:

Achamoth
oder
Gespräche der Verdammten,
das ist
gründliche und wahrhafftige Beschreybung der Reise, so Giovanni Battista Piranesi, napolitanischer Schiffer, in autumno des Jahres 1731
nach
Weylaghiri, der Höllenstadt,
gethan,
enthaltend eine ausführliche Darstellung von Land und Leuten, deren Sitten (vielmehr Unsitten), seltsam hellischen Gebräuchen, Institutionen, auch absonderliche und mitleidswürdige Qualen, sowie die merkwürdigen Dialogen, welche besagter G.B.P. zu unterschiedlichen Malen unter großen Gefahren für Leib und Seele daselbst geführt oder belauschet; Alles
nach Dessen
eigenem oft beeideten Bericht,
so er am Abend des 11. Maii anno domini 1738 und der darauf folgenden mondhellen Nacht auf der Piazza di Pesci zu Napoli in Gegenwart der seit langem dort ansässigen Herren doct. utr. jur. Markmann und Volquardts, des reisenden Past. emerit. Stegemann aus Dresden, sowie des Autors und einer großen

Menge Volkes aller Stände in italiänischer Zunge abgeleget; neuerlich zu sonderbarer Belehrung und geistlicher Befestigung
des teilnehmenden publici sorgfältig ins Teutsche übergetragen.)

Hat viel geregnet.

Der Mondkeil wurde in eine Wolke getrieben, daß sie langsam spaltete; dünnes margarinenes Licht fiel auf das Unteroffiziersbild neben der Tür: der Dank des Vaterlandes: das hieß in jenen guten Zeiten nach dem ersten Weltkriege: einen Leierkasten, und das Halsschild »keine Rente«. (Aber die Deutschen schrieen ja noch zweimal nach Männchen machen, und „Es ist so schön Soldat zu sein": they asked for it, and they got it!)

Ich erwachte: so stierte der Mond durchs Seitenfenster in mein taubes Gesicht. Unermüdlich kamen sie: Tag und Nacht. Einmal würde ich keuchend irgendwo liegen (hoffentlich gings schnell; und ein Schuß als Freikarte für die Fahrt ins Blaue mußte immer im Colt bleiben). — Ich lehnte mich an die Wand, die Kniee angehockt, und sah denkend mit Eulenaugen in den langsamen Lichtwechsel.

Reziproke Radien (und der Einfall faszinierte mich für 5 Minuten). — Denken Sie an graphische Darstellung von Funktionen mit komplexen Variabeln, und zwar eben an den erwähnten Spezialfall: ein schicklichstes Symbolum von Mensch im All (denn der ist der Einheitskreis, in dem sich Alles spiegelt und dreht und verkürzt! Die Unendlichkeit wird zum tiefsten inneren Mittelpunkt, und wir haben durch den unsere Koordinaten gekreuzt, unser Bezugssystem und Maß der Dinge. Nur die Peripheriehaut ist sich selber gleich; die Grenzscheide zwischen Makro und Mikro. — In einer Einheitskugel könnte man ja einen dreidimensionalen unendlichen Raum projektiv wiedergeben. —)

Hübsch und eine kluge Gedankenspielerei; für 5 Minuten.

Je weiter sich also die Geliebte entfernt: desto tiefer dringt sie in uns ein. Und ich drücke die Stirn auf die Kniee und flocht Finger durch Zehen.

(*Kurz draußen*). Mond: als stiller Steinbuckel im rauhen Wolkenmoor. Schwarze Spiegel lagen viel umher; Zweige forkelten mein Gesicht und troffen hastig. („Hat viel geregnet" heißts wohl auf Einfachdeutsch). Dumpfschlaf.

Ich steckte noch das kleine Handbeil in den Gürtel und schob los, in die letzte noch unerforschte Richtung, also Nordost. Dem Marschkompaß nach gehen die Schienen fast genau nordwärts, und auf den Schwellen läuft sichs leidlich (nur der Abstand: ist kleiner als ein Männerschritt, und, wenn man eine überschlägt, wieder zu groß. — Am besten ne Eingabe deswegen machen).

Ein Bauernweg quer drüber (hinten die Sonne schwebte durch weiße Wolkengewinde, brennende Montgolfiere: und ich hob die Hand vor Pilâtre de Rozier, abgestürzt am 16. 6. 1785, der Erste der langen Reihe, Ikarus unpräjudizierlich); ich ging diesen Bauernweg, der in leichter Schwingung nach Westen wies, links am Wald entlang; in der Mitte der 500 Meter breite Streifen dessen, was einst Felder gewesen waren; und drüben wieder Waldketten, licht und düster. Der Wind war kühl, rasch und hold, und ich lächelte als junger Wanderbursch in den Grünzauber ringsum. Ein Brombeerdorn zog eine rote Gerade quer übers Wurzelglied meines rechten Zeigefingers; ich sah es, kurz und kalt im Gewehrzurechtrücken, und der winzige Schmerz verfloß in die Wälder.

Viele Pilzruinen (noch vom vorigen Jahr her); weit drinnen dahlte ein Wässerlein durch stark grün verbrämte Reiser, sickerte aus einer großen Wiese zusammen, gesetzlos und schön.

Ich hatte die Richtung drinnen verloren, und fand mich plötzlich am Waldrand wieder, nur hundert Meter vom Schienenstrang, auf einem kleinen freien Stellchen. Wacholder bildeten zwei feine Halbkreise: das mußten sehr alte Pflanzen sein, der Größe nach zu urteilen (werden 800 bis 1000 Jahre alt; ich nicht). Auch war der Boden so fest und sauber, daß ich mich behaglich seufzend hingoß. Wunderbar!

Die schrille Sonne fuhr hinter sausende Wolken; das graue fette Vließ dehnte sich; zwanzig Minuten später lag es überm ganzen Moor (und zwar für eine Stunde).

Mailicher Regen: ich saß darin gelassen wie ein Stein: schön, so am Waldrand durchzuregnen bei völliger Windstille (im Mai-Land; nicht Milano) und ich bewegte entzückt die feuchten Schultern und Waden.

Die Feldflasche?: Ja! — (Ich habe immer nur getrunken, um die Bildkraft der Seele zu steigern; dem geschundenen Geist die irdenen Bremsklötze wegzunehmen; die Peripherie des Einheitskreises zu weiten: reziproke Radien; also doch!). (Und von gestern her kam funkenschnell ein Bildchen: die schöne Birkenallee von Borg her; ein kleiner Friedhof mit Spitzbäumchen von Taxus; eine plumpe Kirchenscheune — einen Geschmack hatten diese Bauern gehabt! Neben einem Meilenstein ein meterhohes Holderchen)

Ich atmete tief und feurig, und trat sicher in die graubuntgrüne Luftnachdemregen: stand: in jeder Hand eine rauhe Jungkiefer. Zwei Vögel schossen drüben aus dem gesägten Baumband, kurvten kreischend hoch, zogen dahin, dahin vor der Westwolkenbrandung, schrieen noch einmal indianerhaft, und versanken hinter der stillen Bodenwelle wie geworfene Steine. (Die Drehzahl eines Geschosses ist $N = Vo \cdot \tan \xi e/2 \cdot R \cdot \pi$, worin ξe der Enddrallwinkel, und R das Halbkaliber in Metern ist — weil ja auch *Vo* in Metern angegeben wird!)

Der Abend: schrecklich und schön! Feuerrote und weiße Nebel traten aus den Gründen und Hainen, wie Schmuggler mit silbernem und brennendem Gerät; kamen zusammen und hielten Rat in Senke und grauem Gras (da kehrten auch die großen Häher wieder, und fielen streng ein).

Die Karte: ich hatte das Blatt auf dem Knie und schätzte:

gleich weit nach Hamburg, Hannover und Bremen. (Die schienen drüben zu einem Entschluß gekommen zu sein: geduckt und grau trennten sich die Gruppen; schwanden lautlos die Birkenstraße davon, krochen durchs gelbe Vorjahrsried: einer blieb hochaufgerichtet als Posten).

Das englische Verpflegungslager gleich bei der Hand: da lag Vorrat für 10 Jahre! Unten in der Fabrik Holz genug für einen ganzen Clan, der siedeln wollte. (Jetzt neigte sich die Wache langsam nach vorn, und schob sich, jede Gelegenheit tarnend ausnützend, in die Wildschonung).

Wasser: War hinten der Bach-Graben; und Regen hats in Norddeutschland überflüssig genug. Auch die Arbeit beim Bau, Sägen und Hacken, Schleppen und Transport, würde mir gut tun (dick werden: die Sünde wider den heiligen Körper!)

Ich erhob mich unter einem mittleren Mond; ich sagte: „Herr von Baer (oder wie der Besitzer sonst heißt): ich danke Ihnen für die Überlassung dieser Waldstücke: ich werde hier nämlich ein Haus bauen, und nehme somit das Ganze“ — ich wies ungeduldig mit der Hand um den Horizont — „in Besitz —“. (»Erb- und eigentümlich« fiel mir noch an juristischen Formeln ein: gibts so was?)

Ich steckte das kleine Handbeil in den Gürtel (schräg!): der Umstandswauwau. Und trat fest auf den — meinen! — Weg. Der Abend loderte noch still mit breiter schon gedämpfter Glut und silbernen Wolkenflammen (war aber zu faul zum Figurenlesen). Wohl wußte ich, wo ich lief: in umbüschten Gründen im Osten rann Lütt-Warnau; Erde unter mir; in Rücken und Flanken die großen Waldhaufen — meine! —, straßenumsponnen; Wieder erschien im Nacken der Mond als Meilenstein: 17 müßte ihm im Gesicht stehen (oder 18; immer großzügig). Junge Blätter legten sich willig und wellig und breit um mein glattes Gesicht: wollt ihr euch schon beim Herren einschmeicheln? (Alles meine Gesellen!)

Vorm Einschlafen: trotz Müdigkeit schon eine Zeichnung

gemacht fürs Haus. Morgen muß ich gleich noch einmal in die Wacholderringe und genau die Stelle ausmessen, wie hoch usw. (Und auch für den Schuppen. Am besten gleich mit Pflöcken abstecken. — Im Ort noch Millimeterpapier suchen).

Lange davor sitzen: (vor den Brettern drüben im Lager): ist das schwierig! — Als Erstes muß ich die Transportmöglichkeiten klären: da ist oben am Bahnhof der kleine Plattenwagen von gestern; den kann ich mit Balken etc. beladen, und bis an die Wegekreuzung schieben (erst muß ich aber noch Rost klopfen und ölen); vom Bahnhof ab fällt auch das Gelände nach Norden etwas: das ist sehr gut. — Was für Balken kann ich eigentlich bewegen? Da waren Vierzöller, Sechszöller, 8 Zöller: ich entschied mich für die 15 cm zum Hausgerüst und rechnete: Spezifisches Gewicht ungefähr 0,7; Querschnitt 225, durch 10 ergibt gleich Kilo, also wiegt der Meter davon rund 30 Pfund, und ich fluchte innig: Dreißig Pfund! Stand sofort auf, und versuchte ein 10 Meter langes Untier zu bewegen: sieh da! Mit Gewalt würde ich ihn vielleicht draufhebeln können. — Dann versank ich wieder in das Studium der Holzverbände, deren Abbildung ich in einem alten Lexikon gefunden hatte.

Ja: jetzt rollte sie! (Und auch die eine Weiche, gerade die, die ich brauchte, unbedingt, ließ sich knarrend stellen: wenn das nicht ein Zeichen ist!). Vier der Ungetüme würgte ich mit Stangen und Stricken auf die niedrige Platte und begann

die Probefahrt: hei-li-ges-Etwas! Ich stierte benommen auf die groben Kiesel und meine staubbraunen hohen Schuhe, die sich von Schwelle zu Schwelle stemmten: wenn ich bloß erst oben am Bahnübergang wäre! Der Schweiß tropfte schön unrhythmisch, und ich bog mich verzweifelt, stemmte auch den edelsten Teil mit an; die Bäume wandelten wie die Schatten an mir entlang, mein lieber Freund, einmal wär ich fast abgerutscht (»Wer abrutscht kann nochmal«), und die Kniee bogen sich immer steifer (wenn mal eins nach hinten schnappt: das soll es geben!). Aber jetzt erschien ein staubiger Holzbelag unten im schiebenden Blickfeld: gleich kam, Herr des Himmels, die Weiche. Ich stampfte noch einmal keuchend an, und brachte den Geleitzug über die Stelle: nie wieder eine Landpartie! —

Den Hebel umgelegt: jetzt aufpassen: kurz anschieben, dann aufspringen und nach vorn zur Handbremse: jetzt müßte es eigentlich rollen: —

Und es rollte milde, der Wind pfiff mir nicht an den Bartstoppeln, aber stetig und bewußt. Schön rumpelten wir durch die Waldmauern, schöner, schon kam der kreuzende Landweg in Sicht; ich nahm Fahrt weg, und zog kurz davor einmal scharf durch: voilà! Genau hingekriegt. — Aber das Abladen war wieder grausam, grausam; denn zerbrechen sollte ja auch nichts.

Rückweg (langsam schieben): die andern Balken kann ich ja vorher alle zersägen; die längsten Stücke, die jetzt noch kommen, sind höchstens 5 Meter! (Lore noch ins Holzlager geschoben, dann Schluß für heute; erst muß genau der Plan feststehen; und Werkzeug, Nägel, Schrauben, ran).

Drei Tischler waren im Ort gewesen: da hatt' ich die Auswahl (und Zeichenmaterial en masse aus der Walldorf-Schule unten); so saß ich lange, bis in die lichterzuckende Nacht und grübelte: neben dem Bahnhof hatte auch gleich ein Kohlenhändler seinen Platz, und in den Speichern lagerten noch so 500, 600 Zentner, Eierkohle und Briketts; vielleicht warens auch 1000; ist schwer zu schätzen, so was; jedenfalls sorgloses Heizen für manches Jahr. Und dann würde man in den Kellern überall noch Einiges finden. Das ist also auch gesichert.

„*Vaubansche Front*“ fiel mir beim Zeichnen ein: alle Verhältnisse: von Face, Flanke, Kurtine, Kavalieren, Tenaille, Ravelin. (Interessant; ich hab mal den Bousmard gelesen) — Aber weiter:

Wehe dem Manne, der nicht wenigstens 10 Mal in seinem

Leben bereut hat, daß er kein Tischler wurde! Oder der sich beim Anblick eines neuen Nagels der Vorstellung von appetitlich zubereitetem Holz und kleinklobigem Hammer enthalten kann!

Ich probierte die Bohrwinden am Treppengeländer: ob ich die dreifache Durchdringung unten fertig kriege? Ich wollte es nämlich so machen:

1.) 5 lange 10-Meter-Balken in Abständen von je einem Meter parallel zueinander hinlegen; dann
2.) rechtwinklig dazu die fünfmetrigen (das war noch einfach; da brauchte ich an den Kreuzungsstellen nur in umgekehrtem Sinne 7,5 cm tief und 15 cm breit einzuschneiden, ausstemmen; über die vier Ecken schräge Stücken legen, damit feste Dreiecksverbindungen auftreten; dann das Grundnetz mit Kieseln ausfüllen). Aber jetzt
3.) die senkrechten Pfosten: da mußte ich mit Stemmeisen durch die Verbindungen vom Typus (2) quadratische Löcher schlagen, etwa 6 mal 6, und am Pfahl den passenden Zapfen stehen lassen. Also durften die nicht bloß 2,20 hoch sein, sondern unten noch 15 mehr, macht 2,35, und dasselbe oben — also 2 Meter 50.
4.) Die Decke: Querüber wieder die 15-zentimetrigen, und 5 Meter lang. Aber als Längsverbindungen genügen jetzt die Vierzöller, und auch zum
5.) Dach. Die Winkel: an der Basis 50, oben demnach 80 Grad; und ein Stück übergreifend, an jeder Seite 50 Zentimeter. So. — (Das Gerüst war das Schwierigste; die Bretterverkleidung fand sich leicht; hatte genug gespundete unten). Good!

So saß ich und rechnete. —

(4 Wochen später): und unermüdlich floß das gezahnte Stahlband im bunten Holz; weißer hölzerner Staub übersank den ausgefallenen linken Fuß, guter Staub, sammethart, und jedes Körnchen war da: man müßte die Biographie jedes Körnchens schreiben: will doch Jeder da sein!

„Lebensbeschreibung eines Wacholders"; „So wuchs die Kiefer da rechts"; „Wir Moos"; „Ich war ein Vogel Habicht"; warum soll nicht „eine Schneise" ein Wesen sein? Der Bahndamm hat „Seine Geschichte". Ein Kiesel der Beschotterung: lebt länger als Sie, Herr Leser Irgendein! „Mein Fußtapf". „Tannenzapfen" (sind ja ganze Communities). Auf meinem Fenster standen 24 Blumentöpfe mit Bäumchensamen: so floß das gezahnte Stahlband im bunten Holz; unermüdlich.

22. Juli 1960: Richtfest! (War zwar ein Freitag, aber was tut das mir?!). Ein Zimmermann hätte sich pucklich gelacht, aber das Gerüst stand. Und fest auch; ich war genügend drin herum geturnt. (Jetzt kam nur noch der zweite, leichtere Teil: das Benageln mit Brettern; dann noch Möbel holen — aber erst mal feiern!). Und die Flasche kam mir nicht vom Mund (die Uhr müßt' ich auch wieder mal überprüfen; am 5. 9. war die nächste totale Mondfinsternis, da würde ich auch feststellen können, ob ich noch das korrekte Datum führte. Den ungefähren Ortsmittag ergab ja außerdem jeder Meridiandurchgang: Dein Wohl! Und der Malaga, Scholtz hermanos, rann wie aromatisches Feuer in meinem Zimmermannsschlund).

„*Die Öfen*" fiel mir ein: ich hatte keine gemauerten Schornsteine! — Na; s war ja wohl nicht der erste Gekachelte, dessen Rohr frei durch die Wand ging (aber ich wurde doch ernster: auf Waldbrände würde ich sehr achten müssen!). — Und dann hatte ich auch noch keine Hausnummer! So munter war ich geworden, daß ich noch einmal heiter meiner Leistung zunickte, und dann, bebüchst und bebeilt, die Hausnummer suchen ging.

Über die dünstende Wiese: diesmal kam ich von hinten in den Mühlenhof; das Fenster an der kleinen Treppe fiel mir beim ersten Antippen entgegen (richtig: Fenster muß ich auch noch komplett irgendwo herauslösen, und bei mir im Haidehaus wieder einsetzen!), und ich schwang mich hinein: armselige Einrichtung: ein Bett mit Bretterboden, ohne Kissen und Federbetten, bloß 5 Decken. Ein zerwetzter Schreibtisch, darauf zwanzig zusammengelaufene Bücher in Wellpappkartons als Regälchen; ein zersprungener winziger Herd (na, der hat das große nasse Loch auch nicht erheizen können!), ich tippte ihm anerkennend aufs geborstene Eisen, und sah mich mürrisch um. Papier in den Schüben; Manuskripte; „Massenbach kämpft um Europa"; „Das Haus in der Holetschkagasse"; ergo ein literarischer Hungerleider, Schmidt hatte er sich geschimpft. Allerdings lange Knochen: mußte mindestens seine 6 Fuß gehabt haben. Das ist also das Leben. Ich salutierte den beinernen Poeten mit der Flasche (den Schädel müßte man mitnehmen und bei sich aufstellen); dann schwang ich mich wieder durch die dicke Fensterhöhle, und schritt bergauf längs den verwilderten Kleingärten.

Der Sportplatz: ich lehnte mich an den ergrauten Torpfosten und verschränkte sämtliche Arme: hier hatten die Hunderte gestanden, an den simplen Schranken, und begeistert ihre Hütchen in die Luft beordert, wenn „Opa" einen Alleingang machte. Ich lief eine halbe Ehrenrunde bis zum anderen Tor (und kletterte sogar noch weiter über den Zaun; denn drüben war ein winziges Zementhäuschen gesprengt worden, wohl von den Tommies noch im vorletzten Weltkrieg, die Irren).

Die Trümmer: tischgroße Zementbrocken. Die Wände waren erst nach außen geblasen worden; dann das Dach eingefallen; auf dem Hügel wucherte es von Gras und Ampfer, Hirtentaschen und Taubnessel: hatten sie auch das kleine Ding in die Luft jagen müssen! Ich ging noch näher und bohrte mit der leeren Flasche im Gebröckel.

Tiefblau und weiß: so erschien eine emaillierte Ecke in der Tiefe, und ich pfiff hastig und ruhte nicht eher, bis ich das Schild ganz heraus hatte: 12 mal 20 und B. 1107. Und ich dehnte die Augen und lachte nickend und ingrimmig: très bien! Da habe ich also meine Hausnummer: B Punkt (oh: ein solider dicker Punkt!) Elfhundertsieben. Ich wischte das Staubige mit dem Taschentuch blank und blau: darauf konnte jedes Holz staus sein (oder „Haus stolz“; ist egal). So zog ich im Triumph in mein altes Standquartier, aß, was mir schmeckte (Eier hätte ich wieder mal essen mögen!), und vertrieb mir den Rest des (bullenheißen) Tages: morgen kommt der Fußboden rein, aus zweizölligen Bohlen! (— Quatsch: natürlich erst das Dach. Dachpappe hats oben beim Hogrefe; soviel, daß ich sie doppelt nehmen kann.)

Drei Räume. Ich teilte drei Räume ab, jeden durch die ganze Hausbreite gehend (außer dem ersten); die Außenwände verschalte ich doppelt; dann die Zwischenwände auch: Zeit und Material hatte ich.

Nochmal die Mondfinsternis (das war wieder der Pedant, der sich ums Datum sorgte!) — Nach meiner Rechnung müßte die Totalität am 5. 9. um 5 Uhr 23 MEZ eintreten; die Sonne ging dann bei mir hier kurz vor 6 auf; also würde der Mond eine Stunde vorher im Westen dicht über den Wäldern stehen; alpha betrug nur 0,5 Grad: also war die Eintauchtiefe fast maximal: gegen 3 Uhr würde das Spektakel also anfangen. — Na, da war noch ein Monat bis hin.

Fenster: ins Wohnzimmer setzte ich zwei große dreiteilige; in die Küche ein kleines nach Osten; ein ganz schmales (aus einem Abort der Siedlung) in die Nordwand des Vorraums (und ganz oben hin). Ehe ich richtig mit dem Hobel hantieren lernte, war das Haus fertig: das ist immer so (aber dem Schuppen kams dann zugut!).

Am Schuppenkomplex (und ich wohnte noch immer in der Uferstraße): das vorgebaute Dach war auch keine Kleinigkeit (und ich machte ihn dann doch noch zwei Meter länger; ich würde zuviel drin aufbewahren müssen. Auch das Fahrrad und alles mögliche Handwerkszeug!).

Ich malte eine Tafel »Verbotener Weg« und befestigte sie vorn an dem Fußpfad zur Linken, waldab (den man gehen sollte! sic!), und der mitten in die Kolonie Hünzingen führte. Den alten Waldsteig an der Bahn entlang, der sich zu mir schlängelte, ließ ich frei: Psychologie, mon vieux!

— Sämtliche Verpflegung kam natürlich auf den Boden, unter das geräumige Spitzdach.

Mit Besenreis in der Hand (wie Droll): ich hatte alles ausgefegt, und die Öfen (einer mit braunen Kacheln im Wohnzimmer; der Küchenherd; ein Kessel mit Rohr in der Waschküche) standen auch schon. Ansonsten: spinnige Kiefernschonung; und ich soff, bis die Grauhaarigen um mich torkelten.

Völlig unangebracht: ein feuriger brünetter Mond in Wolkenrüschen. — Zwei Tage nehm ich zum Möbel holen; besser drei. Dann ist der 2. 9. Bis zur Eklipsis gebe ich noch für Kleinigkeiten zu (Bücher zusammensuchen; Spaten, Hakken, Harke; der Sägebock war noch gut). Am 6. wollte ich nach Hamburg starten, die »Glanzlichter« zur Einrichtung besorgen; auch rare Schmöker einkassieren etc. Etwa am 10. zurück. Dann erhob sich schon die Heizungsfrage; also 4 Wochen für Kohle holen; Holz sägen und hacken; Lebensmittel vom Düshorner Lager (und die Wasserentgiftungs-Tabletten nicht vergessen!) Darüber würde es bestimmt Oktober/November werden; und dann kam die herrliche einsame Zeit, viele Jahre lang: morgen hol ich die Dachrinnen und drei weitere Bütten zum Auffangen des grauen Regens. Töpfe, Wannen, Pfannen: ich werde euer Mor-Pork schon braten! Vielleicht kann ich fürs kommende Frühjahr sogar eine Art von Kartoffelfeld herrichten (obgleich Landarbeit mir so ziemlich das Widerlichste von Allem ist; außer Militär natürlich; Militär und Textilindustrie).

Der fleckige abgegriffene Besant d'or (ich hatte den Wecker auf 1 Uhr gestellt und starrte ihm ins gelbliche Rund); schön saß sichs auf dem Weg, mitten im leichten Sessel, und der Himmel war bleich und klar über den großen Wäldern zu beiden Seiten. In Hamburg würde ich mir ein gutes astronomisches Fernrohr beschaffen; für jetzt genügte der große Kieker und die Taschenuhr. War Alles still und kühlig; auch feuchtlich; keine Grille schrillte mehr; nur dann und wann floß Hauch durch die Pflanzen zur Rechten zur Linken. Früher mochte um diese Zeit »ein Zug« hier vorbeigefahren sein: ganz fern im Norden ein leises Rollen, kam näher, orgelte tief weit und nah, schwoll polternd an mit jagenden Stößen, Lichter flossen perlenschnürig vorbei, verschwanden im Süden: leises Rollen. Jetzt war Alles still: und schöner! Früher waren auf den Asphaltbändern lautlos Autolichter geglitten: jetzt herrschte nur noch der Mond:

Der Kupfergong! Hängt blaß, ein Kupfergong, noch hoch im Äther. (Datum stimmt also genau!). Die merkwürdigen verschwollenen Lichter auf der Scheibe. Mädler hatte viele Untersuchungen darüber angestellt; das waren die eigentlichen Mondautoritäten: Lohrmann, Mädler, J. Schmidt, und vielleicht Fauth. Eine Eule begann sehr tief im Forst zu monen: schien auch ihr die Gaukelscheibe verändert? (Hoffentlich waren die Elbbrücken noch unzerstört; oder ich würde im Boot übersetzen müssen). Unten im Dorf hatte ich den Almanach gefunden »Handbuch der hanseatischen Departements 1812«; altes französisches Kaiserreich hier: so war auch ich ein citoyen. Ob außer mir überhaupt noch jemand übrig war? Wohl kaum; vielleicht irgendwo auf den Südzipfeln der Kontinente, die vermutlich noch am wenigsten abgekriegt hatten; man müßte ein Radio in Betrieb setzen können. Wind strich wie ein mächtiger achtloser Vogel weit von Westen her; wiegten sich die Gräser in schmalen grünen Hüften, knarrten leis die Kiefern, schwört es im Wacholder, bräunlich breit der Mond. So trieb ich es jene Nacht. (Und: dic mihi . . .!)

Auf der Kreuzung hinter Schneverdingen, Reichsstraße 3: also so geht das nicht! Den Weg kann ich auf der Rückfahrt mit überladenem Anhänger nicht nehmen. (Vor Visselhövede war die Straße noch gut; aber dann bis hierher völlig verkrautet, manchmal bis über die Radachsen; hinter Neuenkirchen erkannte ich die frühere Fahrbahn überhaupt nur daran, daß die Tännchen noch so klein waren: das sind die Folgen des Kopfsteinpflasters, jetzt schon! In 20 Jahren findet Niemand mehr Straßen auf der Welt; vielleicht erkennt man die Autobahnen noch, aber in 30 sind auch die weg). Hier die große Reichsstraße war in der Mitte noch ganz erträglich; obwohl schon viel Sand eingeweht war: zurück mußte ich also den Umweg über Soltau machen; Soltau, Fallingbostel. Ja: dann nach Walsrode und von hinten herum kommen! — Ich stand steifgliedrig auf (war in letzter Zeit doch zu wenig Langstrecken gefahren), und beschaute noch einmal den Omnibus, dem ich auf dem Trittbrett gesessen hatte: sieht scharmant aus: ein Auto mit üppigem Gras auf dem Kühler! Dabei hatte ich noch nicht mal ein Drittel der Reise hinter mir; also: »auf die Rössel!«

Dicht hinter Sprötze (wo die große Bremer Straße einmündet): und die Fahrt durch Haide und Wiesenwuchs war prachtvoll gewesen; nur bei der langen Brücke mußte man ganz vorsichtig sein — was heißt »man?«: Ich! Das Wort »man« kann ich eigentlich aus der Sprache streichen! — erstens klappert der Bohlenbelag gefährlich, und dann fehlt schon jede Vierte. Aber das war Alles nicht »das Problem«, sondern dieses: vor und um (und in) Hamburg hatte ganz im Anfang eine große Schlacht (mit unzähligen Luftattacken von beiden Seiten) »stattgefunden« („Jeder ist herzlich eingeladen"); es schien pueril, anzunehmen, daß auch nur noch eine der Elbbrücken intakt sein könne! Also versuchte ichs am sichersten irgendwo an der Niederelbe, in einem kleinen Ort; da war auch noch am ehesten die Möglichkeit, ein brauchbares Ruderboot zu finden. — 25 km noch bis Neuenfelde; und schon 15 Uhr: no, bis 19 Uhr 30 bleibt es hell, inklusive Dämmerung; und die Sonne sengte »einem« die dünnen Leinenshorts (früher hätte ich nie kurze Hosen tragen können: die Insekten hätten mich aufgefressen; wenn andere unangefochten spazierten, hingen sie um mich in Wolken! Aber jetzt, wo die Mehrzweckbomben die meisten Arten vernichtet oder dezimiert hatten, und die Vögel den Rest leicht in Schach hielten, war es eine Freude mit bloßer Haut zu gehen). Und Beobachter waren auch keine mehr da: so zog ich gar die Shorts noch aus, und ließ mich ein Stündchen braten: Mitten auf der Kreuzung.

Verflucht noch Eins! (Waren doch zwei Stunden geworden!). Ich hing mürrisch den Anhänger wieder an die Hinterachse und hob mich zum Anfahren in den Pedalen (und Sonnenbrand auf allen pikanten Stellen!)

Wulmstorf: wie gut, daß die Schilder noch stimmten; sonst hätte ich jeden Ort erst mühsam identifizieren müssen (indem ich einen Briefkasten einschlug, und die Absender las; oder beim Postamt oder Bürgermeister den Stempel probierte: was näher war!). Und jetzt nahm ich, auf der Treppe des Friseurs sitzend, den mir versprochenen Schluck Whisky: kalt und sehr stark! — Noch einen kleinen: hier hieß es genau dosieren, daß der bis Blankenese vorhielt. Nur Narren oder etiolierte Ästheten sind Abstinenzler: die können nie erlebt haben, wie Schnaps bei völliger körperlicher Erschöpfung Wunder wirkt. Außerdem kann ich Menschen ohne Gelüste nicht ausstehen. — Überhaupt keine!

Und mit Whiskyschwung an den Deichen entlang: das Wasser stand hoch am kleinen Anleger, und links waren auch 5 Bötchen. (In der verlassenen Gaststätte öffnete Zugluft einladend die Türen, und ein Mövenklub brach eben auf).

Was für Wind eigentlich? Ziemlich genau West und Stärke 2—3. Demnach könnte ich sogar das kleinste Segelboot nehmen (in dem auch ein Paar Ruder lagen; so artig wars).

Großschot in der Rechten, Steuer in der Linken, und es war Zeit, daß ich rüber kam, denn ich dachte den bekannten langen Schlaf zu tun. Wie ist die Formel: das Segel soll den Winkel zwischen Windrichtung und Fahrtrichtung halbieren: so glitt ich über den blauen langen Strom, neckte mich mit den graziösen Wellchen, hielt aus Spaß eine Zeitlang auf Flottbek zu und sah auch oft zurück, um mir die Neuenfelder Bake als Zielpunkt für die Rückfahrt genau einzuprägen.

Sorgfältig festmachen das Boot (und dem Tau etwas Spielraum geben, wenn nachher das Wasser fällt). Dann stieg ich in die nächste rassige Villa: nee: war zu muffig drinnen; also entrollte ich meine Decken auf der Veranda.

Jungfernstieg: ich setzte mich in den Straßenbahnwagen, der genau vorm Kaufhaus stand, und beabsichtigte, melancholisch hinaus zu blicken; aber es gelang mir nicht, und ich stieg wieder aus: linke Hand am linken Griff; sprang in einer bösen Laune gegen die Fahrtrichtung ab, und ging hinter der gelben Blecharche herum bis zur Balustrade. —

Auf dem Zettel murmelnd abstreichen: Taschenlampenbirnen 2,5/0,1 für meine Dynamolampe hatte ich schon mit Glück gefunden (ist gar nicht so einfach: 0,2 usw. findet man überall genug!); vier schön vergoldete Wandleuchter für je zwei Kerzen (also noch die Messingschrauben dazu); ebenso Nr 6, 7, 8 streichen; blieben vor allem noch Bücher und ein, zwei Bilder.

Vielleicht ne Mappe mit Graphik, was?

Ein Alsterdampfer kam unter der Lombardsbrücke hervor, Schiff ahoi, schwenkte ein, geriet gefährlich ins Wanken (denn der frische Wind rannte mit Geschrei durch die Trümmergassen), und wuppte eine Zeitlang unschlüssig auf und nieder (schien der Letzte zu sein, der noch trieb; bei den andern waren längst die Haltetaue durchgefault, die Seiten eingestoßen, gesunken: von dem links drüben sah man noch einen Meter Dach aus dem Wasser schrägen). Auch der hier hatte schon furchtbare Beulen im weißgrauen Bug, und stieß eben wieder dröhnend an den Steinrand, daß mir der Anblick wehtat.

Vor Geschäften: brauchte ich noch einen spitzen Hut? Oder Lackschuhe (auch spitz)? Mein Haar stob im Wind (was ich gar nicht schätze!), und ich trat einen Augenblick unters Portal der Petrikirche, mich zu adjustieren (ein kurzer Blick hinein: nee, werter Nazarener: Du bist kein Problem! Gott hab Dich selig; da das nach eurer Ansicht ja einmal Gottes Aufgabe ist).

Und wieder stürzte ich Türen, schlug Kellerfenster ein, zwängte mich durch Mauern, die Axt erbrach Schränke, staubdurchfunkelte Auslagen (Knochenhaufen, Rippenkörbe stören mich nicht mehr: sollte der Himmel nicht bloß eine Fiktion des Teufels sein, uns arme Verdammte noch mehr zu quälen?)

Zu gekästeltem Papier, wie es in Rechenheften ist, hatte ich von klein auf rechte Anmutung; so nahm ich auch hier ein derbes Büchlein mit (obwohls Quatsch war: das fand ich in Soltau auch!)

Neue Metamorphosen (frei nach Ovid, fiel mir in einem Ruinenfeld ein): Ein Windgott, Flöse, verwandelt eine vor Russen fliehende Berlinerin in einen stöhnenden Schornstein. Oder den von Polypen verfolgten Waffenschmuggler in einen Trampdampfer der Reederei Rickmers. In den Unterführungen des Dammtorbahnhofes saßen sie noch aufrecht, hart oder betend, auf Koffern und Hutschachteln, in dumpfen und karierten Kleidern; ein Mumienkind drückte's Gesicht in den dürren Schoß der grauseidenen Mutter: und ich schlenderte hallend, den Karabiner auf der Patronentasche, den Finger am Hahn, durch die Reihen der lederbezogenen Totenhäupter: und siehe, hatte der gesagt (und sich den behaarten Bauch gestreichelt), siehe: es war Alles gut! Vor der Sperre, wo ein Leichenberg haufte, drehte ich um, und ging den Korso wieder zurück: dazu also hatte der Mensch die Vernunft erhalten.

Ich war so haß-voll, daß ich die Flinte ansetzte, in den Himmel hielt: und klaffte sein Leviathansmaul über zehntausend Spiralnebel: ich spränge den Hund an!

Ein Rechtsanwaltsbüro daneben? Auch das noch! — Daß dies feile Pack: für Geld sogleich komödiantisch wortreich; gegen Bezahlung voller Gebärden des Rechts; aus Berufsinteresse Schürer und Anstifter aller Händel: auch Mörder, Ilse Koch, Generale, Diebe, geizige alte

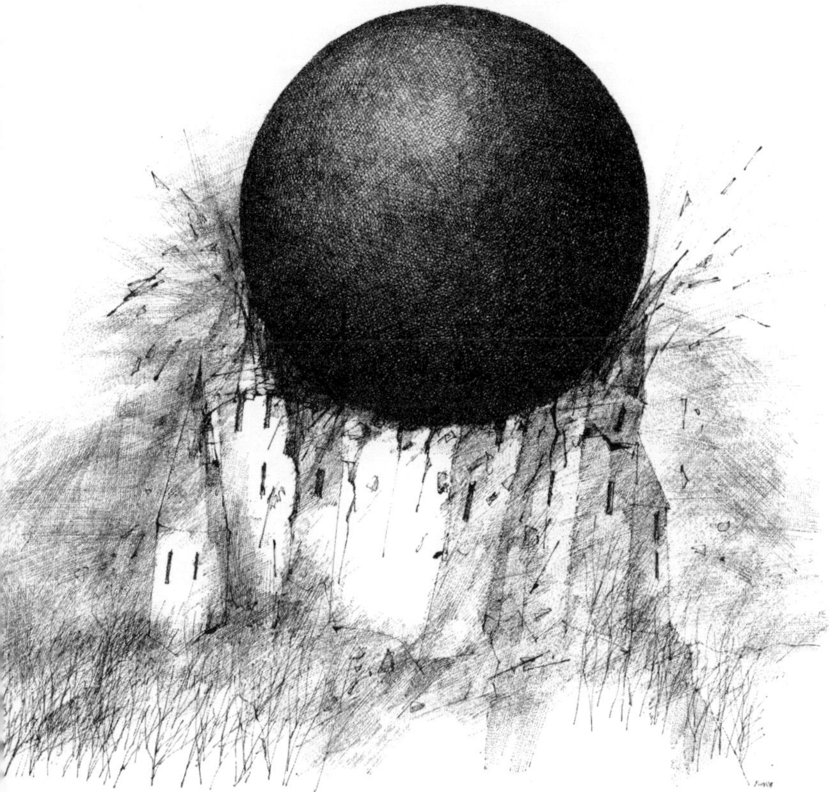

Paul Flora

Leben ist ein Hauch nur —

Weiber, finden ja stets noch ihre »Rechts«anwälte! Das muß man sich einmal vorhalten, um die Entbehrlichkeit dieses Standes zu erkennen: im Altertum war der Sykophant das verächtlichste Wesen: also daß dies Pack weg ist, versöhnt mich wieder mit der großen Katastrophe. Die kamen noch unter den Preisboxern, die sich vor Gaffern für Geld die Fressen einschlugen: es ist doch gut, daß mit all dem aufgeräumt wurde! (Und wenn ich erst weg bin, wird der letzte Schandfleck verschwunden sein: das Experiment Mensch, das stinkige, hat aufgehört!) Solche Betrachtungen stimmten mich wieder fröhlich. Auch daß einem Theater die ganze Vorderwand fehlte, und man von der Straße aus direkt ins Parkett spazieren konnte, verwand ich darüber.

Vor dem Eisernen: schon rollte ich Tenoraugen, breitete geschmeidig (wie ich mir einbildete!) die Arme: „Da standest Du vor meinen Bli-hi-cken /: ich sah Dich an —: es war um mich getan / Du meine Wonne mein Entzücken..." (ganz leise und prononciert): „Dein ist mein Herz!" „Und ewig Dir gehör ich aaaaaaaannnnnnnn!!!" (und ich nickte zufrieden: aber wo blieb der Beifall??) Da gab ich es gekränkt auf, und entfernte mich pikierten Ganges (Hätt ich nur was vom Pi-Pa-Paddelboot geplärrt; oder „Unter einem Regenschirm am Abend" — und schon pfiff ich das letztere).

In der Universitätsbibliothek (Nur Studierende haben Zutritt: bitte: stud. pimp. et mes.!). Schon war ich im Lesesaal und begann mit possessiven Gebärden die Präsenzbibliothek zu handhaben: da hätte ich einen LKW gebraucht! (Gottlob standen in Celle auch die wichtigsten Lexika).

Im Katalog. Ich suchte ganz sachlich nach Liste meine Desiderata zusammen: Barockromane; ein großes Kostümwerk; Ellingers ETA Hoffmann (300 Bände standen schon zu Hause; etwa 200 brauchte ich noch).

Sieh da: der alte Franz Horn, Shakespeares Baladin: hat der Mist geschrieben! Und ich nickte ihm bittersüßlich zu.

— Ranke; »Historiker« Ranke! (Wie genau er es mit der Wahrheit nahm, kann man unschwer daran erkennen, was er 1850 über Marwitzens Erinnerungen an Friedrich Wilhelm den Dritten sagte: es wäre zu früh: zu früh! sic! jetzt dem Volke den Glauben an den »seligen« König zu nehmen / Also zu früh für Wahrheit! — Und Tischrücken tat er auch noch!) So schleppte ich Arm auf Arm in den schwarzen Blechkasten unten. Aber gute Karten hatten sie auch nicht; das war Alles alter Rambo: hätte doch nur einmal ein Verleger den Mut gehabt, einen Großatlas mit nur physischen Karten herauszubringen! Die politischen Grenzen änderten sich ja doch alle 10 Jahre! Das wäre ein verdienstvolles Werk gewesen; jetzt mußte ich halt zusehen, was ich einzeln fand. Wenigstens war vom Cooper so viel da, daß ich meine Auswahl daheim komplettieren konnte; aber natürlich auch wieder keine Biographie. —

In der Eisenhandlung: einen kleinen Schleifstein bitte, so einen zum Anschrauben an die Tischplatte; wenn möglich mit auswechselbaren Scheiben: da niemand kam und mich bediente, wählte ich selbst, und legte noch ein paar Stahlklingen dazu (ich will mir nämlich 2 Lanzen, und Pfeil und Bogen fertigen; das Schießen macht manchmal zu viel Krach). Ich drückte prahlerisch einen Hundertmarkschein auf die Theke: immer nobel, Robert! („Blende ihn mit Deinem Schein“!).

Der nackte Bronzereiter (in der Kunsthalle) mit seinem blödsinnigen Hütchen (wenn er sonst nichts anhat, wird er gerade son kunstvollen Sturzhelm aufsetzen!); ich ging kopfschüttelnd an dem Betreffenden vorbei, und stand wieder in der Vorhalle. Glaskästen: hier konnte man für 20 Pfennig fotographische Wiedergaben kaufen (aber ich hatte schon drei Originale, sogar mit Rahmen; obwohl die goldgeschnitzten sicher nicht ins Holzhaus passen würden). — Wieder sah ich unentschlossen auf das Plakat: Ausstellung der Griffelkunst-Vereinigung; noch einmal; ogottogottogott; aber dann ging ich doch seufzend und mißtrauisch die Treppe hinunter.

Tische mit Prospekten: (grünlinoleumbelegter Fußboden); sparsam beladen mit Prospekten. Ich projizierte mir hinter den einen ein kleines dralles ernsthaftes Mädchen; kaufmännische Angestellte, mit kurzen biederen Brüsten und blauem Cheviot-Rock; meinem lasterhaften Lächeln setzte sie sekretärene Sachlichkeit entgegen, rhombisch fleckte die Sonne um uns, und als ich noch einen Schluck vom 50%igen genommen hatte (kalt und mißbilligend schrieb mich da der Blick ab), hörte ich auch Summen und Fußgaukelei eines besichtigenden Nachmittagspublikums. Ich rückte die Baskenmütze schiefer und ging auf die Rahmen an der Wand los.

„*Das Gerücht*". A. Paul Weber. Ich war besoffen, aber ich murmelte sofort: „seit Leonardo die beste Allegorie." (Ebenso „die große Lähmung": dem Kraken fehlte bloß Hitlers Schirmmütze!) A. Paul Weber also. Und ich zwinkerte der imaginären Angestellten, aber schon ohne Hoffnung, zu: wenn sie bloß hier wäre; je pouvais prendre un chien hatte Tucholsky gesagt. Die Stahlrohrstühle interessierten mich weniger, und ich trat nur den Kecksten aus dem Wege.

„*Kuh am Meer*"*:* Nee! Ich schürzte das Gesicht, und starrte in das unsagbar scheußliche Grün: nee! — Rahmen hingen korrekt und schön über die Wände herunter: ich kippte einen hoch, um die Befestigung zu sehen: aha!: Spangen auf der Rückseite; man kann also jedes Blatt leicht rausnehmen. Aber ein Puh Dir, lieber Freund: dich Rindvieh nicht.

Magnus Zeller: angenehm: Hick! Aber der war wieder gut: die Mondlandschaften; und die „Italienische Stadt"; die vor allem. Ich wiegte mich in den Knöcheln und fummelte lange, ehe ich das Blatt hatte und zu den zwei anderen legte (dann doch auch noch die beiden Vollmonde). Muß ich mir merken „Magnus" (obwohl mir „Zeller" durchaus odiös war; so hatte ein Lump von Oberleutnant, damals im zweiten Weltkriege, geheißen: den möchte ich jetzt hier haben! Den leptosomen Lumpen! Ich schöß ihn in den Bauch, „daß ihm die Kutteln schuhlang herausplatzten“ — ist von Schiller, falls Sie den Stil nicht erkennen sollten!)

„*Der Sprung*“, „*Das Ende*“, „*Frohe Fahrt*“*:* wieder A. Paul Weber und ich schlug mit der Faust an die Wand: voilà un homme! (Also rin in Rucksack!) Weiter hinten Marcs „Affenherde“ mit schönen Farben; ebenso ein originelles Treppenhausgemälde: gar nicht schlecht. Dann allerdings auf einem Sockel etwas aus gelbem geglätteten Holz, das ungefähr wie ein weiblicher Oberschenkel aussah (. . Bembergseide). „ZEN (verhüllt)“ schriebs darunter, und ich stand davor, linke Hand am linken Back: „verhüllt“: das Eigentliche mußte man sich also bei den beiden Schwellungen selbst denken. (Schien nicht bloß guter, sondern sogar „bester“ Hoffnung zu sein; und Risse waren auch noch drin!): Kopfschütteln. Kopfschütteln. — Dann nahm ich die Treppenknaben und ging langsam nach vorn.

Die Sonne brach aus mittlerem Gewölk, blaugrauem, wie ein Bogenschuß, und ich erstarrte mitten im bildervollen Gemach:

Zuerst sah ich nichts: d'abord je ne vis rien; mes yeux déshabitués de la lumière se fermèrent brusquement: das hatte ich in unserer Zeit nicht mehr erwartet!! Ich kniete hin, den Magnus Zeller im Rücken (hol der Teufel den Schuft: den Offizier, heißt das!)

„*Kinder mit Papierdrachen*“: der Eine hob die Hand. Der Andere, Ärmerchen, lief barfuß nebenher, die Bindfadenrolle unter grünem Arm, und die blaue Himmelswand, weißgefasert, hob sich übers Gras! Ich schlug mit dem Kopf in die stille Goldluft; ich fauchte durch die Nase; ich hob die gefühllosen Hände: da!: Da flog er!

Der Dämon: huldreich und golden gebogen; Gottheit und listige Gefolgschaft, erschaffen und losgelöst, hinter einem selig Tobenden: so will ich ein selig Tobender sein. — Ich ging heran, und strich mit dem Finger über den gelben Rahmen; und lachte, als die Leine unter meinem Messer barst: ei, der muß mit!

Und gelobt sei die Griffelkunst-Vereinigung, Hamburg-Langenhorn 2, Timmerloh 25: denn ich habe den größten unsrer neuen Graphiker gesehen: A. Paul Weber! (Im Kupferstichkabinett hingen noch mehr; davon nahm ich „Die Luftschaukel" und „das Neueste": das vor allem).

Piranesis „Carceri" und Callot „Balli di Sfessania". Dann noch einmal oben: nee. Ein Mädchenporträt: weichgekochte blaue Augen, kurzsichtige, wie Bier, blöd, dünn und hellgelb. Immerhin: der gewölbte Pullover, und ich sah lange hin: war doch wohl Starkbier. — Ein Mönch in Habt-Acht-Stellung vor Gott. — (Dann geriet ich noch in eine Helmsammlung!! Bloß raus nach Flottbek!). — (Am Abend Gewitter).

Das Dorf Welle brannte: (So groß war die Hitze, daß ich zögerte, durch die breite Reichsstraße zu fahren, über der die riesigen Flammengewölbe fauchten). Gestern muß der Blitz eingeschlagen haben; erst hats ein paar Stunden geschwelt, dann fing der feurige Springborn an. (Und ich wurde mühsam schneller: Handpumpe und Wasserfässer muß ich auch noch aufstellen!)

2 volle Tage brauchte ich bis nach Hause, und ging ganz schön kaude von der Schinderei; dann schob ich den (unnötig breiten) Eisenriegel von innen vor, und stellte allerlei Schlaf- und Eßkunststücke an. — Am übernächsten Tage 20 große Körbe, zum Kohle schleppen, aus den Bauernhöfen der Umgegend zusammengesucht: 15 Stück, gleich 5 Reihen à 3, gehen auf den Wagen.

In 4 Tagen 80 Zentner Kohle und 40 Briketts geholt. Viel geflucht.

Unten in der Holzindustrie: meine Muskeln waren steif und geschwollen: aber sie hackten; breite Späne, dralle Scheite, durch Knorren schlug ich wie ein Wildling. Jeden Abend schwamm ich in Holzprismen (die würde ich morgen hinschaffen, aufbauen, unterm Dachvorsprung). Ich leckte Oberlippe, Mundwinkel, Unterlippe, Mundwinkel, Mundwinkel.

Silent killing (denn die 300 Schuß würden ja nicht ewig reichen). Da war zunächst eine Keule; liebevoll aus Eichenholz, und just meinem Arme gemäß (nicht „doppelten Gewichts“). Aus dem zwei Meter hohen Bambusstock wurde eine Mordslanze, leicht und fest. (Auf Pfeil und Bogen verzichtete ich doch; dazu seh ich wohl zu schlecht). Deshalb schuf ich zum Schluß noch einen Shillelah, um den mich Mike O'Hearn beneidet hätte. — Lange mit der Lanze geübt: ist schwierig (und selbst auf 15 Meter traf ich die Sperrholzscheibe nicht immer. Hm). Hat viel geregnet.

Boletus subtomentosus Linné: mir fiel auf, daß die Kappen mit der fortschreitenden Jahreszeit immer dunkler wurden und mehr rötliche Schollentupfen bekamen; dazu das seladonene Hymenäum: das sah prachtvoll aus. (Pilze hab ich mal du fond studiert, und kann lateinische Namen, lang wie der Arm eines neunjährigen Knaben). Und die Waldchampignons schmeckten wie zartestes Hühnerfleisch. Abends lange im Dickens gelesen „Master Humphrey's Clock“: das und Bleakhouse sind die Meisterstücke.

Eine Katze müßte man zähmen können (daß sie auch warnt wie ein Hund, was?) Mir wars, als ob verwilderte Hunde und Kätzel manchmal an meiner Abfallgrube, hinten am Bahndamm, hantierten (das heißt, das war wohl schon die fünfte oder sechste Wildgeneration wieder; immerhin müßte man sie noch leicht zurück-domestizieren können).

Unschlüssig mit einem Spaten: gewiß: ich hatte noch sechs Kanister Kartoffelflocken. Aber ich sollte doch wohl ein kleines Feld anlegen, ehe das Zeugs auf den alten Äckern restlos verwilderte. Ich fluchte leise, und beschloß, jenseits des Weges zu graben. Nach einer mürrischen halben Stunde stank mich die Hantierung derart an! Ich stieß den Spaten daneben in die Erde (um die Stelle wiederfinden zu können), und ging mir ein Stück lesen.

(Später doch noch so 500 Quadratmeter gerodet, mein Dung, den ich schaudernd verteilte, gab die persönliche Note, und von den Feldern kartoffelähnliches geholt. — Wird wohl nichts werden!)

Ein Detektorapparat (ich weiß: es war verrückt!) aber ich versuchte es doch. Zog beim Appenrodt eine gute Antenne aus Kupferlitze; saubere Erde. — Nichts. Drei Nachtstunden mit dem Kopfhörer davor gehockt; danach war ich so weit, daß ich auf 42,5 ein Pfeifen zu hören wähnte, ganz dahinten, „weit in der Türkei"; aber es war wohl Selbsttäuschung; denn später vernahm ich nichts mehr. Ob man mit einem Fahrraddynamo einen Röhrenapparat betreiben kann? Und ich verwünschte meine Halbbildung (besser: meine Lehrer!), die mir nichts darüber sagte. Vielleicht ne einfache Voltasche Säule. Vielleicht saßen so in Südaustralien, Perth, doch noch ein paar Menschengruppen, und ich hätte sie wohl faseln hören mögen. Ich möchte wissen, warum ich überhaupt noch diariiere; ich habe keine Lust mehr, im Sinnlosen zu stochern: wie sauber und fest könnte ich Arbeiter leben („Oh, daß ich doch ein Schreiner wär"). Meine Hände riechen nach Cheddar-Cheese; mein Gesäß juckt: wie wird das erst riechen! (Das sind keine Witze, sondern Abscheu vorm Organischen).

Wildschweine; und ich schaltete am Gewehr: soll ich?! (Wegen meinem Kartoffelfeld!). Aber der letzte Sonnenschein verblaßte; ein Wolkenmorlocke schlich darüber, flachsig behaart und grauweiß am ganzen Körper. Da stand ich wieder vom Knie auf, und stakte verdrossen heim durch Busch und Wildwuchs, heim, nach Wacholdringen. — Letzte schöne Tage; Indian Summer (Noch am Abend plus 16 Grad).

Völlig leer: der Himmel. Der schneidige Drittelmond ließ nur 20 große Sterne übrig, heißa, die Starken. Und im Klaren tobte der Wind, daß mir die Haare wirbelten und bebten. Blank und hellgrau war die Hauswand mit der schattigen Wartetür; übers Dach lief Schwarzglanz und himmlisch Silberblau, schwarz und blau, daß mir die Seele wirbelte und bebte. So stand ich im dunklen waldenen Gehöft, bis mir die Schulterhaut unterm Hemd gefror, und nur noch die Wahl blieb, zu saufen oder wieder ins federne Futteral zu schliefen:

Ich trat in den Mond, das Gewehr ritt mit, in der Achselhöhle, über den Pistolen spannte der Hosentaschenstoff. Ich bog mich geschmeidig rechts und glitt in die Kiefernphalangen, oben glitt der mit: immer schneller. Es rollte im Baumgekrön und wurbelte im schwarz geschnitzten Unterholz, das Blättergeschwätz schnellte und federte mich vorwärts. Ich sprang mich hinter den dicksten Tannenstamm und rauhte in die strahlende Lichtung: schwirrten Äste, wehten Kräuter, wachten Jäger, blitzt der Mond. Griff zur runden Hüfte und drehte am Köpfchen der Feldflasche; das Kettlein klinkerte und schüchtern. Ich schloß den Lippenrand ums Aluminiumgewinde; der Kehlkopf pumpte; und die Helligkeit wurde noch stählerner. Wind griff an, straight über die Lichtung, erstes allein: Du mich attackieren?! Ich sprang über alte Stümpfe, tanzte unter den Ästen entlang, der Wald entfaltete sich: gleich fließt die Straße.

Straße noch mit harten Wagenspuren aus der Menschenzeit. Ich trieb vorm Wind auf ihr entlang bis zum Gehöft; an ihm vorbei; die Apfelbäume murrten im Untakt. Hurtiger wurde ich, schon war die Lippenhaut gefühllos, und die Schenkel ritten unter mir auf dem platten Radfahrweg entlang, eins, zwei, rast ich, so rost ich.

Kolonie Hünzingen: früher waren hier Lichter gewesen für den nächtigen Wanderer: las ein Mann im Kalender, spielte ein Mädchen am Schlüpfer, zählte man Geld, strahlten die mächtigen Birnen, radiotierten Meldungen „aus der Welt des Sports". Schliefen Pflüge im Scheunendunkel, Hunde standen dröhnend an Ketten, die Pappel am Wasserloch sah am Tag Enten. War. Sah.

Im zweiten Haus rechts (und in der unermüdlichen Hand schnarrte die Lampe). Nach vier Axthieben schwankte auch die Tür auf: eine Küche. Noch schrie das Aluminium matt, Tassen und Teller hatten auch blaue Blumen. Meine Finger erstarrten und völlige Dunkelheit kam erst; dann gleich der Mond durchs Fenstervierseit. Ich tappte finstere Treppen entpor, schlug Fäuste an Türen, eine Kammer öffnete sich vielsagend: ein Mädchenzimmer! Am gebrochenen Fenster blaffte der frigide Zwitterwind; ich schob den Kopf zwischen die Schamkissen und hörte den Nessel am Barte kratzen. Fürstliche Müdigkeit überkam mich, gefährliche, und ich schluckte den kleinen Rest, fußwackelnd und keuchend.

Hinab! über der Straße spritzte Licht aus dem Mond. Ich grätschte heiß zurück; diesmal nur, und langsamer, auf den Wegen. Die Felder, obwohl monderhellt, ließen mich kalt: ich tat sie mit einer Handbewegung ab: was wollte lackweißes Wildgetreide: eine Maus hätte ich gerne gehabt (das heißt: gesehen!). Oder einen Zahnarzt. — Ich hastete bewußt mit weichenden Beinen zurück und setzte mich vor mein Haus: aus! —

Wer hat die Kulturwerte geschaffen?! Nur Griechen, Romanen, Germanen; Inder in der Philosophie. — Die Slaven sind typisch kulturlos: mein Gott: Schach und n bissel Musik!

Regen tagelang. Der greise Wind stand wie ein Widder ums Haus, Gramwind, Gramwind (und die Tonnen füllten sich mit dem schönen matten Wasser!). Ich ging zum anderen Fenster und sah nach Osten.

Draußen (hatte mir doch die Schuhe angezogen und das Zeltbahn-Cape umgeschwungen; auf dem Weg ging sichs bequemer, und in der Tarnkleidung sah mich Niemand vor den Kiefernkulissen). Der Regen steppte mir auf dem Mützenschirm, an der Schulter fingerte und morste es flink, als ich um die Ecke lehnte, blieben auch die Böen zurück.

Der Bahndamm: körnig wies der flache Kunstwall in Ferne und Regendunst. Da hatten sie sich mit Kollergängen gemüht, gemessen und geschnitzt; eisernes Gelumpe ausgelegt, und waren für schnödes Geld draufrumgefahren:

jetzt war Alles schon überwachsen. Es tropfte im Unterholz, und in den Pfützen sott es kalt und seidengrau, Blasen sprangen und schwammen: hätten sie nur auf Malthus und Annie Besant gehört; aber 1950 waren sie soweit gewesen, daß die Bevölkerung der Erde jeden Tag um 100 000 zunahm: Einhunderttausend!! Ich sah zufrieden durch die schwarzen Kiefernstangen: wie gut, daß es so gekommen ist!

Der zweite November brach die Blätter ab, überall lagen die Kupferscheibchen herum, eine feurige Woche lang; dann verschwand ich im frühen und harten Winter (stimmte auch wieder ungefähr mit dem elfjährigen Sonnenfleckenzyklus, nicht?!) Im Januar fror der Bach und ich mußte viel Eis schmelzen; der Ofen donnerte und strahlte breithüftig am weißblauen Tag und der zebranen Nacht.

Der Mond blitzte scharfe Schatten um mich und erschien immer wieder in den samtenen Abgründen. Einmal blies es 50 Stunden lang aus Osten, daß ich minus 33 ablas. (An dem gleichen Morgen fand eine Jupiterbedeckung statt.)

Die schwarze Kuppel der Nacht: aus dem kreisrunden Oberlicht im Zenit kam es giftigklar und so hohnhell, daß der Schnee Augen und Sohlen brannte. Ich setzte mich auf die oberste meiner beiden Holzstufen, und schrieb auf einem großen Bogen:

Das Problem des Fermat: In $A^N + B^N = C^N$ soll, die Ganzzahligkeit aller Größen vorausgesetzt, N nie größer als 2 sein können. Ich bewies es mir rasch so:

(1) $A^N = C^N - B^N$ oder $A^{2 \cdot N/2} = (C^{N/2} - B^{N/2}) \cdot$ $\cdot (C^{N/2} + B^{N/2})$ oder also

(2) $A^{N/2}$ = Wurzel aus der rechten Seite; ich setzte $C^{N/2} - B^{N/2} = x^2$ und $C^{N/2} + B^{N/2} = y^2$, damit wird automatisch (3) $A^N = (x \,.\, y)^2 = a^2$ und weiterhin ergibt sich:

(4) $C^N = [(x^2 + y^2)/2]^2 = c^2$ sowie auch (5) $B^N =$ $= [(y^2 - x^2)/2]^2 = b^2$

Die Gleichung $A^N + B^N = C^N$ läßt sich also grundsätzlich stets auf die quadratische Form $a^2 + b^2 = c^2$ zurückführen, worin x und y die Fundamentalgrößen sind. Damit a, b und c ganze Zahlen werden, müssen x und y ebenfalls ganze Zahlen sein, außerdem auch $y - x = 2$ m. usw. usw. (Gleich mehrere Möglichkeiten: für $y = 4$; $x = 2$ ergibt sich $8^2 + 6^2 = 10^2$. Für $y = 5$; $x = 3$ heißt es $15^2 + 8^2 = 17^2$; so daß also die 8 z. B. zweimal vorkommen kann, je nachdem sie a oder b wird.)

Ins Bedeutend Allgemeine: Für die Bedingung der Ganzzahligkeit darf jeder Ausdruck $A^N + B^N + C^N + D^N + + \ldots\ldots = Z^N$ in seiner sparsamsten Form auf der linken Seite N Glieder haben, nicht weniger! Und — wie oben im Beispiel die 8 — kann derselbe Zahlenwert darin bestenfalls N mal vorkommen, je nachdem, ob er A^N, B^N etc. wird. Z. B. für $N = 3$ gelten: $3^3 + 4^3 + 5^3 = 6^3$; $18^3 + 3^3 + 24^3 = 27^3$; $36^3 + 37^3 + 3^3 = 46^3$. Flink zogen sich die Symbole aus dem Bleistift, und ich murkste munter so weiter: das muß man sich mal vorstellen: ich löse das Problem des Fermat! (Aber die Zeit verging vorbildlich dabei).

With all its numberless goings on of life / inaudible as dreams: Viel im ST Coleridge gelesen. Auch die Lais der Marie de France (Hier also das Vorbild zu Fouqués „Ritter Elidouc“. D. h. es kann evtl. auch noch Gottfried von Monmouth sein).

Über das Universum als Fortsetzung des Sinnensystems.

II

20. 5. 1962.

USA-Kultur: so klein ist Niemand, daß er sich nicht zu Hause grande nennen ließe! Ich schmiß das Reader's Digest an die Wand, hieb ein Papier in die Tippa und knatterte los (oh, war ich wütend!):

Herrn Professor George R. Stewart, University of California, U.S.A.

Sehr geehrter Herr Professor!

Ich habe mit großem Interesse den instruktiven Auszug aus Ihrem neuen Buche „Man, an Autobiography", welchen Reader's Digest vom Juli 1947 auf den Seiten 141—176 bringt, durchlesen, und mit tiefem Staunen diese Geschichte der Menschheit nacherlebt.

Mit Recht rühmt ein Ungenannter in seinem kurzen Vorwort die „Originalität Ihrer Schriften", und daß Sie aus dem alten Thema eine „rattling good story" ohne den üblichen Ballast schwerfälliger Namen und Zahlen gemacht hätten. Hierzulande schrecken manche zwar vor dem Gerattle in kulturgeschichtlichen Fragen immer noch etwas zurück; desto mehr aber schätzt man Ihre weiterhin garantierte „Sorgfalt, mit der Sie Ihre Belege ausgewählt haben".

Zunächst ein Wort hierzu. Langes früheres Studium der Geographie der Alten läßt mich auf dieses Gebiet auch heute noch stets aufmerken. Deshalb war mir Ihre Behauptung (S. 170 a) besonders empfindlich, und hat mir keine besonders günstige Meinung von Ihrem Wissen oder Ihrer Sorgfalt beigebracht: „Trotz Griechen und Phöniziern waren die Alten im Wesentlichen Landratten (landlubbers), ausgesprochene Küstenfahrer. Aber wer am Atlantic wohnte, mußte schon entweder Seefahrer werden oder zu Hause bleiben. Und sie fuhren, und bauten tüchtige Schiffe, und segelten weiter: die Wikinge, Flamen und Engländer, die Hansakaufleute, Bretonen und Portugiesen ...“ (Ich will das sinnige „entweder — oder“ übergehen: der Löwe brüllt wenn er nicht schweigt). — Wenn Sie (und Andere) immer wieder die Wikinger preisen, dann denken Sie wahrscheinlich an die erste Entdeckung Amerikas; vergessen aber dabei, daß keiner dieser Seeräuber jemals in direkter Fahrt von Norwegen oder England aus Vinland erreichte, sondern stets über die Zwischenstationen Island und Grönland (die z. B. in Sichtweite voneinander liegen!): keine dieser Etappen verlangte mehr als allerhöchstens 1000 km Hochseefahrt; die letzte wurde oft unfreiwillig gemacht.

Ich will nicht zur Entschuldigung der Alten anführen, daß in den Meeren, deren Anwohner sie waren — Mittelmeer, schwarzes und rotes Meer — für solche Strecken gar kein Raum gewesen wäre. Sobald sie die Gewässer genügend erkundet hatten, verließen sie natürlich die Ufer, und durchkreuzten regelmäßig die Flut nach allen Richtungen; und von Byzanz nach Phanagoria waren es doch auch schon über 700 km! (Ich will allerdings nicht unredlich verschweigen, daß auf dieser Route nach den Berichten der Schiffer sich ein Punkt fand, wo der Wissende Kap Kriumetopon im Norden und Karambis im Süden wie einen leichten Dunst zugleich ausmachen konnte).

Aber es gibt ein ganz anderes Großbeispiel, nämlich den Indienhandel! Nachdem Eudoxos zur Zeit des Ptolemaios Euergetes als erster Grieche den Seeweg nach Indien offiziell erschlossen hatte, nahmen die Handelsunternehmungen wahrhaft gigantische Formen an. Ich empfehle Ihnen, die wirklich interessanten „facts“ in Ihr Repertoire aufzunehmen: wie man von Alexandria nilaufwärts nach Koptos fuhr; und von dort mit Karawanen nach Berenike am roten Meer zog, wo die Indienflotte mit bis zu 120 (!) Großfrachtern wartete. Bis Oikilis am Ausgange des roten Meeres war man freilich noch zwangsläufig in Landnähe; aber von da fuhr der Geleitzug im Juli/August mit dem Monsun *in 40 Tagen ununterbrochener Hochseefahrt*, Herr Professor, 3000 km nach Barygaza, etc., an der Malabarküste; im Dezember wieder zurück. Und diese Fahrt wurde seit dem Schiffer Hippalos jahrhundertelang, Jahr für Jahr mit Großgeleiten betrieben, so daß Plinius den Wert der Güterausfuhr mit 50 Millionen Sesterzen, den der Einfuhr mit 5 Milliarden angeben konnte.

Auch die Chryse-Fahrten über den bengalischen Meerbusen (1300 km Hochseestrecke) gehören hierher; denn die Reisen wurden regelmäßig gemacht, und Ptolemaios spricht davon als einer bekannten Sache. — Niemals ist vor Kolumbus Ähnliches unternommen worden, von keiner der von Ihnen als überlegen angepriesenen Nationen des Entweder-Oder; und auch Kolumbus selbst ist ja mit Vinland-Kenntnissen gestartet.

: Sie aber stellen denen die Alten als „landlubbers" gegenüber, nicht wahr?! Ich mache Ihnen den Vorwurf der Unwissenheit!

Nicht, daß ich jede Ihrer Ansichten ablehnte; denn wie Sie richtig bemerken (S. 165 a): „Continual talking is likely to be associated with some thought here and there"; nur sollte man nach dieser Maxime keine Bücher verfertigen, zumal keine kulturgeschichtlichen. Aber für Ihren „Man" ist ja das Ausschlaggebende „Civilization", d. h. nach Ihrer eigenen Definition auf S. 175 b: „The mass of such things as agriculture, metalworking and social tradition" (nicht etwa Kunst oder Wissenschaft, nichts da! Das Wort Kultur kommt ja auch nicht einmal vor bei Ihnen: nur S. 168 a sprechen Sie in einer Zeile ironisch von solchen, denen ein Gedicht mehr gilt, als ein Pflug); aber civilization: das gibt die „Control over the outside world" und das ist Ihnen auch

der eigentliche „rough and easy way“, das entscheidende Kriterium, Epochen miteinander zu vergleichen, oder, wie Sie Ihre Methode deutlicher präzisieren, zu „testen“.
Und wie um uns das volle Gewicht Ihres Zivilisationstestes recht bald handgreiflich zu machen, applizieren Sie ihn (unser „anwenden“ gibt Ihr Verfahren nur unvollkommen wieder) mit anerkennenswerter Parteilosigkeit auch auf die Griechen.
Zunächst machen Sie uns die Entstehung hellenischer Kultur unschwer faßlich: „Not having much regular work to do, they had to pass the time in various ways. *Thus the Greek citizens were able to develop art, athletics, and philosophy*“. Klingt ganz einleuchtend, wie? Und so einfach! — Nicht wahr: die Regierenden und Priester der Jahrtausende vor und nach Jenen hatten diese faule Zeit nicht?! Und die gleichfalls arbeitsscheuen Südseeinsulaner, oder Germanen, oder Klosterinsassen etc. hatten sie auch nicht! Und dennoch haben die alle Künste und Wissenschaften (von Philosophie einmal ganz zu schweigen!) nicht nur nicht entwickelt, nicht nur sie gar nicht verstanden, wo sie ihnen begegneten, sondern sogar ihr bestes getan, sie zu unterdrücken! Kultur ist nämlich für gewisse Leute — so 99 Prozent — langweilig: wissen Sie das?! — Wohl braucht der Künstler und Denker Muße; aber umkehrbar ist dieser Satz, ähnlich wie der vom Schwein und der Wurst, nicht.
„Viel Unsinn ist schon über die Griechen im Allgemeinen, und besonders die Perserkriege geschrieben worden ...“: zugegeben: ich habe ja Ihr Buch in der Hand!
„Das Hauptunglück der Perser war nämlich nicht, den Griechenkrieg zu verlieren, sondern die Griechen die Geschichte dieses Krieges schreiben und an die Nachwelt weitergehen zu lassen ...“ Herr: daß der Bericht Herodots — er ist ja die Quelle, nicht „die Griechen“ — ein Unglück für die Perser gewesen sei, kann nur Jemand daherfaseln, der ihn nie gelesen hat! Denn: „Was Herodotos von Halikarnassos erkundet, das hat er hier auf-

gezeichnet, auf daß nicht mit der Zeit vergehe, was von Menschen geschah, noch die großen Wundertaten ruhmlos verhallen, *die Hellenen nicht minder als Barbaren* vollbracht haben!", und wirklich kommen ja auch die Perser durchaus nicht schlechter weg.

Das war nämlich auch so etwas, was Ihre beliebten „intelligent Egyptians or Babylonians" oder die „in many ways more admirable" Perser von den Griechen hätten lernen können: wie man objektiv und in genialer Gesamtschau Universalgeschichte schreibt, anstatt des engstirnigen und überheblich-verlogenen hölzernen Chronikentons der ägyptischen oder alttestamentarischen Lokalklätschereien. Nach diesen einleitenden Feststellungen setzen Sie nun erbarmungslos Ihren „test" an (ich übergehe Ihre billigen und dabei nichts weniger als originellen Ausführungen über den Zusammenhang zwischen Quatschen und Denken; ein sicherer James Burckhardt hat schon vor Gründung der Universität California über das agorazein wesentlich lesenswertere Betrachtungen hinterlassen). Sie resümieren: „Nirgends in aller Welt ist auch nur eine wichtige Erfindung im Gebrauch, die wir mit Sicherheit den Griechen zuschreiben können." „Aus alle dem ziehe ich (ICH, Professor George R. Stewart!) die Folgerung, daß die Griechen die Zivilisation weder schufen, noch retteten, noch nennenswert erneuerten.": Thank you! Nun sehen wir, so lange vom Präjudicium antiquitatis gehemmten abendländischen Neurotiker doch endlich einmal klar!

Zwar hatten uns die Fliegenden Blätter schon vor Jahrzehnten davon unterrichtet, wie man in Arkansas Wandmalerei treibt; Mark Twain vom Zeitungswesen in Tennessee; und vor Monaten entlas ich mit tiefem Glücksgefühl der New-York-Post, wie man endlich in Cazenovia für fünf Millionen Dollar die so lang entbehrte Fußball-Ruhmeshalle errichten wird (allerdings von den Griechen entlehnt: die setzten ihren Raufern und Luftspringern auch immer Denkmale zu Olympia); aber Ihrem Buch, dieser Bonanza des Unsinns, war es vorbehalten, uns zu informieren, wie man in den US Menschheitsgeschichte lehrt!

Wir pflegten den Griechen bisher kurz folgendes zuzuschreiben:

daß sie als Erste Geist und Methode abendländischer Forschung entwickelt und geübt haben. Ihnen verdanken wir so wichtige Einzelresultate wie die genaue Messung der Erdkugel, und, daraus, resultierend, Karten mit nach Länge und Breite fixierten Objekten. In der Astronomie sind Sternenkataloge, geo- und heliozentrisches Weltbild etc, auch griechische Erfindungen: biologische Systeme rühren von ihnen her; : könnten Sie diophantische Gleichungen lösen?

Vergleichen Sie die griechischen Kunstleistungen, Statuen, Tempel, Epen, Dramen usw. selbst mit allen vorhergehenden und gleichzeitigen Leistungen: größere Männer als wir Beide haben davon geschwärmt!

Philosophie — — nun, so weit sind Sie da drüben noch nicht. —

Wir sind und bleiben der Meinung, daß, dem Stewarttest zum Trotz, unsere gesamte geistige Existenz, wie sie als Ergebnis aus den zwei letzten Kulturwellen, der Renaissance und der Klassik-Romantik, hervorgegangen ist, wie diese selbst auf dem Griechentum beruht. Sie stellen fest, daß es niemals einen „fall of civilization" gegeben habe, und nach Ihrer Definition will ich Ihnen beistimmen:

aber Sie hatten als Ihr Thema „Man" angegeben, Herr! „Man" nicht Ihre komische Civilization! Die Gleichung zwischen diesen beiden ist allerdings originell und Ihr geistiges Eigentum; aber ich bezweifle, daß Sie deshalb viele Neider finden werden. Es mag beschämend sein, daß Ihre Nation — Edgar Poe ausgenommen — noch keinen Beitrag zur großen Kultur geliefert hat; aber auch diese Zeit wird kommen!

(Allerdings nicht durch Ihr Verdienst!)

Möge Ihre Wasserspülung stets funktionieren;
in aufrichtiger Verachtung:

Falten, kouvertieren; 30 Pfennig laut Tradition drauf geklebt und per Rad zum Briefkasten unten im Dorf geschafft: so ein Salzknabe! (Und noch auf dem Rückweg entrüstete ich mich alle hundert Meter: Die hätten doch weißgott genug mit der Herstellung von Atombomben und Cornedbeef zu tun haben sollen: man kann halt nicht Alles machen!)

Der hagestolze Mond (fast noch voll) Ich hatte mich immer noch nicht beruhigt, und beschloß, rachsüchtig, auch einen test zu machen (felibre läßt das Schreiben nicht) Also: auf gehts:

1.) Kennen und schätzen Sie Meyerns „Dya-Na-Sore", Moritzens „Anton Reiser", Schnabels „Insel Felsenburg"?
2.) Sind Sie der Ansicht, daß ein Künstler auf Geschmack und Niveau des Volkes pfeifen sollte?
3.) „Des Menschen Wille ist nicht frei." — Glauben Sie das?
4.) Ziehen Sie Wielands „Aristipp" oder die „Forsyte Saga" vor?
5.) Haben Sie Ihre Eltern zuweilen verachtet?
6.) Sind Sie abergläubisch?
7.) Haben Sie einen Freund, der Ihnen ernsthaft die Lektüre von Klingers „Raphael de Aquillas" empfahl?
8.) Hassen Sie Alles soldatische und Uniformierte?
9.) Können Sie kurz den Inhalt von Jean Pauls „Campanerthal" angeben?
10.) Halten Sie Nietzsche für einen mediokren Geist (aber großen Redner)?
11.) Sind Ihnen Boxen, Film, Mode, feines Benehmen, sehr lächerlich?

Dann stach mich der Teufel und ich schrieb (ich kann *Alles* schreiben und rufen: ich bin ja allein!!):

12.) Ist Ihnen zu irgend einem Zeitpunkt Ihres Lebens dieses ein Zweifel gewesen: ob irgend ein heiliges

Buch, als Klopapier verwendet, Ihnen das Gesäß sengen könnte? —

Setzen Sie für Ja +1; für Nein —1 und addieren Sie:

Sie täten am besten sich zu hängen. (Damit war ich endlich den Komplex los).

Versuch mit einem Foto (bin neugierig, ob die Filme noch gehen; und entwickelt hab ich auch noch nie; abers macht Emotionen und vertreibt die Zeit). So fing ich denn an zu knipsen: Sonnenflecke; eine stübchengroße Lichtung; verrosteten Stacheldraht (am Bahnhof, wo das Alteisen lag); larvenzerfressene Pilzruinen; ein Ast im Wald, oh ewig flüchtende Gestalt; einmal mitten ins deutsche Gewölk durch ein spreiziges Tännchen. Natürlich auch mich (mit Selbstauslöser): auf den Stufen des Hauses, sinnschwer in einen Folianten vertieft (aber ich zog — wie immer — ein so blödes Gesicht, daß mir schon das Negativ entgegenwiderte).

Heinrich Heine: Sehr nett zu lesen (sehr nett zu vergessen). Hätte er nur einen Band — nach Maßgabe meiner vierbändigen Ausgabe — geschrieben, wäre er ein großer Mann gewesen: aber das erlaubte die finanzielle Misere keinem Schriftsteller: jeder mußte aus Not zum Zuhälter der Muse werden, zum Louis (d. h. auf Deutsch: neckische Zeitungsgeschichten brauen; einiges für Rias arrangieren; fleißig Ausländer übersetzen usw. — bloß gut, daß auch *der* Zauber auf ewig vorbei war!)

Schönwetterperiode, und viel an der großen Karte 1 : 10 000 ergänzt. (Hatte als Ausgangsbasis eine Linie vom schon erwähnten Hochstand bis zum ehemaligen Flakturm, gegenüber Bauer Lüdecke gewählt, und ausreichend Punkte eingemessen; für die kleinen Flächen dazwischen genügten Kompaß, Winkelspiegel und Distanzen abschreiten). Ich will mein Gebiet immer unter Kontrolle halten. —

Im Verpflegungslager Düshorn für alle Fälle eine Notwohnung angelegt: bloß ganz roh: den Raum zurechtgemacht, Decken hingelegt, etwas Kleidung und Gerät; man weiß nie.

24. 6.: mit irren Händen im Gebüsch blättern (und der Kessel dampft und kocht bald; kann nur in den Pausen berichten).

Ich ging am Waldrand so für mich hin, buchstäblich: ganz ohne Vorsatz. Wie Robinson mit 2 Flinten, und, der Mittagssonne wegen, unter der weißen Schirmkappe (also das soll mir die Lehre sein: nie mehr mit so ner Schießscheibe auf dem Kopf rumzulaufen!). Ich sah es drüben in den Gebüschen funkeln, und legte das Doppelglas auf einem dürren Ast fest an, um noch behäbiger einstellen zu können: daß ich dabei hinter die Fichte kam, hat wahrscheinlich mein Leben gerettet; denn schon flog mir Borke um die Nase, und der Querschläger verhummelte hinten im Unterholz. Ich fiel sofort geistesgegenwärtig in den Graben (und erdolchte mich halb von hinten an dem plumpen Kammerstengel meiner Knarre).

Gedanken sammeln: also das war neu! (Ruhig werden; ganz kalt: ich kannte das Gelände, der da drüben nicht!) So hob ich erst einmal vorsichtig das Reservegewehr und knallte flach in die allgemeine Richtung: ließ es auf der ebenen Walderde vor der Rinne liegen und schob die Kappe über die runde Steinknolle daneben: dann kroch ich ganz vorsichtig 10 Meter nach rechts (also aufs Haus zu). Gab noch 20 Meter zu, bis der Graben fast zu flach wurde.

Visier 500 (Zielfernrohr war für 300 und 500 Meter adjustiert): da blitzte es drüben schon wieder, und der Dreck flog meiner Tarnkappe so um die hypothetischen Ohren, daß sie einen Zoll tiefer rutschte: superb! Da versucht ers bestimmt nochmal. — Nach kurzem Nachdenken ringelte ich mich noch 30 Meter weiter durch Nadelstreu und Bodenwust. Stieg im Kieferdickicht auf, und rannte in zwei Wacholder am Waldrand: —

Jetzt sah ich den Buben ganz deutlich im Doppelglas: hinter einem Steinhaufen lag er, und versuchte unruhig, die Wirkung seiner Schüsse zu kontrollieren; aber er mißtraute doch der eisernen Ruhe des Strohmannes und legte den (scheinbar bemützten) Kopf wieder tiefer zwischen die Klamotten.

Hinterm Bahndamm, keuchend: ich war blitzschnell, am Haus vorbei, über die Schienen, auf der rechten Seite geduckt entlang, gerannt, und lag nun auf gleicher Höhe mit ihm — ungefähr —, doch: da war er noch! Gerade zog der Unersättliche wieder den Kolben in die Schulter (sprang ich auch schon hoch, da ich ihn so beschäftigt wußte, und schnürte im Waldsaum dahin: Pautz!!; jawoll, mein Sohn! Immer lenk Dich tüchtig ab!)

Aber jetzt wurde es schwierig: ich stand 20 Meter hinter ihm und überlegte —

Eine Möglichkeit: ihn wegzuputzen, eh er noch Jack Robinson sagen könnte. (Da lehnte auch sein Damenrad an einer krummen Föhre. Mit geraden Unterrohren: hatte die Minderzahl der deutschen Marken gehabt; rotbraun und hellgelb abgesetzt; dreckig; Pappkarton aufm Gepäckträger. Ein schlapper Rucksack im Grase: Feldflaschengebaumel, Kochgeschirr, Kartentasche). (Vielleicht hatte er vorhin auch gedacht — als ich hinter den Baum trat, und das Fernrohr spitzte — ich legte schon auf ihn an, und er müsse mir nur noch rasch zuvorkommen? —)

Gefangennehmen und »unschädlich« machen: am liebsten hätte ich mich am Kopf gekratzt: was heißt hier unschädlich?! Wenn der Bocher mir dann nach zwei Tagen mein Häusel anzündet, oder mich im Schlaf schächtet?! — Er juckte sich klauig den Oberschenkel und strampelte so wütend, daß ich grinsen mußte, wurde aber sofort wieder ernst: der konnte womöglich gleich aufstehen und rüber wollen!

Noch 8 Meter (graue Haare schon, was?!). Ich atmete noch einmal tief und unglücklich, dann gab ich mir den Ruck, sprang zu, und schlug — na: erstmal leicht — mit dem Kolben drauf!

In Overall und Mütze: so lag sie da!! Mit weißen zerschlissenen Händen.

Maßlose Blicke: Hände, Schultern, ein Gesicht. Hände schultern ein Gesicht. Augen lippen einen Mund: Du! —

Keuchend stand ich auf und schoß ihre Pistolen in die Erde leer; ihrem Gewehr riß ich bewußtlos das Schloß heraus.

Die kleinen sehr weichen Brüste: die kleine sehr feste Hand.

Mit torkelnden Fingern ersuchte ich an meiner Hüfte die Rumflasche, und hielt sie angstvoll an den schlaffen gebogenen Bleichmund (da: unterm kurzen Grauhaar fühlte man jetzt die dicke Beule: oh, ich Idiot! Aber rasiert war ich gottlob).

Schlucken: endlich! Ich mach eine Hymne drauf! Schlucken. — Da legte ich ihren Kopf auf die gefaltete Decke zurück, und meine Hände als Spangen über die dünnen Schultern.

Graue Augen (noch unbewußt; grau und reifig: schön!)

Wie eine Gerte (und mit erstaunlicher Kraft): so schlug der Körper! Aber ich hielt fester: »Ruhig liegen!« sagte ich ganz still: »Und die Beule sind Sie in 8 Tagen wieder los«, Lächelte. Und sie atmete; ungleichmäßig und unsicher. Pause. Ich nahm probeweise die Hände fort und hockte mich dicht an ihre rechte Flanke (sah sie aber immerfort an). »Wie heißen Sie?« fiel mir ein. »Lisa« (und ich merkte wohl, wie es sie amüsierte, daß die beiden letzten Menschen »Sie« zu einander sagten; aber trotzdem) dann erzählte ich; langsam.

Sie staunte müde: »Und Sie haben mich nicht vergewaltigt.« Ich legte ihr die Hand an die Schläfe, mitleidig; einmal schüttelte ich den Kopf: »Armes Ding; mit was für Männern müssen Sie zu tun gehabt haben!« (Als ich meine Hand wieder fortzog, glitten die Fingerspitzen lange wangenentlang.) Über dem staubgrauen Weg brannte blau die Himmelseinsamkeit; ich wandte langsam das lügenlose Gesicht hinein und gestand: »— daran denken müssen habe ich allerdings auch. Einen Augenblick —«. Jetzt lachte der erschöpfte kranke Mund ein wenig, weise, spöttisch, auch gütig: »Das Geständnis ist Ihr Glück!« Listig: »Denn s wär ja auch anders ne Schande für mich gewesen.« Noch ein bißchen ausruhen? (Drüben bei mir hats Aspirin, ja).

Die Wildkatze: ich war kaum aufgestanden und wollte ihr Zeug zusammenraffen, da stand sie schon vor mir: in jeder Hand die Mauser, den Mund zürnend halb offen, die Augen kalt und ruchlos: la donna e mobile (Oder la belle Dame sans merci, das wirds sein!)

»*So, mein Junge*« sagte sie steinern und halblaut: »jetzt heb erst mal die Hände hoch!« (Na, warum nicht? : so kann ich sie leichter auf Dich runterfallenlassen!) Ich tat es gutmütig; aber als ich merkte, daß sie zu meinem Gewehr gehen wollte, lief ich ihr doch in den Weg: da fühlte ich beide Läufe tief zwischen den Rippen. Wir standen Brust an Brust und sahen uns in die Gesichter.

Sie schätzte mich ab: Größe, Schultern. — Ich schlug vor (warum soll ich sie beschämen und umsonst knipsen lassen? So hat sie später immer das Gefühl der Gleichwertigkeit, Freiwilligkeit); ich schlug vor: „Lassen Sie uns Waffenstillstand schließen. — Erst mal bis morgen Mittag. —" Dann überwand ich mich und sagte noch: „Bitte." Sie runzelte die Stirn und horchte dem Widerstreit ihrer Motive. Endlich hob ich (ganz langsam) die rechte Hand und legte sie um ihre Linke; ließ sie eine Minute in irdischer Lust darum liegen, und zog dann sanft die Waffe zur Seite (wobei wir uns so ernst in die Augen sahen wie zwei Käuzchen). Die Rechte nahm sie resolut alleine fort; mit gespielter Kälte entschied sie: „Also gut!: Bis morgen Mittag!" — Ich belud das Rad, und wir gingen, gelöst und im kleinen Schlenderschritt, zu mir hinüber. (Jetzt muß sie sich waschen; das Wasser kocht). Und ich schleppte die Eimer und füllte in der Waschküche die große Wanne, während sie drinnen ein bißchen aß, Biskuits und Leberkäse, und süßen Tee trank (mit dem seltenen Rohrzucker; der ist schon was anderes als unser Rübenzeug!); dann mußte sie sich auf die Couch legen.

Ganz leise daneben kauern (lange).

„Lisa —" (mit der Stimme berühren; ganz leicht; antupfen).

Jetzt erkannte ich aber sofort, daß sie gar nicht geschlafen, sondern es sich bei der Anbetung hatte wohl sein lassen, so lausbübisch und entzückend schimmerten Iris und Zähne. : „Das Wasser wär' so weit" meldete ich da gekränkt, und sah doch schon wieder in das dämmernde Gesicht.

Hände im Holz (des Türrahmens: mein Gott, ich habe 8 Jahre lang keine Frau mehr gesehen! Und da drüben planscht es und pfeift dazu wilde Potpourris, Marion Kerby konnte es nicht besser. Zehn Mal war ich drauf und dran: »Komm in meine Liebeslaube« : nu Dich soll doch der Deuwel holen!)

»*Lisa*«*:* ich kostete »Lisa«; sprach ins Flüstergras »Lisa«; atmete nasenbreit (Alles hinten am Bach), und war nennbar selig: Lisa!

Kartoffeln: sie war heilig und glücklich und schälte sie ganz dünn (auf meiner Treppe sitzend, zwischen zwei blanken Wännchen), und ich nickte tief befriedigt: good for squaw to do that. (Dazu sah sie so scheinbar gutmütig zu ihren Augen heraus, ihr Blick rann über mich, daß ich fast drauf reingefallen wäre: hätte sie nicht einmal amüsiert den Mund spitzen müssen: weil ich versunken dakäferte, wie vor einem Bild in der Galerie).

Mit Zucker aß sie die Kartoffelpuffer: war also östlich der Elbe zu Hause (Ja: zur Sache erst mal!)

Und sie berichtete, tief im Sessel, ganz still, ohne Augengelichter und Handgaukelei (nur einmal hatte ich aufgeschrieen: Lisa wollte Wasser an den Rum tun!)

Von Osten war sie gekommen (da ergänzten wir uns aufs Sachlichste; ich hatte West und Südwest durchstreifen müssen): aus der Ukraine, wohin sie verschleppt worden war; dnjestraufwärts, Lemberg, Krakau, Warschau (dort zweimal überwintert). Posen, Stettin (hatte versuchen wollen, auf dem Wasserwege weiter zu kommen, konnte aber kein Segelboot regieren: auf Usedom war sie bei konträrem und schwerem Wind beinahe bei dem Versuch verhungert). Berlin (wieder überwintert; genau wie ich während meines Wanderlebens: in eine Wohnung eingenistet; Möbel zerhackt und verheizt; Läden geplündert — und ich nickte schwer: who should know but I!), dann nach Dresden, Prag: aber von da nach Süden war sie an eine der Strahlungszonen gekommen, wo noch jetzt, Hunderte von Kilometern weit, keine Pflanze wuchs, kein Vogel flog: da war sie wieder nach Norden gebogen, über Karlsbad nach Leipzig. Hatte es aber — aus irgend einem Grunde — noch letzten November verlassen, und war, quer durch den Harz, bis Quedlinburg gekommen, wo sie der frühe und kalte Winter überrascht hatte; mühselig hatte sie sich noch mit Vorräten eindecken können. Im Mai war sie dann gestartet: Braunschweig, Hannover, Celle; 10 Tage hatte sie schon in Fallingbostel mit einem scheußlichen Schnupfen gelegen, bis Vorvorgestern. Dann Walsrode (übernachten); gleich nach dem Morgenstart hatte sie in Borg eine Radpanne gehabt, und den ganzen Tag daran geflickt. In einem Bauernhof schnell geschlafen; dann war sie versehentlich auf die Chaussee nach Ahrsen geraten, hatte fluchend ihre kleine Karte zu Rate gezogen, und wollte eben, »quer durch die Eifel«, zur Hauptstraße nach Westen stoßen, als sie »einen Kerl« am Waldrand sah, der sofort auf sie anlegte: hab ich also doch recht geraten! (Und stets vermied sie den Konjunktiv, wahrscheinlich aus Furcht, ihn abzunützen). Aber müde war sie noch nicht, und, obwohl der Wind tobte, gespannt, meinen Trick zu lernen; so gingen wir die 400 Meter im letzten Abendlicht.

Der Wind blies in die Segel ihrer Locken, weiße Schultern schlenderten voran unterm Kleid; ihre Augen erschienen zur Rechten, zur Linken, bald dicht und spottvoll, bald geweitet und horizonten, und dazu pfiff meine Jägerin, that it would have done your heart good to behold.

Sie war fertig (und ich dito: selbst von 20 Metern Entfernung sah es noch frappierend aus!) „Da hört doch Alles auf“ sagte sie wütend, und wies hin, mit beiden an ihr befindlichen Händen: optischste Täuschung, Tja.

War ein splendidum mendacium gewesen (obwohl das eigentlich was anderes »bedeutet«; weiß schon). — Aber jetzt brachte sie herausfordernd die Kappe an: „Nun, würdiger Knäs?!“: wurde mir doch etwas unheimlich, als ich die beiden Löcher überm Schirm sah: und sie verschwand triumphierend im Windniagara, maid of the mist. (Das ist doch allerhand: auf mindestens 400 Meter, und ohne Zieloptik! Allerdings Weiß auf Schwarz sieht man brilliant. Aber Trotzdem! — So was!)

Ihr dünnes seladonenes Gesicht schwebte dreieckig im Stacheldüster vorbei; der biegsame Körperstiel richtete es unbarmherzig hin und her; langsame finstere Göttin mit eisernen Waffen.

Wieder in Sesseln: die Petroleumlampe schimmert friedlich. (Und uns Beiden war wohl wie im Traum — ein Satz, in dem »wohl« beide Bedeutungen hat). Aber noch blieb die wichtigste Frage:

»*Haben Sie in all den Jahren* — auf allen Wanderungen — keine Menschen gefunden?« — Sie wollte zuerst nicht heran; dann sah sie doch die Wichtigkeit, unsere Erfahrungen zu kombinieren, und begann:

„*Doch — zweimal.*“ — „Einmal, noch in Rußland, vier Frauen: drei Junge, eine Alte. Dabei ein Mann.“ — „Die Alte hat erst die Jungen vergiftet. Dann hab ich sie vorsichtshalber übern Haufen geschossen.“ — Ich würgte heraus: „Und der — Mann?!“ Sie schüttelte verneinend den Kopf: „Blutvergiftung. 6 Wochen später.“ Stille. Ich stand planlos auf und geriet zum Bücherregal; dann wandte ich mich, und lehnte Schultern, Haare, Kniekehlen, flache Hände daran, Alles; ich fragte mit heiserer Munterkeit: „Und? Affaire Nummer Zwei?“ — Sie knüllte das gelblichbeleuchtete Gesicht: „Lag im Sterben: eine 80jährige Polin.“ Stieß Luft durch die krause Nase: „War nicht schön!“ Nochmals Kopfschütteln; sah verlegen lächelnd herüber: „Und Sie? Wen haben Sie getroffen?“ Ich schob die Unterlippe vor, nachdenklich, aus dem eben Gehörten das allgemeine

Bild komplettierend: „Niemanden.“ konnte ich Auskunft sagen. — „Also südlich von Prag ist eine der Atomwüsten.“. „Wahrscheinlich ist das der Korridor“ fiel sie eifrig ein, „von Danzig bis Triest, durch den sie am Anfang des Krieges Ost und West trennen wollten — und ich habe bei Lemberg nur zufällig einen Durchgang gefunden —?“ „Höchstwahrscheinlich“, gab ich zu, und holte eine Karte von Europa; „die zweite Separationslinie, Genua-Antwerpen, habe ich gesehen. — Über die Schweiz passiert“ erläuterte ich den fragenden Blick.

Resümieren: „Wir wissen also durch Autopsie, daß ganz Mitteleuropa menschenleer ist —“ Sie nickte. „Auch in den angrenzenden Gebieten können keine nennenswerten Gruppen mehr sitzen, sonst wären sie in den verflossenen Jahren ja längst wieder eingesickert.“ Auch das schien logisch. „Haben Sie in der Zeit jemals ein Flugzeug gesehen?“ Personne. „Rußland und die USA haben sich gegenseitig vollständig fertig gemacht: also wird auch da nicht mehr viel los sein.“ (Jetzt schlugen wir schon die Weltkarte im Andree auf).

„*Was bleibt eigentlich*“ sagte sie tiefsinnig, und ich nickte anerkennend: genau zur Sache! „Meiner Ansicht nach“, erklärte ich kalt, „wird die Lage folgende sein: Asien, Europa (Asiopa besser) —; ebenso Nordamerika —“ ich wischte mit der Hand über die blaue und gelbe Nordhalbkugel, und sie kniff zustimmend die Lippen ein. „Südafrika hats auch erwischt; ebenso die Industriezentren Australiens und Südamerikas.“. „Meine Theorie ist: daß, getrennt durch sehr große Räume, hier und da noch ein paar Einzelindividuen nomadisieren. — Vielleicht sind auf den Südzipfeln der Kontinente —“ (ich verfiel unwillkürlich in oft gedachtes Formelhaftes) — „noch kleine Gemeinden übrig. — Die Einzelnen werden, des rauhen Lebens und der Wildkrankheiten ungewohnt, wahrscheinlich rasch aussterben.“ Sie atmete schwermütig und behaglich: bei Lampenlicht klangs wie ein Buch. „Von den erwähnten Kleinstgruppen aus kann sich ja eventuell eine Wiederbevölkerung der Erde anbahnen; aber das dauert — na — hoffentlich tausend Jahre." „Und es ist gut so!" schloß ich herausfordernd.

Begründung?: „Lisa!!": „Rufen Sie sich doch das Bild der Menschheit zurück! Kultur!?: ein Kulturträger war jeder Tausendste; ein Kulturerzeuger jeder Hunderttausendste!: Moralität?: Hahaha!: Sehe jeder in sein Gewissen und sage er sei nicht längst hängensreif!" Sie nickte, sofort überzeugt. „Boxen, Fußball, Toto: da rannten die Beine! — In Waffen ganz groß!" — „Was waren die Ideale eines Jungen: Rennfahrer, General, Sprinterweltmeister. Eines Mädchens: Filmstar, Mode»schöpferin«. Der Männer: Haremsbesitzer und Direktor. Der Frau: Auto, Elektroküche, der Titel »gnädige Frau«. Der Greise: Staatsmann —" Die Luft ging mir aus.

„*Setzen wir den Fall*" hob ich wieder die Rede des alten Kalenders an, „es gäbe — in welchem Planeten Sie wollen — eine Art von Geschöpfen, die mit einer so schlechten Anlage in die Welt kämen, daß unter Tausenden kaum Eines, und auch dies nicht anders als durch die sorgfältigste und mühsamste Kultur, unter einem Zusammenstoß der günstigsten Umstände, wovon auch nicht einer fehlen dürfte, zu einem bemerkenwerten Grade von Wert zu bringen wäre: was würden wir von der ganzen Art halten?!!"

„*Die menschliche Gattung* ist von der Natur mit Allem versehen, was zum Wahrnehmen, Beobachten, Vergleichen und Unterscheiden der Dinge nötig ist. Sie hat zu diesen Verrichtungen nicht nur das Gegenwärtige unmittelbar vor sich liegen und kann, um weise zu werden, nicht nur ihre eigenen Erfahrungen nützen: auch die Erfahrungen aller vorhergehenden Zeiten und die Bemerkungen einer Anzahl von scharfsinnigen Menschen, die, wenigstens sehr oft, richtig gesehen haben, liegen zu ihrem Gebrauch offen. Durch diese Erfahrungen und Bemerkungen ist schon längst ausgemacht, nach welchen Naturgesetzen der Mensch — in welcher Art von Gesellschaft und Verfassung er sich befinde — leben und handeln muß, um in seiner Art glücklich zu sein. Durch sie ist Alles, was für die ganze Gattung zu allen Zeiten und unter allen Umständen nützlich oder schädlich ist, unwidersprechlich dargetan; die Regeln, deren Anwendung uns vor Irrtümern und Trugschlüssen sicher stellen können, sind gefunden; wir können mit befriedigender Gewißheit wissen, was schön und häßlich, recht oder unrecht, gut oder böse ist, warum es so ist, und inwieweit es so ist; es ist keine Art von Torheit, Laster und Bosheit zu erdenken, deren Ungereimtheit oder Schädlichkeit nicht schon längst so scharf als irgend ein Lehrsatz im Euklides bewiesen wäre: Und dennoch! Dessen Allen unerachtet, drehen sich die Menschen seit etlichen tausend Jahren immer in dem nämlichen Zirkel von Torheiten, Irrtümern und Mißbräuchen herum, werden weder durch fremde noch eigene Erfahrung klüger, kurz, werden, wenns hoch in einem Individuum kommt, witziger, scharfsinniger, gelehrter, aber nie weiser."

„*Die Menschen nämlich* raisonieren gewöhnlich nicht nach den Gesetzen der Vernunft. Im Gegenteil: ihre angeborene und allgemeine Art zu vernünfteln ist diese: von einzelnen Fällen aufs Allgemeine zu schließen, aus flüchtig oder nur von einer Seite wahrgenommenen Begebenheiten irrige Folgerungen herzuleiten, und alle Augenblicke Worte mit Begriffen und Begriffe mit Sachen zu verwechseln. Die Allermeisten — das ist nach dem billigsten Überschlag 999 unter 1000 — urteilen in den meisten und wichtigsten Vorfallenheiten ihres Lebens nach den ersten sinnlichen Eindrücken, Vorurteilen, Leidenschaften, Grillen, Phantasien, Launen, zufälliger Verknüpfung der Worte und Vorstellungen in ihrem Gehirne, anscheinenden Ähnlichkeiten und geheimen Eingebungen der Parteilichkeit für sich selbst, um deretwillen sie alle Augenblicke ihren eigenen Esel für ein Pferd, und eines anderen Mannes Pferd für einen Esel ansehen. Unter den besagten 999 sind wenigstens 900, die zu all diesem nicht einmal ihre eigenen Organe brauchen, sondern aus unbegreiflicher Trägheit lieber durch fremde Augen falsch sehen, mit fremden Ohren übel hören, durch fremden Unverstand sich zu Narren machen lassen, als dies wenigstens lieber auf eigene Faust tun wollen. Gar nicht von einem beträchtlichen Teil dieser 900 zu reden, die sich angewöhnt haben, von tausend wichtigen Dingen in einem wichtigen Tone zu sprechen, ohne überhaupt zu wissen, was sie sagen, und ohne sich einen Augenblick zu bekümmern, ob sie Sinn oder Unsinn sagen."

„*Eine Maschine*, ein bloßes Werkzeug, das sich von fremden Händen brauchen und mißbrauchen lassen muß; ein Bund Stroh, das alle Augenblicke durch einen einzigen Funken in Flammen geraten kann; eine Flaumfeder, die sich von jedem Lüftchen nach einer anderen Richtung treiben läßt — sind wohl, seit die Welt steht, nie für Bilder, wodurch sich die Tätigkeit eines vernünftigen Wesens bezeichnen ließe, angesehen worden: wohl aber hat man sich ihrer von jeher bedient, um die Art und Weise auszudrücken, wie die Menschen, besonders wenn sie in große Massen zusammengedrängt sind, sich zu bewegen und zu handeln pflegen. Nicht nur sind gewöhnlicher Weise Begier und Abscheu, Furcht und Hoffnung — von Sinnlichkeit und Einbildung in Bewegung gesetzt — die Triebräder aller der täglichen Handlungen, die nicht das Werk einer bloß instinktmäßigen Gewohnheit sind: sondern in den meisten und angelegensten Fällen — gerade da, wo es um Glück oder Unglück des ganzen Lebens, Wohlstand oder Elend ganzer Völker: und am allermeisten, wo es um das Beste des ganzen menschlichen Geschlechtes zu tun ist — sind es fremde Leidenschaften oder Vorurteile, ist es der Druck oder Stoß weniger einzelner Hände, die geläufige Zunge eines einzigen Schwätzers, das wilde Feuer eines einzigen Schwärmers, der geheuchelte Eifer eines einzigen falschen Propheten, der Zuruf eines einzigen Verwegenen, der sich an die Spitze stellt — was Tausende und Hundert-

Edward Gorey

Endgültig Mondfinsternis

tausende in Bewegung setzt, wovon sie weder die Richtigkeit noch die Folgen sehen: mit welchem Rechte kann eine so unvernünftige Gattung von Geschöpfen ...“ (erst mal Luft holen).

Also: „Die Grimassenmacher, Quacksalber, Gaukler, Taschenspieler, Kuppler, Beutelschneider und Klopffechter teilten sich in die Welt; — die Schöpse reckten ihre dummen Köpfe hin und ließen sich scheren; — die Narren schnitten Kapriolen und Burzelbäume dazu. Und die Klugen, wenn sie konnten, gingen hin und wurden Einsiedler: die Weltgeschichte in nuce, in usum Delphini.“

„*Schuld daran?*“ — „Ist freilich der Primo Motore des Ganzen, der Schöpfer, den ich den Leviathan genannt, und langweilig bewiesen habe.“ Sie hatte während meiner schönen Rede — wahrscheinlich in einem Übermaß von Konzentration — die Augen geschlossen, und öffnete sie erst jetzt wieder, als das Mühlrad zu poltern aufhörte. „Na ja“, sagte sie langsam: „Und Zahnschmerzen hab ich auch etwas.“ „Da müssen Sie sofort die heilige Apollonia anrufen“, wußte ich Rat, bekam aber nur einen bösen Blick: „Ihrem Kolbenschlag zu verdanken!“ murmelte sie (mit vornehm elliptischer Wendung).

Betten machen: Sie schlief auf der Riesencouch (Einsdreißig breit!), und: „Ich leg mich in die Küche“, stellte ich beklommen fest. „Hm-M.“ machte sie, nicht ohne Wohlwollen: das versprach ein Roman zu werden, mit allem avec. „Gute Nacht“ sagte sie lieblich und zuvorkommend (und nestelte versonnen am Ausschnitt); — „Gute Nacht. — — Lisa!“ setzte ich blitzschnell hinzu, hörte noch ihr anerkennendes Schnurren und den Riegelklapp, und lauschte abwesend den leisen unbekümmerten Geräuschen im Nebenan: Zauberei! Heute früh —: ach was!: noch heute Nachmittag —! Plötzlich kam die große Welle Zärtlichkeit und Glück: ich hob den Kopf und lachte hell in die umsauste Kammer; ich sprang zur Tür, stemmte die Handflächen dagegen, und rief — ach, irgend etwas Sinnloses: „Tuts noch weh?!“. „Nein: gar nicht mehr!“

kam es so rasch und strahlend, und ein prächtiges kleines Lachen folgte, daß Alles gut war. — „Gute Nacht: Lisa!" „Gú—té—Nácht." sang es fröhlich und müde vom Bett her, die Federung klang fein und äolsharfig, zauberflötig, paganinisch, music at night, bis ich endlich die Hände abnahm und zärtlich das Holz betrachtete.

Nochmals draußen (nach dem Kessel sehen; ob die Glut nicht etwa noch Schaden macht).

Dann am Fensterladen (mit der freien Rechten den Wind abwehren: daß er einen Augenblick ruhig ist —): Atmet drinnen, und regelmäßig.

Achtzehn Grad schon! (Und erst 5 Uhr 30!). Draußen war das bunte Seidentuch hochstraff über die Kiefernwipfel gespannt, blau und hellgelb und rosa. Im Kessel war das Wasser noch ein bißchen lau von gestern; ich rasierte mich à la maître, und legte zum braunen nackten Oberkörper nur die langen grauen Verführerhosen an, 30 cm Schlag, und den breiten schwarzen Gürtel mit der piratengroßen Messingschnalle (darunter ein Paar seegrüne Turnhöschen: denn heute würde es ja heiß werden).

Mit kleinen Fäusten hämmerte es an die Türfüllung:

„Kann ich mich waschen?
Wie spät ist es?
Sind Sie schon lange wach?"

Ich gab gewissenhaft jede gewünschte Auskunft, stellte auch das gefüllte Aluminiumwännchen auf den Hocker in der Küche, und floh dann ein bißchen den Weg auf und ab: cibiat ischtinem: es waren doch keine größeren Flächen zu waschen (aber kompliziertere fiel mir ein, fiel mir ein; und am besten: Tee, Biskuits mit Marmelade, und Erdnußbutter: wir werden sie orientalisch verweichlichen, entnerven!)

Rauhfelliger Wind schrotete hinten im Gebüsch, während hier das grüne Moos durch ihre hellgelben Zehen und Finger quoll, die schwebten darin und biegsamten.

„*Das brauchen wir ja jetzt Alles doppelt*", sagte ich strahlend, und rieb die Wannenhöhlung trocken, hingekniet vor ihr, im Arm das schimmernde Rund, wie den Schild des Hephaistos. „Wieso —“ fragte sie eisig: „Woher wissen Sie denn, daß ich bleibe?!“ Und mein Herz gerann, daß die Finger am Blechrand erstarrten; ich senkte den großen Kopf und atmete still: richtig!: Wer sagte mir, daß Diana blieb. (Eins Null für Lisa).

„*Was essen wir heute?*“ Sie streckte träumerisch ein Bein in die frische blaue Luft; schnippte mit den Zehen (sic!); versunken: „Ja, wenn ich wünschen könnte — —“. Seufzende Stille, mädchenträumerische: „Makkaroni“ murmelte die liebenswürdige Schwärmerin: „— Makkaroni mit Käse; dazu grüne Erbsen. Einen Mordsbraten; Tomatenmarksoße. — Und zwei Spiegeleier drauf!“ schloß sie wild erwachend, und ihr Blick umfaßte mich weit und voll transzendenter Bitterkeit: „NU“, sagte ich munter: „Makkaroni, Käse, . . . mm, . . . m: also außer den Eiern wär Alles da: kommen Sie nur.“ „Iss wahr?“ fragte sie mißtrauisch, schon im Schwung des Aufstehens (und ich mußte gleich Feuer machen, und als Belegstücke die betreffenden Büchsen öffnen).

12 Uhr! Da standen wir mit den dampfenden Schüsseln in der Hand, und sie zischte wie eine Natter: „Der Waffenstillstand läuft ab! Mein Gewehr! — Und Munition!“ Ich setzte das leckere Rund hastig auf den Tisch, lief und gabs ihr: „Wo ist das Schloß?!“ hetzte sie giftig. „Ja — ischa Waffenstillstand“, sagte ich patzig: „Das hab ich noch von gestern!“ Sie atmete unruhig: der Bratenduft! „Verlängern wir ihn!“ schlug ich vor; trat vor sie hin, ganz dicht: so viel Männlichkeit und Bratenduft! Ich wurde ernst; ich sagte: „Lisa —“ (heiser): „für hundert Jahre, ja?“ Sie nickte mit dem Kopf nach der Seite: „Gut —“ hauchte sie mit seltsamem Lächeln: „also zunächst für hundert Jahre.“ Und dann zogen wir im Triumph mit dem Tablett hinaus, hockten im Rasen und hantierten mit spitzen und runden Instrumenten, erfunden von den Verschollenen. (Anschließend wollte sie sich noch ein bißchen hinlegen: „Eine Stunde noch“, bat sie beschwichtigend und legte mir die Hand über die Schulter. „Schön" sagte ich bockig: „ich werde bis 3600 zählen" und die Hand blieb zur Belohnung noch drei Sekunden länger, und Fingerspitzen prüften meine Haut. Du).

Das Gewitter stand über Stellichte mit schweren geschmiedeten Wolken (Luft wie heißes graues Glas). Alle Vögel versteckt; nur drüben kreischte maschinen das Häherpaar.

Sie kam aus dem Haus, nur in briefs und schmalstem Büstenband und kauerte sich stumm auf die graue Decke, dicht am Rand, zum Nadelboden; den mageren Rücken zu mir, Kniee am Kinn, riemenschmale Arme um die Schienbeine gewunden. Hinter dem grünen Geschnitz der Kiefernborten rumpelte landsknechtisch die eiserne Trommel; Staubwind atmete zitternd auf; dann sank wieder die schwarze Hitze, daß unsere Häute schauderten und schrumpften. Zuerst glühte es noch grün seitlich im Wald, und das verworrene Feld vor uns war staubig und giftgelb; dann schloß sich die ganze Kuppel, und der ungeschickte Janitschar wirbelte polternd näher. Meine weiße Wilde; der Wind fuhr ihr ins Haar und ich murmelte eifersüchtig: er soll das lassen! Der rosagestreifte Ball antwortete nicht; nur die Rippenspangen bogen sich deutlicher, als sie einmal tief durchatmete.

(Tiefste Dämmer): der blasse dünntrainierte Leib erwürgte mich fast. Regen zog heulend hoch und vorbei. Hände kannten keine Pause; Glieder winkelten puppig in der verwachsenen Nacht; manchmal sah ich teilnahmslos in geschäftiges Reisegewölk, reisewinde, reisewild:

Station Grauhelle: Wir halfen uns zum offenen Haus, trugen uns in hölzernen Händen übern Gang. Wir. Uns. Gang.

Immer noch Nacht: „Geh in Deinen Mantel!" befahl ich unerbittlich; ihr umgehängter Mantel lehnte seltsam schräg und kaffeebraun um sie in der Luft. „Ich bin Dir zwar herzlich gut . . ." sagte sie noch kunstvoll drohend (war aber doch tief gerührt ob der Fürsorge); ihr Gesicht ging stürmisch unter dem meinigen auf; wir küßten uns Feuer aus den Gliedern; sie nahm mein Ohr in den Mund und flüsterte Gesetzloses, bis wir es taten. Dann in die wärmliche Nacht; aber:

„*Hörmal: Dein Kopftuch!*“ sagte ich energisch: „das grenzt ja an Piraterie —“ (und sie kicherte wohlig) — „fehlt bloß noch n Brotmesser zwischen n Zähnen“ (wohlgefällig mißbilligend), „ne Rumflasche in der Hand, und nackter Oberkörper.“ Sie nickte nachdrücklich und völlig überzeugt: „Das könnte Dir so passen“, murmelte sie hinter spitzen doppelten Zähnen: „na, mal sehn: nachher vielleicht —“ (Und schlenderte in meinen linken Arm). „Ich bin ne richtige Zigeunersche.“ und ich nickte besorgt, kummervoll: truetrue.

So I'm for drinking honestly und dying in my boots. Like an old bold mate of Lisa Weber. Also: Bibe Gallas! (»Bibe Piccolomini« entgegnete sie unerschütterlich; gelernt ist gelernt).

„*Ein Oetker-Kochbuch will ich haben*“ (Varium et mutabile semper femina) „Was meinst Du, was ich uns da kochen kann!“. „Na dann“ zustimmte ich resigniert und schwerfällig, und sie lachte auf und kam sofort nahe: „Wir müssen ja schließlich auch mal essen“, sagte sie behaglich, und: „heute brauchst Du endlich nicht mehr in der Küche zu schlafen — gestern war ich so kaputt —“ vertraute sie mir noch reuig an. (Georginen: die sind adrett und ohne Falsch; auch Logarithmen. Da werd ich sie also in den nächsten Tagen in Alles einweihen).

„*Ob es den Leuten nicht unheimlich dabei war? . . .*“ (im Gewölbe der spreizenden Kiefer gelagert) erzählte sie nachdenklich: „—wenn sie so diese Zukunftsromane erfanden?“ (Sie las eins aus ihrem Rucksack: Jens, Angeklagte; die Tagesarbeit war getan: wieder zwei Fuhren Verpflegung geholt; ich hatte noch methodisch eine Stunde gesägt und gehackt: der Winter bleibt uns nicht erspart). „Nicht etwa wegen der Majestät ihrer Gedankengänge“ kam sie meinen präzisierenden Fragen zuvor, „sondern so: wenn Einer Ende Juni 2070 meinetwegen n schönen Abend sein läßt ...“ und sie schüttelte tiefsinnig verstummend den Kopf. „Nu“ sagte ich behutsam: „feststehen tuts wohl heute schon, was dann für Wetter ist ...“ aber sie tat schon, hermelinen und geschmeidig, Lisa aus dem Busch, ihre zwei Sätze, und kniete über meiner Brust: „Was willst Du damit sagen. Du Philister?!“ (So schnell zog sie also, wie instinktiv, sämtliche Folgerungen; auch hinsichtlich ihres Verehrers). Sie hatte eine Hand an meiner Kehle, während die andere suchte: „Das nimmst Du zurück. Solchen Unsinn!“ zürnte sie, freiheitlich entrüstet, aber ich stellte die Brauen schräg und schüttelte bedauernd den Kopf.

Sie stieß mir die breite grüne Grasklinge dramatisch in die Brust, und das kam so ausladend und natürlich, daß ich tief innen nachdenklich wurde, ob sich gleich die Oberflächen vor Gelächter krausten: die alte Wildkatze! Und ich fuhr der kunstvoll Fauchenden in den grauen Pelz, daß sich ihr Genick durchbog und der Mund spaltete.

In leichten hölzernen Sesseln auf dem Rasen. Die Flaschen standen zwischen uns und funkelten anmutig in den letzten rotgoldenen Lichtern. Sie rauchte, die Füße auf einem schicklichen Schemelchen, langsam vom Camel-Päckchen (mußte aber sämtliche Stummel religiös in eine Konservenbüchse legen — nicht werfen!)

„*Ja: das ist ein Mann.*“ seufzte sie bedeutsam und faul. Stille und Kühle. Der frische blaue Abend, gelb abgesetzt, würde noch lange dauern. Ich wandte ihr mein Gesicht zu: „Laß Deine Priameln“ sagte ich streng, „und komm gleich zum Apropos: wer ist nun wieder besonders viril?“ Und fügte, um sie zu rascherer Rede zu reizen, noch »He?« hinzu. Sie winkte mit den plakatischen Umschlägen, und ich erkannte das gröbere Bild: „Ach so,“ sagte ich schwach, und kam zum halben Bewußtsein meiner Aufgabe »Hemingway, sowohl Fiesta als auch Haben und Nichthaben.« „Nee,“ lehnte ich ab, „ich bin mehr für die Spitzen der US-Entwicklung, so Poe und

Cooper: was soll ich da mit dem missing link —?". „Und Wolfe und Faulkner?". „Und Wolfe und Faulkner." Sie maulte ein paar Sekunden und strich über den Umschlag: „Da ist noch Vitalität und volles Leben" meinte sie pikiert. „Wird diesmal noch mehr geschossen?" fragte ich neugierig: „Oder geboxt: Jubeltrubelheiterkeit? Die Welt besteht doch nur aus Barmixern, Menschenschmugglern, Veterans; kein Mädchen ohne Nymphomanie; Autofuhren: Gott, muß Amerika schön sein!" Aber sie fuchtelte schon drohend mit den Beinen in der Luft: Denken greift an, und man braucht Ruhe dazu. Seufzen. Dann warf sie ihren größten Tannenzapfen nach mir; sagte schwach: „Gib mir ihn aber wieder; ich will ihn zum Spielen —" und vertiefte sich abermals in Reizungen der neuen Welt. (»Was der für Stärke haben muß«; genau wie Frau Salabanda in den Abderiten!)

Vorschlag: „Lisa: wollen wir in Hamburg ein Segelboot nehmen? Ausrüsten und in der Welt herumfahren?" (Denn sie war gewißlich der Zigeunertyp). Aber wohl war mir nicht dabei, wenn ich mich umsah (außerdem kannte ich das Meer von 3 Jahren an der Norwegenküste her, und traute den verfaulten Kuttern nicht mehr viel: aber ich hätt's noch gemacht). Sie schüttelte nüchtern den Kopf (scharfsinnig: kennt mich). Ein dreieckiges hellgelbes Segel tauchte am Horizont auf, lateinisches Segel über unsichtbarem Boot; und auch sie sah hinterhältig dem treibenden zu, gekonnt sehnsüchtig: ist denn der Stellichter Forst nicht übrig? Haselbüsche: sind sie nicht mehr gefüllt mit kleinen Schatten? (Die Camel: schmeckt sie nicht? und hinten reimte es sich auf begatten). Der himmlische Pilot landete weit an Dämmerbänken; mein unruhiger Passagier hatte die Hände am Hinterkopf und flötete fein und abendlich unregelmäßig „Ich küsse Ihre Hand, Madam —" (wie 1930: wo sind die Jahre hin?!!). „Und träum, es sei Ihr Mund": na, das kannste haben. Und ich erhob mich schwerfällig. (Kalte Nacht dann; anschließend Regenperiode).

Lisa hatte heut ihren würdigen Tag: schon beim Frühstück rückte sie fatidik an zwei Tassen und wollte einen Tisch decken, matronengütig, als könne sie jeden Augenblick nach Stricknadeln fragen. Ich soff Tee in düsterem Schweigen, und als sie einen Stuhl verkehrt auf meinen Schreibtisch schob, erkannte ich das Kismet: Saubermachen! Fenster auf, Fegen, Staubwischen, Wasserholen, Fußboden schrubben, Wasserholen, von Liebe war überhaupt keine Rede, aber schüttel mal das Tuch aus, und ich sah nur im Vorbeigehen seufzend nach der Couch: da schlug sie heuchlerisch vor, auch die zu klopfen: „Hab ichs erraten, Liebster?“. Also prügelten wir das arme Möbel kunstvoll ab, zum Dank für frohe Stunden, per ben fare (Es möllerte aber wirklich unheimlich, und da müssen wir uns heute Abend wenigstens baden, werte Diktatrix!)

„*Seif mir mal den Rücken ab* —“ murmelte sie badschlaff; und ich ließ die Hände sorgsam über die gebogene schaumige Fläche reisen, fühlte die Schulterblätter, die dünnen Rippen, noch mehr. — — „Mmm“ machte sie faul und genießerisch: also noch einmal, da capo al fine; — „aber vorn bin ich schon —“ erklärte der Teufel langsam (und auch erst, nachdem es ein paarmal zu spät war).

Beim Pilze sauber machen: „Morgen hab ich Geburtstag“ bekannte sie nervös (d. h. am 22. 8.; nach dem Jahrgang fragte ich edelmännisch nicht, denn 50 klingt zu gußeisern, also würde sie 35 eingestehen); „ich erst nächstes Jahr, am 18. 1.“ erwiderte ich das Vertrauen: „Du: da machen wir morgen große Orgie.“ Die Messer schnirpten flink, dann hob sie die breite Stirn: „Ich wünsch mir auch was . . .“ bemerkte sie gleichmütig lauernd; „Nu: Lisa“ entgegnete ich gutmütig und fürstlich: „Was ich dazu tun kann: wünsche nur — : — ?“. „Ehrenwort?!“ fragte sie mißtrauisch, und ich runzelte betroffen die Mundwinkel: was mochte sie nur wieder wollen?? „So was Dummes! —“ meinte ich unwirsch: „Sag was Du willst, und ich tus: Na?!“

Sie zog einem Waldchampignon das Präputium zurück, beschnitt den Rand und schob den verstümmelten Pflanzenleib mir zu („Diese Hüpferlinge!“ knurrte sie ärgerlich und blies durch die Lamellen des nächsten): „Du sollst mir von Deiner Kindheit erzählen: wo und wie Du aufgewachsen bist — Eltern Undsoweiter.“ und sah kalt herüber: das hatte ich wieder nicht erwartet! Ich war völlig perplex; ich kratzte mir den Kopf; ich bat: „Lisa! — Liebste Lisa: kann ich nicht dafür n Sonettenkranz auf Dich machen: denk ma: 14 Stück, und das 15., das Meistersonett, ganz aus den Zeilen der übrigen? Stell Dir das mal vor!!“ Jetzt war es an ihr, sich mit Zweifeln zu füllen: „Einen Sonettenkranz?“ fragte sie interessiert, und gestand im gleichen Atem: „Das hat noch Niemand auf mich gemacht. — Hm. — “ Und das Schwanken war groß und eitel. „Verflucht!“ sie rückte gequält hin und her und warf mir einen bitterbösen Blick zu.

20 Minuten später erhob sie sich resolut, holte die zwei Würfel (dies Auskunftsmittel hatte ich sie gelehrt, wenn die Gründe 50 : 50 stehen), und erhielt für den Sonettenkranz 8, o weh; dann für die Jugenderinnerungen 11 (obwohl es »brannte«; denn der eine lag ausgesprochen auf einem Stück Schale!). Also: —

22. 8.: tarattattaaaaaaa!!! — Ich trat auf die dezent Geschmückte zu, hielt eine kleine oratio, und führte sie zu den Geschenken: ein echter Feuerbach war dabei „Die Lautenschlägerin“ (noch von Hamburg her); ein neues Doppelglas 12 mal 60 Leitz (denn ihres war nur ein ganz gewöhnliches 6 mal 40 gewesen); ein großer Colt (man muß auch einen der verläßlichen Trommelrevolver haben; die Pistolen sind zu kompliziert); ein paar Bücher: 2 Cooper (in Deutsch allerdings), Victoria Regina (sowas interessiert Frauen immer), und Wieland „Don Sylvio von Rosalva“. Sie bedankte sich gerührt und erfreut (ließ mich allerdings bei dem offiziellen Kuß raffiniert ihre Zunge fühlen, quite unladylike) und wies mit dem dünnen nackten Finger auf die 10 beschriebenen Blätter: „Sind das die Memoiren?“

bemerkte auch auf mein stummes Nicken hoheitsvoll: „Verdammt wenig, mein Lieber.“ Dann schufen wir das Symposion: Zwanzig bliesen zugleich der Blasebälg in die Öfen / allerlei Hauch aussendend des glutanfachenden Windes (und ihr gefiel das donnernde Maß ungemein: Jene stellt auf die Glut unbändiges Fett in den Tiegeln; wohlgefällig nickte sie: kai tote de chrüseia pater etitaine talanta: denn sie wog just Mehl und funkelndes Mus in zween Schalen).

Golden und hitzig strömte der Nachmittag: „Nächste Woche machen wir Kartoffeln raus“ mahnte ich nörgelig; aber sie rümpfte indigniert die Geburtstagsnase und hielt lässig die Hände vors Tympanum. Ein wenig Wind (und winzige weiße Schafflocken am Fuß der Ahrsener Gehölze: nur zu sehen im neuen großen Leitz 12 mal 60: das Instrument gefiel ihr!)

Lampiges Fenster weht auf: ich stöhnte noch ein bißchen, händigte ihr aber dann doch die Blätter anstandslos aus, ein Mann ein Wort, und sie las (bequem im Sessel, völlig zerküßt, unter der Stehlampe: meine Erinnerungen. Ich durfte stumm zusehen).

... *die gute Stube* war nicht verschlossen; denn man konnte, obwohl es selten genug geschah, durch sie hindurchgehen, in der derben Dämmerung der häßlichen fleischfarbenen Vorhänge, auf den harten körnigen Balkon, der wie eine kahle Steinkiste aus dem zweiten Stock des Mietshauses ragte. So schwer und trübe war er mit seinen über handbreiten undurchbrochenen Seitenwänden, daß man ihn nur auf den Zehenspitzen betreten mochte, und stets noch das schnell zweifelnde Herz bekämpfen mußte, das zagend den freiwilligen Sprung in die felsige Gassenschlucht vorschlug, um nicht zwischen den rauhen klobigen Lasten hinabzupoltern.

Zwar der lange grüne Blumenkasten vorn war anziehend genug; doch er stand am Rande; mit der dürftigen Wildnis seiner winzigen Unkräuter, welche die sinnlosen Erwachsenen sorgfältig ausrissen, mit tauben Händen und ungestraft; fäustiges Volk.

So wurde der »Balkon« zum Anfang seltsamer Flugträume, in denen man die gedämpft schreienden und scheltenden Eltern hinter sich ließ, und mit wehenden Armen weit um die Häuserecken dicht über den menschenarmen nachtgrauen Straßen schräg nach unten glitt — nicht allzuweit; meist faßte man Fuß zwischen dem Kentzlers- und Louisenweg — und schritt dann schwebend unter den graulockigen Wipfelballen der vormorgendlichen Allee dahin (Richtung Schule Hammerweg) ...

... *so hell und leer* war die Welt mit großen Räumen und reinem kaltem Farbenspiel. Von breiten hölzernen Brücken sah man hinab auf die Bahngeleise, die in erregender Unerbittlichkeit schnurgerade auf den erbleichenden Himmel zu liefen; schollige Felder gingen ins fernste Blau; Mehlbeeren hingen wie traubiges Feuer in drahtstarren Dornenbüschen; vereinzelte Garben wie aus nickendem Golddraht gebündelt auf den Feldern; fliegend überall zauberfarbenes Laub und tönender Wind zwischen roten Zweigen. Weiße ruhige Villen lagen hinter abwehrend umgitterten Gärten, an den kahlen Vorstadtstraßen; raschelnd wandelte man im kühlen Abendgold. Und wenn man eins der großen gelben Blätter am weichen kalten Stiele aufnahm, lag eine rote funkelnde Kastanie darunten: der schlanke Geist im roten Seidenmantel hatte ein edles Haus. Dann kam ein kurzer kalter Windstoß, der die schleifenden Blätter drehte, und man wußte, daß er ein Wesen für sich war, deren viele diesen großen rauschenden Vorort bewohnen mußten. In langen Reihen zogen die Kinder, meist von den größeren Mädchen geordnet, auf den stillen blanken Straßen, vor dem grün und gelben Himmel entlang, mit den bunten Kugeln ihrer gerippten Papierlaternen, in denen kleine Wachshäufchen glimmten.

Einmal wurde der Abend fremd und eisscharf und so hoch, daß der Himmel, die schützende schöne Wölbung verschwand. Teilnahmsloser als Steine waren die unzählbaren glitzernden Sterne, die miteinander flinke spöttische

Strahlnadeln tauschten: warum wechselten sie zierliche und eiserne Blicke, wenn man mit gefrorenen Händchen am Laternenpfahl stand? Alles verfremdete sich.

Oben war die Küche warm und hellgelb und es gab heißen Tee, den der Junge am flachen eisernen Ofen trank, während bei den anderen — den Erwachsenen — ruhiges Gespräch und matter Scherz wechselten. Es blieb immer seltsam genug, wie sie darüber hinwegsahen — mit basaltenen Seelen und warmen Händen — daß sie sich, um das Leben zu ertragen, von der Welt kleine Stücke — Stuben — abtrennten. Was war es, das ihnen diese entsetzliche Sicherheit, dies gespenstische Vergessen gab, daß sie nicht hörten, wie es im Ofen heilig und singend rief (unbekannte hohe und tiefe Stimmen, die sich gelassen und schwermütig aus den Tiefen der Nacht unverständliche Zeichen gaben; höfliche und undeutbare Rufe, ablehnende); wie draußen die edlen Bäume sich im fahrenden Eiswind kummervoll und sehnig nach rückwärts warfen; wie metallene Sternpfeile in herrlichem und tödlichem Bogen abschossen aus Nichts in Nichts, from the Alone to the Alone? Sie hatten Grenzen in sich und um sich gezogen; sie maßen und wogen: Aber das Maßlose? das nicht zu Wiegende?

(Da er keine Grenzen in sich fand, haßte er alles, was Grenze und Grenzpfahl war, und wer sie errichtet hatte).

... *Nachdem er* sorgfältig den dünnen Tee, der beim letzten Schluck einen winzigen spitzen Zuckergeschmack gab, ausgetrunken hatte, stellte er die Tasse auf den Kindertisch und sah in das spärliche Feuer, in dem sich ein länglicher Brikett aus einem stumpfschwarzen bedruckten Ziegel still in ein Anderes verwandelte. Feine rote Risse drangen von allen Seiten in ihn hinein, und darüber am Außenrand lag schon eine blättrige weiße Aschenschicht, aus der sich zuweilen noch lautlos winzige bläuliche Flämmchen mit hellgelber Spitze blähten, wenn aus dem dunklen unbekannten Berginnern die Gasströme stürzten. Für einen Augenblick konnte man am Fuße der felshohen

Wand stehen, und tief in die wilden stumm glühenden Klüfte schauen; auch in roten felsigen Hochländern und funkelnden Sandwüsten wandern; oder behutsam Papierschiffchen auf ein noch schwarzes Stück Kohle setzen und mit vergehendem Herzen warten, bis das rote Meer lautlos an die verkohlenden Planken schlug, wehe der Zaubermannschaft.

Der graubraune Sofaüberzug, und er blickte an der altmodisch hohen Rückenlehne hinauf und hinunter: bei Gaslicht, wenn die kurzhaarige, an vielen Stellen abgeschabte Plüschwand mit wilden Schatten dastand, nahm er manchmal zwei drei Stecknadeln und ein fingerlanges Endchen Zwirn, und begann unten, wo Sitz und Lehne zusammenstießen, anfangend, die Nadeln emporwandern zu lassen: bald war man mitten in der unsäglichen Bergwelt allein, im donnernden Geröll, unter überhängenden Wänden, an denen klatschend das schwere Seil schwankte.

... *die große Sonne* war rein gelb und rot aufgegangen und schien durch die gefrorenen Scheiben, auf denen sich, da die Küche noch nicht recht durchheizt war, das Schauspiel entfaltete.

Einmal wandte er den Kopf und rief seine Mutter, die eifrig kochte und gelben süßen Teig in einer Schüssel drehte: „Du!“; dann wies er auf das Fenster, an dem die Eiskräuter schlank und gebogen in den silbernen Schatten standen. Sie kam hastig herbei — bis an den Grenzpfahl — sah einen Augenblick in das kleine helle Gesicht, sagte schnell: „Hm — Eisblumen.“ und blickte dann wieder gespannt, einen Finger am Gashahn, in das wallende Wasser. Der Kleine sah es auch, wie es mit feinen heißen Blasen aus der unergründlichen verschleierten Tiefe des großen Topfes emporstieg, mit schraubigen Wellen an den Rändern nach der Mitte zu strömte und leise brausend wieder versank.

Dann ging er wieder in den bereiften Garten, unter den wie dünne Reifen gebogenen und mächtig gefiederten Blattwedeln entlang, einen engen weißen Pfad, der —

man sah es ganz deutlich — bis ans flache Ufer eines weiten gefrorenen Sees führte, auf dessen Rand die rosige Sonne rollte.

Er hätte gern gewußt, wie die stolzen fremden Pflanzen hießen — nicht, wie sie genannt wurden — das war etwas ganz verschiedenes; denn er hatte wohl gemerkt, daß man manche Dinge richtig und manche falsch rief. „Eisblumen" war falsch; sicher hatte auch jede davon ihren eigenen Namen: aber recht wohl war ihm bei dieser Vermutung nicht; denn er erinnerte sich mit Schrecken daran, daß ja auch die Blumen, Gräser, selbst die hohen Bäume des Sommers, angeblich keine eigenen Namen hatten. Oft begegnete ihm im Treppenhaus ein großer leicht warziger Mann, mit einem lauten, roten Gesicht, der Pfeiffer hieß: warum hieß er Herr Pfeiffer, und warum hatten die sechs schlanken geliebten Pappeln am Bauerberg mit ihren munteren Blättern und den langen schönen Zweigen keine Namen? Er wollte ihnen keine »geben«; er wollte nur ihre richtigen hören!

Er sah wieder auf das Fenster und bemerkte mit Erstaunen, daß er nicht mehr in dem Garten herumlief, sondern wieder auf seinem Doppelstuhle saß; steif und mattsilbern stand in der Ferne der Zauberpark und wartete . . .

Die Tasse erschien in der Luft (ich hattes zuerst gar nicht gesehen) und man bewegte sie ungeduldig hin und her, ohne vom Papier aufzublicken: das hieß also »einschenken«, na schön; ich arretierte die Wackelnde mitsamt den hellen Fingern und füllte nach. „Pre . . ." fing ich an; aber da hielt sie sie schon wieder gerade, und ich flüsterte nur der Vollständigkeit halber noch „. . . caución". (Gut schaute sie aus mit der eckigen Lesebrille und dem langen schlanken Kleid; aber man hätte nach 8 Jahren wohl Helena in jedem Weibe gesehen, mahnte der Kritikus). Wahrscheinlich sollte ihr Interesse ein Kompliment für mich sein.

Sie nickte langsam und griff, ohne mich anzusehen, zum nächsten Blatt:

(Interessiert ja doch Niemanden).

Mitternacht längst vorüber: sie faltete die Blätter sorgfältig zusammen und nahm sie fest in die Hand. Ich stand am Fenster und sah den Viertelmond (crescit: er lügt) langsam und gebückt über die Wiesen schleichen; Wiesenmond durch Herbststille; alle Uhren gehen aus; ein Geist müßte man sein: schwebend über Herbstwiesen, so sähe mein tauiges Paradies aus. Sie stand hinter mir im Vorhang; sie legte die Hand an meinen Ärmel: „Ist es Dir sehr schwer gefallen?" fragte sie abwesend-reuig; ich antwortete natürlich nicht, und wir hörten es ums Haus kiefern und hauchen.

Auf dem Wege auf und ab gehen: „Immer kann ich nicht bleiben" sagte sie vor sich hin: „ich muß noch mehr Menschen finden." Nachtkälte. Ich sagte lange: „Wenn Du aber Niemanden sonst antriffst?" (Wendung auf den Schienen; stehen; der Mond sank langsam ein in Nadelgezweig und Dunstband: rötlich war das silberne Wesen geworden, die untere Spitze schon weg, unten). „Dann komm ich wieder" flüsterte sie tröstlich, atmete hoch und tief. Traurig und schön. —

Stiller Nebelgrund im Ostermoor: lautlos Kartoffeln rausmachen. Die Erde glühte schwarz und rot; wir wühlten langsam in den kalten Schollen, mit fleckigen weinroten Händen; es drückte unter den schwarzgeränderten Nägeln. Das Wolkenfeuer veraschte bald; kalt und dämmergrün blieb der Weidengrund unten, während ich am beuligen Sack knotete. Schärfe entstand in der Luft, und die Büsche wirbelten ein wenig mit dem schwarzen Laub. Die Stille lag herbstheil über dem »ganzen« Land.

Sie fragte: „Warum schreibst Du eigentlich noch? — Warum hast Du überhaupt Bücher geschrieben?" (Antwort: Geld verdienen. Worte meine einzigen Kenntnisse. „Das ist nicht wahr!" sagte sie empört. Habs anders versucht. Auch: es macht mir Vergnügen, Naturbilder, Situationen, in Worten zu fixieren, und kurze Geschichten so durchzukneten).

Sie pfiff den Marsch der finnländischen Reiterei: püpüpi: püpüpi: püpüpüperüpüpü (og frihet gar ut fra den ljugande pol); sie sagte gerunzelt: „Also niemals für Leser, wie? Nie irgendeine propagandistische oder »sittliche« Aufgabe gefühlt?"

„*Für Leser?*" fragte ich zutiefst erstaunt; auch die »sittliche Aufgabe« war mir neu. „Ich meinte ja auch bloß —" besänftigte sie, bohrte aber sanft weiter: „aber sag mal: —?". „Ich hab immer begeistert Wieland gelesen: Poe, Hoffmann, Cervantes, Lessing, Tieck, Cooper, Jean Paul — das hab ich mir manchmal vorgestellt: ob die mit meinen Sachen zufrieden wären, oder Alfred Döblin und Johannes Schmidt. Aber allgemein »Leser«?? — Nee!!" (Sowas kenn ich nicht).

„*Heldenverehrung?*" ich schnob verächtlich: „Mädchen!" Wer so lange mit mir gelebt hat wie ich, der glaubt an keine heroes mehr (vielleicht einige, aber die sind sicher schon lange tot). Trotzdem bat ich: „Lisa: bleib!" aber sie war schon zu weit weg, mindestens 10 Furchen, und füllte den Drahtkorb wieder mit den sanften steinhellen Knollen.

Frost at midnight: die hölzerne Stube war weiß und schwarz vor Mondgeflunker; im Ofen schlief ein dicker roter Punkt. Wir erwachten fröstelnd, und sie bohrte die geliebten Schultern scharf in mich. Ich streichelte einmal mit den Händen über Alles, sagte: „ich mach noch mal Feuer," küßte in schläfriges Haar, und holperte, nächtlich bekleidet: gestreift wie im bagno, zum herrlichen Ofen. Jetzt segnete ich unser Gesäge, und all die Spändel-Nachmittage; ich griff in schattige Hölzer und baute schnell ein kunstvolles Gitter um den roten Punkt, blies delphinenmäulig schlaftrunken, und sogleich wucherte die Flamme im eisernen Gewölbe, dehnte sich begehrlich und dünn durch die Züge, der Kopf torkelte mir auf die kalte Brust, und ich stolperte wieder zur Lisa.

Nach 15 Minuten floß die warme Welle über uns. Sie stöhnte befriedigt, pflanzenhaft willenarm (und ich huschte noch einmal davon und schob Buchenkloben nach). Wir umschoben uns mit Händen und flochten die Beine umeinander, ruhig und sicher. Als es richtig warm war, sagte sie lüstrig:

„*Komm: laß uns wacholdern!*“ Ich erhob mich, einverstanden ohne Widerspruch, denn der Mond hatte auch mich toll gemacht; wir verkleideten uns, stirnziehend und flink, und gingen hintereinander durch die Bretterwände.

Wacholdermond: er funkelte und weißblaute genug. Die Pflanzen standen seydenschwartz mit wunderlchen Gebärden (das »i« muß um des Satzrhythmus willen ausfallen). Noch einmal: glitt Lisa ins Haus nach den Flaschen. — Wir tranken in festes Nadelparkett gehockt, still und beherrscht.

Sie reckte den Hals, ihre Stimme sagte: „Ich fahr ab.“ Ich sah die Wacholder um mich huschen, sitzen; ich faßte meinen Nebenast: „Wieso?“ fragte ich trocken und un. Drüben blinkte das grüne Flaschenglas im Hochlicht: „Mir gehts zu gut bei Dir“ atmete es über drei Moosfleckchen. Ich war mit einem Donnersprunge neben der Weißen und faßte in ihr Fleisch: „Lisa!!“

Ich sagte: „Lisa!: —“

„Meine Haut zittert, wenn ich ein Kleidungsstück von Dir sehe. Und mein Herz ist wie ein Fundevogel, denke ich nur Deinen Namen: wollen wir nicht wie die Prinzen leben. Meine Champignonne?“

Sie antwortete gellend: „Ich hab keine Schuhe an.“ (Richtig: ihre Füße waren nackt!) Ich riß mir die Jacke auf und stemmte ihre Sohlen an die Brust, ihre Knie lagen in meinen Händen. Der Mondwirt goß es weiß über uns; rechts von ihr lag eine gelbe Hand, links von ihr lag eine gestreifte Hand: und sie kamen auf meinen Körper zu. Ich rieb ihre Kniee und drang näher auf sie ein; aber sie straffte die Beine und trieb mich zurück.

„*Morgen fahre ich ab:* es ist gerade noch Zeit, ehe ich ganz behäbig werde. Du bist mir zu stark.“ Sie schob sich hoch; sie sagte ruhig: „Du kannst mir gleich dabei helfen: sieh das Rad durch und den Anhänger; ich zieh mich an.“

Rad aufgepumpt; der Anhänger dran. Ich ging ins Haus; sie stand in der Küche und packte, mit Büchsen und Flaschen einen Rucksack. Ich rief: „Bleib!“ (Glas und Blech erscholl nicht gedämpfter).

„*Lisa!*“ aber eine Leine machte Knoten und raschelte. Da ging ich hinaus und gaffte, wie sich der Reif auf dem Land bildete.

In Overall und Mütze: so griff sie nach der Lenkstange. Noch einmal trank sie süchtig; hielt mir das gläserne Behältnis hin, und ich küßte den kalten feuchten Flaschenmund, den kalten schnapsfeuchten Frauenmund, bebend vor Kälte und Elend.

„*Ich muß!*“ erklärte sie entschlossen, „ich werde bei Dir — ich weiß nicht — dicker und klassischer. — Sicher ists nur mein Zigeunergeist und in 8 Tagen bereu ichs schon. — Du bleibst ja hier, und ich weiß immer, wo meine letzte Zuflucht sein kann: —?!“ Sie hielt mir die Hand über den Rahmen hin, und ich griff ihr Halsfleisch und küßte was ich fand, daß wir fast umfielen.

„*Ich bin verrückt!*“ stellte sie stöhnend fest: „Aber kein Mensch kann für seine Natur. Entwurzelt durch 3 Kriege, ach —“ Sie brach ab und befahl: „Tritt zurück. In den Buschkreis.“ Ich tats. Sie saß ruhig auf und sah sich noch einmal um:

Die Wiesen glänzten still und luftig im sottschwarzen Kiefernrahmen. Der Mond als Schlußstein des schief zugespitzten Himmelsgewölbes. Ich sagte sinnlos: „Hast Du auch Streichhölzer — Du?“. Sie erwachte und erwiderte interessiert: „Nein! — Hol mir welche: ja?!“

Im Haus: wo sind die denn?! Ich zerriß Schübe und Packpapier: wo denn!! —

Fort: Sie war fort! Natürlich! Und ich stand mit geducktem Kopf wie in einem blauen Stein. Blödes Gesicht. Inmitten Pflanzen. In der Rechten ein Paket Streichhölzer.

Gegen Morgen kam Gewölk auf (und Regenschauer). Frischer gelber Rauch wehte mich an: mein Ofen! So verließ ich den Wald und schob mich ans Haus: der letzte Mensch.

Noch einmal den Kopf hoch: da stand er grün in hellroten Morgenwolken. Reif in Wiesenstücken. Auch Wind kam auf. Wind.

Robert Walser

Welt

Als der alte Herr Zerrleder abends etwas zu spät nach Hause kam, nahm ihn gleich sein Herr Schlingel Sohn über das Knie und walkte ihn tüchtig durch. »In Zukunft«, sprach der Sohn zum Vater, »gebe ich dir überhaupt keinen Hausschlüssel mehr, verstanden!« – Wir wissen nicht, ob es so ohne weiteres begriffen wurde. Am andern Morgen bekam die Mutter von der Tochter eine schallende Ohrfeige (weithinschallend ist das rechte Wort), weil sie zu lange vor dem Spiegel gestanden. »Eitelkeit«, sprach die entrüstete Tochter, »ist eine Schande an so alten Leuten, wie du bist«, und jagte die Arme in die Küche. Auf der Straße und in der Welt trugen sich folgende beispiellose Dinge zu: Die Mädchen gingen den jungen Herren um die Ecken nach und belästigten sie mit ihren Anträgen. Einzelne dieser also verfolgten Jünglinge wurden rot über die frechen Anreden von heranstreichenden Damen. Eine solche Dame machte am hellen Tageslicht einen offenbaren Angriff auf einen ganz unbescholtenen, gut beleumundeten Bürgerssohn, welcher schreiend die Flucht ergriff. Ich selber, zügelloser und weniger tugendhaft, ließ mich von einem jungen Mädchen abfangen. Ich sträubte mich eine Weile, jedoch nur aus vorher studierter Ziererei, womit ich das feurige Mädchen nur noch mehr reizte. Ich hatte das Glück, von ihm im Stich gelassen zu werden, was mir recht war, da ich nur auf bessere Damen erpicht bin. In der Schulstube konnten die Schullehrer ihre Lektion zum siebenten oder achten Mal wieder einmal nicht und wurden deshalb in Arrest gesetzt. Sie weinten, denn sie hätten so gern den Nachmittag mit Biertrinken, Kegeln und anderen Flegeleien verbracht. Auf den Gassen schlugen die Passanten ungeniert an den Wänden ihr Wasser ab. Hunde, die zufällig vorüberspazierten, entsetzten sich billigerweise darüber. Eine adlige Dame trug einen gestiefelten und bespornten Lakaien auf ihrer zarten Schulter; eine rothäutige Magd wurde in offener Kalesche vom Herzog des Landes spazieren geführt. Sie lächelte mit drei Wackelzähnen gar manierlich. Die Kalesche wurde von Studenten gezogen. Jeden Augenblick rührte man sie mit der flinken Peitsche. Einige Straßenräuber liefen hinter einigen verhafteten Gerichtsdienern her, welche sie unterwegs in Schenken oder Bordellen aufgegriffen. Der Spektakel lockte eine Menge Hunde herbei, die die Gefangenen lustig in die Waden bissen. So geht es eben, wenn Gerichtsdiener saumselig sind. Über dieser Welt voll Possen und Sünden stürzte der Himmel heute nachmittag herein, zwar ohne Krachen, nein, vielmehr als ein weiches feuchtes Tuch, und verschleierte alles. Weißgekleidete Engel liefen barfüßig in der Stadt umher, über die Brücken, und spiegelten sich eitel, aber anmutig im blinkenden Wasser. Einige der schwarzborstigen Teufel jagten mit wildem Geschrei, ihre Gabeln in der Luft schwenkend, zum Entsetzen aller Menschen daher. Sie benahmen sich im ganzen sehr ungeniert. Was soll ich noch sagen? Himmel und Hölle spazieren auf den Boulevards, in den Kaufläden handeln die Seligen und die Verdammten untereinander. Alles ist Chaos, Geschrei, Gejodel, Laufen, Rennen und Stinken. Endlich erbarmte sich Gott dieser schnöden Welt. Er ließ sich herbei, die Erde, die er einst in einem Vormittag verfertigt hatte, ohne weiteres in seinen Sack zu stecken. Der Augenblick (gottlob, daß es nur ein Augenblick war!) war freilich entsetzlich. Die Luft wurde mit einem Mal so fest oder noch fester wie Stein. Sie zerschlug die Häuser in der Stadt, die gegeneinanderprallten wir Trunkenbolde. Die Berge hoben und senkten ihre breiten Rücken, Bäume flogen wie ungeheure Vögel durch den Raum, und der Raum selber zerfloß schließlich in eine gelbliche, kalte, unbestimmbare Masse, die weder Anfang noch Ende hatte, weder Maß noch Etwas, sondern Nichtsmehr war. Von Nichts sind wir auch nicht mehr imstande, etwas zu schreiben. Selbst der liebe Gott löste sich aus Gram über seine eigene Zerstörungswut endlich auf, so daß dem Nichts nicht einmal mehr der es bestimmende, färbende Charakter blieb.

Alfred Andersch

Nach dem Sint-Feuer

als es vorbei war
wurde die erde
was sie sowieso geworden wäre

eine flach geneigte
geröllhalde

in den blumengeschäften
der unterirdischen städte
verkaufte man sträuße
aus fledermäusen

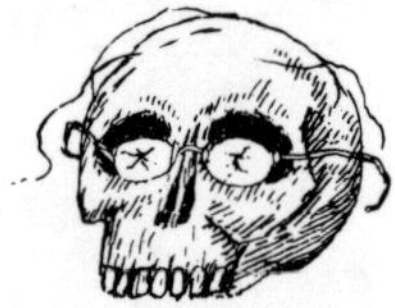

Nachweis

Texte

Edgar A. Poe, *Die Unterredung zwischen Eiros und Charmion* (›The Conversation of Eiros and Charmion‹, 1839), deutsch von Hans Wollschläger; aus: *Werke II* (›Phantastische Fahrten – Faszination des Grauens – Kosmos und Eschatologie‹). Abdruck mit freundlicher Genehmigung des Walter-Verlags, Olten und Freiburg i. Br.
Copyright © 1967 by Walter-Verlag AG Olten

Jules Verne, *Der ewige Adam* (›L'Eternel Adam‹, 1910 im posthumen Erzählungen-Band ›Hier et Demain‹); erstmals deutsch von Erich Fivian, in: *Der ewige Adam* und fünf andere seltsame Erzählungen.
Copyright © 1967 by Diogenes Verlag AG Zürich

H. G. Wells, *Die Zeitmaschine* (›The Time Machine‹, 1895), neu übersetzt von Peter Naujack. Einzelausgabe als Diogenes Taschenbuch 67/III. Abdruck mit freundlicher Genehmigung des Rowohlt Verlags, Reinbek bei Hamburg.
Copyright © 1951 by Rowohlt Verlag GmbH Reinbek bei Hamburg
Copyright © 1974 by Diogenes Verlag AG Zürich (Übersetzung)

David Ely, *Aus!* (›Time out‹, 1968), deutsch von Felix Gasbarra.
Einzelausgabe als Diogenes Taschenbuch 32.
Copyright © 1972 by Diogenes Verlag AG Zürich

Ray Bradbury, *Die letzte Nacht der Welt* (›The Last Night of the World‹, 1951), deutsch von Peter Naujack; aus: *Der illustrierte Mann.*
Copyright © 1962, 1973 by Diogenes Verlag AG Zürich

Fredric Brown, *Beispiel* (›Pattern‹, 1954), deutsch von B. A. Egger; aus: *Gesammelte Schauer- & Science-Fiction-Geschichten.*
Copyright © 1966, 1972 by Diogenes Verlag AG Zürich

Arno Schmidt, *Schwarze Spiegel* (Erstausgabe zusammen mit und unter dem Titel ›Brand's Haide‹, 1951); aus: *Leviathan und Schwarze Spiegel*, Fischer Taschenbuch 1476. Abdruck mit freundlicher Genehmigung des H. S. Fischer Verlags, Frankfurt am Main.
Copyright © 1951 by Rowohlt Verlag Hamburg

Robert Walser, *Welt* (aus: *Zwei Geschichten: Das Genie — Welt*, 1902); in: *Ausgewählte Geschichten und Aufsätze.* Diogenes Taschenbuch 43. Abdruck mit freundlicher Genehmigung des Helmut Kossodo Verlags.
Copyright © by Helmut Kossodo Verlag AG Genf

Alfred Andersch, *Nach dem Sint-Feuer.* Erstveröffentlichung. Abdruck mit freundlicher Genehmigung des Autors.
Copyright © 1975 by Alfred Andersch

Albrecht Dürer, *Die vier apokalyptischen Reiter*, aus der Holzschnittfolge *Apokalypse*, 1498

Férat (Zeichner) / Barbant (Stecher), *Letzte Eruption* [Titel von den Herausgebern]; aus den Illustrationen zu Jules Verne, *L'Ile Mystérieuse*, Paris 1874

Gustave Doré, *Die Sint-Flut*; aus den Illustrationen zur *Heiligen Schrift*, Stuttgart 1898

Roland Topor, *Natura non fecit saltus* [Titel von den Herausgebern]; aus: *Toxicologie*. 22. Werk im ›Club der Bibliomanen‹.

Horst Hussel, *Es kommt aus dem Wasser und endet auf Land* [Titel von den Herausgebern]; aus den Collagen zur Einzelausgabe von David Ely, *Aus!*

Alfred Kubin, *Täglich Tanz!* [Titel von den Herausgebern]; aus: *Ein Totentanz*. 1. Werk im ›Club der Bibliomanen‹.

Paul Flora, *Leben ist ein Hauch nur* — [Titel von den Herausgebern]; aus: *Hungerburger Elegien*. 44. Werk im ›Club der Bibliomanen‹.

Edward Gorey, *Endgültig Mondfinsternis* [Titel von den Herausgebern]; Frontispiz zu: John Buchan, *Die neununddreißig Stufen*. Diogenes Taschenbuch 93.

Umschlag- und Titelvignette: Grandville, *Der Sonnendrache*; aus den Illustrationen zu: Daniel De Foe, *Robinson Crusoe*, Paris 1840

Schlußvignetten: Gabriel Rollenhagen, *Nucleus emblematum*, Arnheim 1611—1613

Letzte Schlußvignette: Edward Gorey; aus den Illustrationen zu: John Bellairs, *The House With A Clock In Its Walls*, New York 1974; als *Das Haus, das tickte*, deutsch von Alexander Schmitz, in Vorbereitung im Diogenes Verlag.

Jules Verne

ungekürzt, originalgetreu,
mit alten Stichen der französischen Erstausgabe
in Diogenes Taschenbüchern

Reise um die Erde in achtzig Tagen. detebe 64/I
Fünf Wochen im Ballon. detebe 64/II
Von der Erde zum Mond. detebe 64/ III
Reise um den Mond. detebe 64/IV
Zwanzigtausend Meilen unterm Meer. detebe 64/V-VI
Reise zum Mittelpunkt der Erde. detebe 64/VII

in Vorbereitung:

Die Kinder des Kapitäns Grant
Die Erfindung des Verderbens
Das Karpathenschloß
Die Gestrandeten
Der ewige Adam
Robur, der Eroberer
Der Kurier des Zaren
Die Leiden eines Chinesen in China
und weitere Werke

Als Diogenes Sonderbände liegen vor:

Zwei Jahre Ferien
Die großen Seefahrer und Entdecker

Über Jules Verne:

Urs Widmer,
Jules Verne: Die Sehnsucht des
bürgerlichen Schriftstellers
In: »Das Normale und die Sehnsucht.« detebe 39/I